幼儿科学和STEM主题活动设计

The Design of Science and STEM Theme Activities for Children

主　编　杨健　宋显华

副主编　王丽　刘晨　刘爽　潘鑫

群言出版社
QUNYAN PRESS
·北京·

图书在版编目（CIP）数据

幼儿科学和STEM主题活动设计 / 杨健，宋显华主编 ；
王丽等副主编. -- 北京 : 群言出版社，2023.8
ISBN 978-7-5193-0866-7

Ⅰ. ①幼… Ⅱ. ①杨… ②宋… ③王… Ⅲ. ①学前教育－科学技术－活动课程 Ⅳ. ①G613.3

中国国家版本馆CIP数据核字(2023)第161060号

策划编辑：张程
责任编辑：陈芳 张程
封面设计：智学兔教育

出版发行：群言出版社
地　　址：北京市东城区东厂胡同北巷1号（100006）
网　　址：www.qypublish.com（官网书城）
电子信箱：qunyancbs@126.com
联系电话：010-65267783 65263836
法律顾问：北京法政安邦律师事务所
经　　销：全国新华书店

印　　刷：廊坊市林樾印刷包装有限公司
版　　次：2023年8月第1版
印　　次：2023年8月第1次印刷
开　　本：889毫米 × 1194毫米　大16开
印　　张：19
字　　数：400千字
书　　号：ISBN 978-7-5193-0866-7
定　　价：68.00元

编 委 会

PREFACE / 序言

William Straits
Professor, Science Education
Director, *Head Start on Science* Project
Director, National Center for Science in Early Childhood
California State University Long Beach

威廉·斯崔特斯
教授，科学教育专家
美国科学启智项目中心主任
美国国家儿童科学中心主任
工作于美国加州州立大学长滩校区

A child's world is fresh and new and beautiful, full of wonder and excitement. It is our misfortune that for most of us that clear-eyed vision that true instinct for what is beautiful and awe-inspiring, is dimmed and even lost before we reach adulthood. [I wish that] each child in the world be [given] a sense of wonder so indestructible that it would last throughout life.

The Sense of Wonder
Rachel Carson, 1956

"孩子的世界是新奇而美丽的，充满了好奇与兴奋。然而对于我们大多数人而言，那些纯真的想象力，那些美好的和令人敬畏的原始本能在我们进入成年期之前就黯淡了，甚至消失了，这是我们的不幸！我希望世界上的每个孩子都获得稳固的、终生的好奇心。"

摘自《好奇与求知》
瑞秋·卡森，1956 年

A *sense of wonder* is innate part of every young child's experience; all children are curious about and motivated to explore the natural world. It is therefore important that *all* children have access to culturally-relevant science experiences that are of value in their everyday worlds. Education settings must tap into this natural interest in science and STEM by providing authentic materials, allowing a degree of child autonomy, and celebrating each child's success. Additionally, STEM education for young learners must utilize play and emphasize children's free exploration as a means for learning; provide opportunities to interact with peers, teaching and learning from each other; recognize that trial and error, cause and effect are natural parts of the scientific learning experience; and emphasize the importance of process over right or wrong answers.

好奇与求知是孩子与生俱来的品质，所有孩子都对世界充满了好奇心和探究欲。因此，让**所有**孩子都能获得与自己文化相关的科学经历是很重要的，这些经历在他们日常的生活中具有重要价值。教育机构必须通过提供真实的材料，允许孩子在一定程度上的自主性，并祝贺每个孩子的成功来发掘孩子对科学和 STEM 与生俱来的兴趣。此外，孩子的 STEM 教育必须利用游戏，注重幼儿的自由探索；提供与同伴互动、相互学习的机会；认识到尝试错误、因果关系是科学学习的自然组成部分；注重过程比结果更为重要。

For effective science and STEM education, teachers must abandon the traditional view of teacher as disseminator of information and adopt roles as facilitators of learning. Consistent with this, a primary role of the early childhood science teacher is to provide an appropriate learning environment; opportunities for children to explore, represent, and share their discoveries; and questions to support and encourage children as they explore. Throughout our work with children, we must all emphasize the exciting process of discovery over science information. Rather than understanding science as the learning of already-known answers, our children should see science as the exploration of a vast and wondrous world of infinite mysteries. The experience is the objective; instead of telling children science facts, nurture their curiosity, interest, and joy. These attitudes and foundational experiences can serve as a basis for a life-long love of science. The activities in *The Design of Science and STEM Theme Activities for Children Ages 3-6* are designed in this spirit of joyful exploration.

为了有效地开展科学和 STEM 教育，教师必须摒弃作为信息传播者的传统观点，成为学习的引导者。与此相应，幼儿科学教师的主要作用是在幼儿探索的时候，为幼儿提供适当的学习环境，提供探索、展示和分享他们发现的机会，提出支持和鼓励性问题。在整个科学活动中，教师必须更为关注激动人心的过程，而不仅仅是关注科学知识。教师必须引导幼儿把科学看做是对广袤而神奇世界的探索，而不仅仅是对已知答案的学习。科学教育的目标是使幼儿获得经验，培养他们的好奇心、兴趣和快乐，而不是告诉他们科学事实。上述认知和获得的基本经验可以作为幼儿终身热爱科学的基础。本书中的活动案例就是基于这种快乐探索的精神设计的。

Science and STEM learning experiences, like those described in *The Design of Science and STEM Theme Activities for Children Ages 3-6*, are critically important in early childhood education. STEM activities should engage teachers and children in high-quality interactions, that both promote children's understanding of science, technology, engineering, mathematics and also provide a meaningful context for developing language, social skills and art. To achieve these outcomes, activities should address topics relevant to children's everyday experience that can be experienced first-hand, serve as bases for collaboration and communication among children, and have the potential for meaningful investigation. The activities in *The Design of Science and STEM Theme Activities for Children Ages 3-6* are consistent with this view of learning, designed to enable all teachers to implement effective science and STEM learning experiences with young children.

如本书所述，科学和 STEM 教育在幼儿教育中至关重要。STEM 活动应该是教师和幼儿的高质量互动，既提升幼儿对科学、技术、工程和数学的理解，也为发展幼儿语言、社会交往和艺术提供有意义的环境。为了达到这个效果，STEM 活动应该与幼儿的日常生活经历密切相关，并且这些经历可以作为幼儿之间合作和交流的基础，具有进行有意义探究的潜力。本书中的活动与这种学习观相一致，旨在使所有教师能够与幼儿一起实施有效的科学和 STEM 学习。

Each activity is based on a proven model for early childhood science and STEM education. In this model, high-quality experiences begin with children's interest and curiosity. For the activities included in this book, the "Activity Process" begins when teachers introduce activities to stimulate interest or capture interested matter. Generating curiosity

书中每个活动都建立在一个被证实对儿童科学和 STEM 教育行之有效的模式之上。在这种模式中，高质量的教育活动始于儿童的兴趣和好奇心。本书所包含的活动，其“活动过程”部分始于教师介绍激

and interest about the phenomenon to be explored helps to ensure that children are intellectually engaged and sustain interest during a sequence of prolonged and meaningful investigations of science phenomena present in the world around them. These investigations need to be child-driven investigations, emphasizing children's decisions and meaning-making. It is during the exploration activities that children develop their skills in using science and STEM practices, such as Observing, Measuring, Comparing, and Sorting, as well as important language and social skills. Although engaging in investigations and employing different STEM and communication skills are important for learning, they alone are insufficient. For meaningful, lasting learning children also need opportunities to reflect on, represent, and apply what they've discovered. These opportunities help children to solidify what they've learned, builds metacognitive skills, and leads children to new explorations.

发兴趣的活动或抓住儿童感兴趣的事情。对将要探索的内容产生好奇心和兴趣，有助于确保儿童在对周围世界存在的科学现象进行一系列长期而有意义的探究期间，在智力上投入并保持兴趣。这些探究活动需要以儿童为主体，强调儿童的主观性和认知建构。正是在探究活动中，孩子们发展了科学和 STEM 技能，例如观察、测量、比较和排序，以及重要的语言和社交技能。尽管参与探究活动、使用不同的 STEM 和交流技能对学习很重要，但仅凭这些是不够的。为了获得有意义、持久的学习，孩子们还需要有机会去反思、表现和应用他们所发现的东西。这些机会帮助儿童巩固他们所学的内容，培养他们的元认知技能，并引导孩子进行新的探究。

The final part of the Activity Process, "Sharing and communication" encourages these sense-making discussions.

活动的最后一部分是“分享和交流”，用于鼓励有意义的讨论。

All of the activities in The Design of Science and STEM Theme Activities for Children Ages 3-6 follow this process and are designed to promote children's interest in and learning of STEM topics.

书中的所有活动都遵循这一过程，旨在提升儿童对 STEM 主题的兴趣和学习。

A range of science and STEM topics are included, from the senses to weather and celestial bodies, from exploring liquids and mixtures to investigating biology, from physics to chemistry, from mathematical cognition to STEM activities, are included in The Design of Science and STEM Theme Activities for Children Ages 3-6. For each topic, different activities are described in detail for easy implementation in your classroom.

本书包含了从感官到天气和天体，从探索液体和混合物到调查生物，从物理到化学，从数学认知到 STEM 活动等一系列科学和 STEM 主题活动。对于每一个主题，书中都详细描述了不同的活动，以便教师在活动中轻松实施。

Additionally, "Home-Kindergarten Education" activities are provided to extend the learning beyond kindergarten, so that families can enjoy meaningful science and STEM experiences together. As children explore these activities, they will become more curious and interested, developing their sense of wonder about the world. Parents will undoubtedly find The Design of Science and STEM Theme Activities for Children Ages 3-6 an amazing resource to support their science and

此外，书中还提供了“家园共育”活动，将学习扩展到幼儿园以外的地方，以便家庭能够一起享受有意义的科学和 STEM 经历。当孩子探索这些活动时，他们会变得更加具有好奇心和探究欲，更有利于培养他们对世界的好奇心。毫无疑问，家长会发现本书是一个支持家长开展亲子

STEM teaching with young children.

科学与 STEM 活动的非常棒的资源。

We hope the activities in *The Design of Science and STEM Theme Activities for Children Ages 3-6* bring teachers, parents and children much joy and learning, and inspire teachers and parents to seek additional explorations, further developing each child's sense of wonder.

我们希望本书中的活动带给教师、家长和孩子更多的快乐和学习，并且能激励教师和家长寻求更多的探究内容，进一步发展每个孩子的好奇心。

目 录

上 卷

中 卷

下 卷

总 论

一、幼儿科学

自党的十八大以来，党中央和政府高度重视科技创新工作，坚持把创新作为引领发展的第一动力，我国在化学、材料、物理、工程等学科整体水平明显提升，在量子信息、干细胞、脑科学、深海、深空、深地、深蓝等前沿方向和领域不断取得成绩和突破。

习近平总书记在科学家座谈会上的讲话中指出："科学研究特别是基础研究的出发点往往是科学家探究自然奥秘的好奇心。从实践看，凡是取得突出成就的科学家都是凭借执着的好奇心、事业心，终身探索成就事业的。""好奇心是人的天性，对科学兴趣的引导和培养要从娃娃抓起，使他们更多了解科学知识，掌握科学方法，形成一大批具备科学家潜质的青少年群体。"①

幼儿园教育是基础教育的重要组成部分，是我国学校教育和终身教育的奠基阶段。幼儿园的教育内容分为健康、语言、社会、科学、艺术等五大领域，科学是其中重要的一个领域。

教育部《3—6 岁儿童学习与发展指南》中指出："幼儿在对自然事物的探究和运用数学解决实际生活问题的过程中，不仅获得丰富的感性经验，充分发展形象思维，而且初步尝试归类、排序、判断、推理，逐步发展逻辑思维能力，为其他领域的深入学习奠定基础。"可见，幼儿科学教育具有重要的价值，幼儿园教师和家长要充分意识到幼儿科学教育的价值，在日常工作和生活中发现和保护幼儿的好奇心，充分利用自然和实际生活，积极为幼儿开展科学教育。

幼儿科学教育是基础教育，是启蒙教育，幼儿科学教育自有其教育方法和教育规律，一方面，幼儿的科学教育不是小学、中学的科学学习，其重要的目的在于激发探究兴趣和体验探究过程；另一方面，任何科学实践都具有共性，幼儿可以掌握一些初级的方法，发展初步的探究能力。

二、STEM 教育

STEM 教育是科学（Science）、技术（Technology）、工程（Engineering）和数学（Mathematics）领域教育的简称，其教育目的在于加强科学、技术、工程、数学等学科的融合，加强知识概念与现实世界之间的联系，培养具备科学素养、掌握专业知识和具有实践技能的复合型创新人才。

1986 年美国国家科学委员会发表《本科的科学、数学和工程教育》报告，首次提出 STEM 教育概念，旨在让孩子们在科学、技术、工程和数学领域综合发展，提升科技能力，从而提高美国的全球竞争力。2006 年美国总统布什公布了《美国竞争力计划》，提出培养具有 STEM 素养的人才，并称其为全球竞争力的关键。1996 年发端于美国的科学启智项目，在起步之初就吸纳和涵盖了 STEM 教育方式和内容。

---

① 习近平，《在科学家座谈会上的讲话》，2020 年 9 月 11 日，见 https://www.gov.cn/gongbao/content/2020/content_5547627.htm

STEM 教育是一种跨学科综合教育的有效形态，对于国家人才竞争力和创新能力的提升具有重要意义。在美国、德国、芬兰、日本等发达国家，STEM 已经被纳入国家创新发展和人才战略之中。

在中国，教育部《教育信息化“十三五”规划》中提出“有条件的地区要积极探索信息技术在‘众创空间’、跨学科学习（STEAM 教育）、创客教育等新的教育模式中的应用”，STEM 教育虽然起步不久，但其重要性逐渐成为各界的共识，STEM 教育理念在中国越来越受到广泛重视。

三、科学启智项目

科学启智，英文 A Head Start on Science，是美国国家早期幼儿科学教育示范项目，是美国卫生和公共服务部官方教育项目，是中国国家教育部、科技部重点研究课题，是一种幼儿教育理念，具有自己鲜明的科学教育特色，在发展过程中形成了自己的儿童课程体系和师资培训课程。

科学启智项目的核心是在成人的有效陪伴下，以激发儿童的好奇心为切入点，培养儿童的探究意识和创造力，促进儿童科学素养和人文素养的和谐发展。

科学启智——培养儿童的好奇心。

科学启智课程是以科学主题为载体，融语言、艺术、社会、健康等领域为一体的整合性课程。

科学启智项目发端于美国著名的生物学家、院士、“总统自由勋章”获得者、《寂静的春天》作者瑞秋·卡森（Rachel Carson）。1956 年，瑞秋·卡森根据自己与侄子一起生活、学习的经历，写下了《好奇与求知》一书，书中说道：“如果孩子想要保持与生俱来的好奇心……他至少需要一个成人的有效陪伴，这个成人要有能力分享孩子的好奇心，有能力与孩子一起分享重新发现我们生活世界的快乐、兴奋和神秘。”这本书和其中的教育理念构成了科学启智的项目起源。

1995 年美国卫生和公共服务部授权、资助加利福尼亚州立大学（CSULB）研发一套适合的、发展性的学前儿童科学课程、培训体系和评价标准。1996 年，加利福尼亚州立大学（CSULB）与长滩联合学区的 Head Start 中心合作，共同建立了科学启智项目。随后科学启智项目在美国不断发展壮大，建立了 20 多个分布于美国各地的科学启智传播和培训中心，成为美国国家早期儿童科学教育示范项目。

2007 年美国科学启智项目原主任、教授、美国科学教师协会（NSTA）科学教师教育分会主席威廉姆斯 C. 里兹（William Ritz）应中国教育科学研究院的邀请访问中国，并将科学启智项目介绍给中国，随后中国教育科学研究院成立了中国科学启智项目中心。

四、中国科学启智课题研究

从 2011 年开始，中国科学启智项目陆续进行了两次大范围的全国性研究，即教育部专项研究课题“中国青少年科学教育创新行动研究”（课题批准号：FFB108201）和科技部国家软科学课题“青少年创新能力培养战略与实施路径研究”（课题编号：2014GXS4B046），课题由中国教育科学研究院主持，吉林省教育科学院、天津市幼儿教育教学研究室、辽宁省基础教育教研培训中心、江苏省教育科学研究院、黑龙江省教育学院、广东省教育科学研究院、北京市海淀区教育科学研究院、河南省教育学院、山东师范大学、浙江师范大学等，以及很多市、区的教科院（所）、教研室等单位的幼教专家、学者热情参与，群策群力，共同促进了科学启智项目的汉化和发展。

在中国科学启智课题研究和项目开展过程中，有 15 个省、自治区、直辖市的 1000 多所优质公立幼儿园申请成为科学启智课题和项目的实验园，这些幼儿园园长、教师的参与让科学启智课题和项目更加脚踏实地，成果丰满。

2011 年《科学启智》电子杂志创刊，第一届科学启智年会召开（此后每年一次年会活动）。2012 年中美幼教工作者开始互访和国际交流，此后成为常态的国际交流项目。2013 年《“科学启智”在中国——幼儿园优秀科学主题活动展示及评析》出版，2014 年《与幼儿的天性合作——“科学启智”视角下的幼儿科学活动》（大中小三册）出版。2016 年，中国科学院院士贲德参与科学启智江苏项目组的活动，这也使科学启智项目达到了国内其他幼教项目无法企及的高度。

五、我们对科学教育和孩子的信念

结合科学启智项目 15 年的研究，我们认为教师和家长应该坚持以下科学教育信念：

- 孩子可以自然而然地做科学。
- 孩子参与科学过程要比懂得科学事实更为重要。
- 孩子通过游戏学习科学。
- 幼儿科学教师应成为促进孩子学习的帮助者，而不是一个指导者。
- 幼教老师要让所有孩子建立求知欲和好奇心。
- 室内和户外所有的地方都会发生科学过程，而不只是在实验台上。
- 在孩子进行科学活动的时候，教师要观察他们的行为，倾听他们的谈话，这样才能跟得上孩子们的想法。
- 要想激发孩子的内在探究欲望（学习动力），必须做到：科学活动能引起孩子的兴趣；孩子自己掌控探究的过程；孩子能感受到成功的快乐。
- 孩子和成人都应该自由地参与科学活动过程，并明白探索本身比能否正确地回答问题更为重要。
- 幼儿科学教师的主要作用之一是为孩子提供可以探索、表达和分享他们发现的环境和机会。
- 当孩子使用他们自己找来的材料进行科学探索时，所达到的学习效果最好。
- 不断尝试——不断犯错误——寻找原因——发现结果是学习过程的自然组成部分。
- 科学活动和所需要的材料应当与孩子的文化背景相关联，并且源于他们的日常生活。
- 在制订科学计划、预测实验结果和探究过程中，参与其中的成人应该表现出兴奋和热情。
- 与更多地接受教师指导的儿童相比，积极参与学习计划的儿童在学习和生活中更容易获得成功。
- 伙伴关系的培养、积极互动和交流是幼儿科学课程中的重要组成部分。
- 与孩子探讨科学时，要尊重他们对表达词汇的选择。
- 在个科学活动中，孩子主导和教师主导之间必须保持平衡。
- 无论性别和能力如何，每一个孩子都有相同的参与科学活动的权利。
- 在和正常的同龄人一起参与科学课程时，残疾儿童应该受到更多的关注。

六、科学活动中的提问和评论

我们认为：提问和评论是科学活动中教师能否高质量开展科学活动的重要条件之一，好的提问和评论犹如苏格拉底的“产婆术”，会引发幼儿不断地深入思考，不断激发起幼儿更多、更广或更深的好奇心和探究欲望。反之，一个失败的提问和评论会打断幼儿的探究兴趣，甚至会使幼儿放弃正在进行的科学活动。同样的情境，教师提问和评论的内容、方式、时间、次数会对幼儿的科学探究活动产生明显的影响。

在科学活动中，提问和评论应注意以下原则：

1.在提问和评论前，注意倾听幼儿的谈话内容。

在提问和评论前，教师要观察幼儿的行为，倾听他们的谈话内容，这样教师才能知道孩子们在想什么，兴趣点是什么，才能提出合适的问题和评论。

2.跟随幼儿探究活动时的思路。

孩子的视角和想法往往与成人有较大的差异性，如果成人的提问和评论不是孩子正在探究和充满好奇的内容，即使这个内容是孩子应该感知的内容，提问和评论依然会打断孩子的思路，会将孩子的注意力引开，从而使孩子错失一次自主探究的好机会，不利于孩子好奇心的培养。

3.提出真实且能引发讨论的问题。

真实的问题往往是教师也不知道具体答案，或者是有多个正确答案，或者是每个人都可能有自己答案的问题。真实的问题能引发愉快的交流，能促进教师和孩子分享各自的想法、观点，共同掌握学习过程。例如：这个声音听起来是什么感觉？我们怎么能证明它呢？

4.鼓励孩子参与到特定科学活动过程中的提问。

在具体科学教学活动中，如果教师希望孩子参与到教师设定的某个特定科学活动中，教师最好提出开放性不大，但仍有多个正确答案的问题。例如：活动室里，磁铁跟哪些物体是好朋友？每组种植的豆芽都有什么变化？

5.要给幼儿回答问题的时间。

教师应该有目的地提出问题，一旦提出问题就应该给幼儿回答问题的时间，建议教师提问后至少等待 3 秒钟，以便于幼儿思考和组织语言来回答问题，孩子越小，等待的时间应该越长。同样，在孩子回答问题之后，建议教师再等待 3 秒钟，通常孩子会在原有回答的基础上增加或改变答案。

增加问题回答的等待时间，可以使幼儿更清楚地表达自己的想法，可以使教师更清楚地了解幼儿的真实想法。

6.被幼儿问时，不要太快回答幼儿的问题。

幼儿通常都能回答自己的问题，有时候幼儿的提问只是在表达他们正在关注的问题，表明他们的兴趣点和好奇心所在，教师不太快回答幼儿的问题就可以给幼儿更多的思考和探索时间，这会更有利于孩子探究活动的继续、深入，会使他们在好奇心的驱使下探究更多的内容，发现更多的问题。

例如：幼儿问“磁铁能吸住铅笔吗？”此时的老师最好不要马上回答这个问题，应该根据情景适当停顿一下，然后问这个幼儿或者更多的幼儿：“我们怎么才能证明磁铁能否吸住铅笔？”

7.提问和评论应鼓励幼儿使用科学工具。

工具对科技的发展起到了非常巨大的推动作用。幼儿的科学活动虽然不是科学家的科研活动，但科学工具的使用可以扩大幼儿科学探究的广度和深度，可以提升幼儿科学探究活动的准确性和精确性，可以培养幼儿的科学工具意识，可以帮助幼儿形成良好的科学习惯。

为了鼓励幼儿正确使用科学工具，教师可以这么提问或评论：

- 你能够用放大镜看到什么不一样的东西吗？
- 试试使用放大镜，它可以让你看得更清楚。
- 哪个更重一些？你能用天平证明吗？
- 试试天平，它能比手更准确地告诉你哪个更重一些。

七、科学活动的过程、结果和原理

这是教师在开展幼儿科学活动中经常碰到的问题，很多教师习惯有科学活动，必有科学原理解释的科学活动过程，结果往往是教师“怕”科学、幼儿不喜欢科学。

我们认为：科学探究的过程比科学结果、科学原理更为重要。

我们建议：教师不要尝试向幼儿讲述科学原理，因为大部分幼儿教师不擅长这个工作，更重要的是幼儿根本不会理解严谨的科学原理，也没有兴趣听教师讲解这些严谨的科学原理。

教育部《3—6 岁儿童学习与发展指南》指出：“幼儿科学学习的核心是激发探究兴趣，体验探究过程，发展初步的探究能力。”这就指明幼儿科学学习以兴趣为驱动力，目的是让幼儿经历科学的探究过程，获得丰富的感性经验，引导幼儿通过观察、比较、操作、实验等方法，学习发现问题、分析问题和解决问题。

另外，幼儿的思维特点是以具体形象思维为主，这也决定了幼儿没有能力接受科学原理，教师也不用纠结科学结果和科学原理。

八、科学活动材料的选择

活动材料的选择关系到能否激发幼儿好奇心与探究欲望，关系到科学活动的成败。

在教学实践中，很多教师选择了图片、视频作为科学活动材料或材料的展示方式，例如探究花朵，教师为幼儿提供一些花朵的图片或视频。还有很多教师采取了讲授的方式，即教师讲、幼儿听的方式。我们建议教师改变上述方式。

教师务必注意幼儿的思维特点是以具体形象思维为主，所以越直接的、越真实的、可以直接感知、亲身体验和实际操作的材料，越有利于科学活动的开展，越有利于激发幼儿的好奇心与探究欲望。同样是花朵的科学活动，我们更倾向教师为幼儿提供真实的花朵，甚至是带幼儿去户外感知枝头上的花朵，而不是仅仅给幼儿提供花朵的图片、视频，包括塑料花、仿真花。

九、活动案例编写特点

1.专家、教研员、园长和一线教师协力编写。书中的活动案例不仅是课题成果，也是一线教师教学的实践历练，是一本非常实用的教学参考材料。

2.指导思想权威、先进。书中内容遵照教育部《3—6 岁儿童学习与发展指南》和科学启智项目理念撰写。

3.综合性课程设计。活动案例都是科学主题活动，恰当融合了艺术、语言、健康、社会等领域内容，使教学活动更贴近生活本来面目，也更有利于幼儿感受科学探究的乐趣。

4.着力使教师和幼儿发现科学的轻松、愉快。我们希望教师转变科学教育理念，发现科学是好玩的、有趣的，教师不需要深厚的理科背景，只需要掌握科学启智的教学理念和方法，参照我们的活动案例，教师都可以轻松开展优质的科学活动，带领幼儿体验科学过程。

5.强调幼儿中心，幼儿是科学活动的主体。活动设计强调幼儿中心，教师是幼儿科学活动的帮助者、支持者，而不是指导者。

6.适度的开放性。书中的内容植根于现实教学，保留了一定的开放性，适合幼儿科学教育的中国国情。

7.注重提问设计。提问是本书的一个突出设计，案例中提供了多种提问，教师可以选择使用。

8.提供了化学、数学和 STEM 独立章节。这较很多图书是一个突破，容易使教师获得平时较少获得的活动案例支持，方便教师更全面、深入地开展相应的科学活动。

9.设计了活动记录单和评价单。这较很多图书也是一个突破，有利于为教师提供指导，减轻教师工作量，便于教师更好记录、展现和反思教学成果。

10.家园共育和资源推荐。书中提供了家园共育的方法和资源推荐内容，使科学活动得以有效延伸，便于家长了解幼儿园的教育情况，有利于幼儿获得更多、更丰富的教育资源。

11.本书适合教师，适合家长，更适合家园共育。

十、使用说明

1.适龄问题。活动案例没有直接标注适龄幼儿，但一般是按照年龄由低到高、难度由易到难来排列活动案例的顺序。由于教育水平、幼儿发展和区域经济发展的差异性，教师可以结合班级情况权衡使用。

2.材料数量。考虑到不同幼儿园班级人数、经济条件和空间条件存在差异，活动准备中一般没有具体说明活动材料的数量，但活动内容中会有详细表达和体现，教师可根据活动内容具体把握。毫无疑问，丰富的材料有利于每个幼儿都参与其中。

3.活动时长。每个活动的设计时长都足够 30 分钟，但并没有限制于 30 分钟，有些活动案例是单个活动，可以在一节课中完成，有些活动是系列性综合活动，需要几节、几天或几个月的时间来完成，特别是需要持续观察的活动，请教师综合把握使用。

4.活动记录单。活动案例中提供了多种活动记录单示样，教师在使用的时候可以适度将记录单内容扩充、扩大至整页，这样会更便于幼儿使用。教师可以替换活动记录单中已有的图片、符号等，以使评价表更适合自己的教学场景，适合本班幼儿发展水平。活动记录单可以采取小组成员轮流记录、合作记录和每人独自记录等多种形式，记录方式可以采取绘画、粘贴（实物、图片等）、涂色、拍照、符号、文字、数字等各种幼儿力所能及的方式。

5.活动评价表。活动评价表是教师对幼儿参与该活动情况的描述性评价，是教师对幼儿的评价，评价关注幼儿好奇心的培养，关注幼儿是否能提出问题，关注幼儿参与活动的状态。建议教师在活动之后使用活动评价表对幼儿进行评价，打印纸质评价表是一个好方法。建议教师增加一个“评价结果”栏，在对应的“评价结果”栏盖上小红花、大拇哥、五角星、加油等印章，同时建议教师使家长知晓评价结果，这会让家长知道、理解、支持幼儿园和教师的工作，知晓幼儿的发展状况，实现良好的家园共育。这种评价方式也会使幼儿也能明白评价结果，使评价更多地促进发展。当然，评价表也是教师教学效果自省的工具。

6.安全提示。活动中需要特别注意的安全事项以“★”内容标注，便于教师清晰了解。

如果需要电子版的活动记录单、活动评价表，可以尝试联系《科学启智》编辑部（微信号：bj17346505449）索取。科学启智微信公众号(kexueqizhi)专业服务于儿童科学教育，已经提供了 1500 多篇原创图文、视频，并且持续增加，关注该公众号可以获得更多的科学教育资源。

幼儿园主题课程背景下STEM教育的有效融合*

近年来，针对学前教育领域，许多国家相继提出了紧随时代发展的教育理念及课程理念。源于美国的STEM教育，主要将科学、技术、工程、数学等教育内容融为一体，从受教者角度出发，相信他们具有无限的潜力，主张幼儿园及教师只要为其搭建适宜的平台和提供足够的材料，受教者的操作才能具有广泛性，挑战则更具目标性，学习更具主动性。

一、STEM教育与幼儿园主题课程的关系

STEM作为一种新型的教育理念，有别于传统的单学科、重书本知识的教育方式，是一种重实践的超学科教育概念，它强调的是以课程整合的理念设计教学活动，引导受教者掌握知识和技能并迁移应用到实际生活之中，培养受教者解决真实世界、真正问题的创新能力。而主题课程也同样依托幼儿的想法，从“大主题”入手，切合实际解决“大主题”下的“小主题”，帮助幼儿建构知识结构，进一步提升自我认知。可见，二者的共通之处主要体现了对幼儿的“放手”，以幼儿“自主学习”能力培养为主要途径。二者之间逻辑关系的分说如下：

首先，二者之间具有助推关系。即STEM教育理念助推主题课程的实施，促使主题课程的实施更具有计划性、有效性和科学性。教育不同于其他行业，它在执行教育、完善教育和持续教育的整个过程中，需要施教者思想的进化，思维的发展，以及思路的更新。STEM教育理念提倡的是教师完全放手，在进行教育的过程中，教师只需要为受教者搭建一个适合的框架，针对具体里面实施的内容，完全由受教者来决定。或是几人合作，或是小组协商，最终达到受教者预期完成的结果，而这种教育的形式更适合小学及中学，处于此阶段的受教者，完全具备独立思维能力，在创造力、想象力及操作能力方面都具有独特性，这些是幼儿阶段所不及的，因此，如将STEM教育理念运用在幼儿园的主题课程实施当中，作为幼教工作者需首先考虑儿童的年龄特点及身心发展规律，并在搭建支架的同时，哪里需要“尊重”，哪里需要“放手”，教师都应该做到心中有数，并在具体展开时，将幼儿的思考力、动手操作能力、语言表达能力进行全面的激发和培养。可见，在STEM教育理念的推动下，幼儿园主题课程其教育价值更加完善，服务幼儿更加全面、具体。

其次，二者之间同时也存在制约关系。究竟如何“助推”又变成“制约”了呢？随着教育的不断改革，研究者表明，教育应做到适时、适当、适宜。自美国实施STEM教育以来，其国民素质、就业、国家经济实力、创新等方面都有显著提升，但作为发展中国家，任何教育方式都应结合本国实际，做到本土化、多元化。因此，作为教育者，可以将来自发达国家先进的教育理念运用到本土，但在实施的过程中切忌盲目。提出二者相互“制约”，主要是指本土的主题课程制约拿来主义的STEM教育，其制约的方式主要是将STEM教育思想作为一条线索，贯穿主题课程实施中，而作为本土化的主题课程，通过制约STEM教育的某些具

* 作者：赵洁，延吉市向阳幼儿园。

体实施途径，让线索更流畅，让主题课程的实施更具时代性。

由此可见，STEM 教育也好，主题课程也罢，任何教育都不能违背受教者的实际情况，让教育发挥极致、让教师科学施教、让幼儿有效学习。

二、STEM 教育与幼儿园主题课程融合的意义

教育不是单方面的，任何阶段、任何领域的教育都提倡综合性，只有在全面的教育中，才能发现每个受教育的个体都具备独到的见解和独特的思维，才能让幼儿在多元的教育中得到全方位的能力施展。

1.从幼教改革的角度出发，具有前瞻性。

教育在人类的进化过程中如影随形，人类的进步同样离不开教育。一个国家的发展，人才是关键因素，人才的培养需要不断的教育，只有不断更新教育观念，才能让受教者在教育的关键期，内在潜质和自身能量被无限激发与放大，才能让教育的本身更具实际意义。

2.从培养儿童的角度出发，具有时代性。

学前教育的主体是幼儿，幼儿正处在成长道路的第 1 步，主题课程从由来到实施，重点强调了幼儿的主动学习，但具体主动到什么程度，是主题课程所缺失的，但在 STEM 教育理念的引领下，主题课程不再是单一的一节或几节活动，而是有意无意形成了系列的“课程故事”，最大限度地培养了幼儿主动学习的能力。

3.从提升教师的角度出发，具有科学性。

无论是主题课程，还是 STEM 教育，最大的特点就是体现了教师的“尊重”与“放手”。《3—6 岁儿童学习与发展指南》也指出：“尊重幼儿发展的个体差异。”通过 STEM 教育与主题课程的有机整合，教师的教育“视觉”更深邃，教育的“味觉”更浓郁，教育的“听觉”更宽广，总之，借助二者的融合，促使教师不仅完善了教育的整个过程，同时最大化提升教师的专业性。

可见，无论是 STEM 教育的“尊重”，或是主题课程的“放手”，其结果只有一个目的，即：教师承担的不再只是“教”的角色，而是与幼儿共同“学”的一个过程。通过共同参与、共同研究、共同发现、共同解决，促使教师对幼儿有了更加全面的了解，帮助教师顺利地走进儿童世界，从而更加全面支持幼儿的学习。

三、科学构建 STEM 教育理念下的幼儿园主题课程

STEM 教育思想是主题课程的一线指引，主题课程是 STEM 教育的一张网格。为实现科学构建 STEM 教育理念下的幼儿园主题课程，教育者需要经过阶段性的实践研究，将教师的“主导”与幼儿的“主体”地位做到最大化，从而突出主题课程的先进特点。

1.以问题为导向，让课程浮出水面。

学龄前儿童正处在思维活跃，想象丰富的阶段，任何时候只要给他（她）一个支架，幼儿就能够沿着支架向上爬，向四周伸展，从而丰富知识水平，积累知识经验。为满足幼儿的实际需要，在“小问题”的提出方面，结合 STEM 教育思想，采取依托家园共育形式，借助“调查问卷”全面掌握幼儿的关注点。如：在“蔬菜乐园”主题中，教师首先围绕“蔬菜的哪些部分可以食用？”“你想知道哪些关于蔬菜的事？”两个问题出发，通过家长与幼儿的共同探讨，家长围绕对自己孩子的了解及家庭教育角度等两方面，会提出“蔬菜的果实都长在哪里？”“蔬菜有哪些营养价值？”“蔬菜分为几类？”“哪些蔬菜不能一起吃，

为什么？”等问题，幼儿则根据自己的需求力及好奇心，提出“蔬菜能不能长在水里？”“鱼吃不吃蔬菜？”“蔬菜不洗能不能吃？”“蔬菜能卖多少钱？”等问题。看似几个不着边际的问题同样蕴含着可行性的教育价值，其中：“蔬菜不洗能不能吃”体现的是健康领域；“蔬菜能卖多少钱”体现的是数学领域；“蔬菜能不能长在水里”体现的是科学领域。可见，无论是家长问题，或是幼儿问题，归根结底都是幼儿问题，尤其是幼儿在想象力、好奇心驱使下所提出的问题，一个个生动的课程自然而然就浮现出来，幼儿的学习也变得更加生动起来。

2.以自主为依托，让课程有秩有序。

有了问题，必然需要解决，如何解决？以什么途径解决？同样需要突出幼儿学习的自主性，这也正是 STEM 教育和主题课程教育理念的共通之处。如：通过“动物是我们的好朋友”这一大主题展开问卷调查后发现，幼儿集中关注的“小问题”会有很多，其中包括“动物怎么睡觉？”“动物如何过冬？”“哪个动物跑得最快？”“蜘蛛是动物吗？”“动物身上的皮毛都有什么作用？”“生活中常见的动物有哪些？”“动物都有哪些本领？”……针对以上五花八门、无奇不有的问题，幼儿有发言权，更应该有解决权，于是，幼儿与家长携手，通过网上搜寻、翻阅图书等方式查找资料、寻求答案，并结合各种问题的解决措施，让幼儿在彼此间的交流与探讨中产生更多、更有趣的话题，真正做到让主题来源于幼儿，最终再回归于幼儿。

3.以评价为途径，让课程有结有果。

教育的主体是幼儿，评价的主体也同样是幼儿，而评价本身就具有自主性一大特点。这里的评价主要有两个途径，一是发生在主题下的集中教学，在实施主题下的集中教学过程中，针对科学活动中幼儿研究的一项成果，可采取评价的方式，增强幼儿的社会性，提高幼儿的自我认知；二是发生在主题下的区域活动，主要出现在区域活动的结束部分，通常以“自评”和“互评”为主。如：针对各个区域幼儿完成的实际情况，可能是一个操作成果，也可能是搭建作品等，教师可组织幼儿集中进行评价。评价时，幼儿可以畅所欲言，认为哪里值得自己学习，对哪个地方还有自己独到见解等等。总之，通过活动后的评价，能够帮助幼儿正确看待周围的人和事，正确认识自己，从而促进社会性的发展。

综上所述，幼儿园的教育要想做到不拘一格，作为教师应不断更新观念，将先进的教育理念科学、巧妙地运用到实际工作当中。而针对主题课程的研究，教师更应该把握时代的信息，了解新时期学前教育的需要，了解未来 21 世纪人才的需要，真正做到教育的优质化，教师的素质化，幼儿的素养化。

第一部分　感觉

感觉是人脑对直接作用于感觉器官的客观事物的个别属性的反映。人对各种事物的认识活动是从感觉开始的，感觉是最初级的认识活动。同时，感觉是知觉、记忆、思维等复杂的认识活动的基础。

婴儿来到世界上，就开始用嘴巴、鼻子、皮肤等感知、辨别物体，随后更多感官的发育、成熟使他们有更多、更强的能力感知世界。人生百年，感官始终是人类获取信息、探究自然和获得经验的重要手段。

幼儿天生就对整个世界充满好奇，幼儿对世界的探索往往是从外部感觉开始的，视觉、听觉、嗅觉、味觉、触觉等都是幼儿探究科学世界的好方法、好手段。幼儿的思维特点是以具体形象思维为主，这就要求教师必须注重引导幼儿通过直接感知、亲身体验和实际操作进行科学学习。在整个幼儿学习阶段，感觉都大有可为。

良好的感觉发展，不仅有助于幼儿获得丰富的感性经验，充分发展形象思维，而且有助于幼儿发展比较、分类、排序、概括、判断和推理能力，为其他领域的深入学习奠定基础。

三棱镜下的世界*

活动由来：

幼儿是通过感官来了解世界的，观察是幼儿获得感知和提升能力的重要手段，工具有助于科学活动的开展，使幼儿发现更广阔的未知世界。孩子们喜欢新奇的探究工具，也喜欢灿烂的彩虹，结合《3—6 岁儿童学习与发展指南》精神，教师设计了此活动。

活动目标：

1.感知三棱镜，通过三棱镜感知不一样的光和不一样的世界。

2.科学与艺术融合，提升幼儿的好奇心、科学兴趣和艺术表现能力。

3.增强幼儿的语言理解能力和表达能力。

活动准备：

材料准备：彩虹图、安全三棱镜、活动记录单、蜡笔（或彩笔）、废书本（当垫子用）。

经验准备：会使用蜡笔或彩笔，会描画。

活动过程：

一、激趣导入

教师出示漂亮的彩虹图（可以是绘画或照片），询问幼儿是否喜欢彩虹，然后出示三棱镜，告诉幼儿今天三棱镜要带他们看到真正的彩虹，激发幼儿的好奇心和对活动的期待。

二、画出自己心中的彩虹

教师为幼儿发放活动记录单、蜡笔（或彩笔），鼓励幼儿在活动记录单左侧画出自己心中的彩虹。

教师巡视，注意观察幼儿的行为，听取他们的谈话内容，适时提供支持和引导。

教师引导幼儿的提问：

✧ 你认为彩虹是由几种颜色组成？

✧ 你画的彩虹是由什么颜色组成的？

教师鼓励幼儿相互参观、交流。

三、感知三棱镜的特性

教师为每个幼儿发放 1 个安全三棱镜，鼓励幼儿自由摆弄三棱镜，触摸镜体，并尝试透过三棱镜看周围的小朋友和物体。

教师引导幼儿的提问：

✧ 透过三棱镜你看到了什么？

✧ 透过三棱镜的每个镜面看到的物体都一样吗？

✧ 使用三棱镜和不使用三棱镜看到的物体有什么区别？

教师给幼儿充足的时间感知三棱镜。当幼儿基本都完成感知或兴趣减弱的时候，教师组织幼儿交流，请幼儿说说自己的发现。

四、发现彩虹，发现不一样的光

阳光充足适宜户外活动的日子里，幼儿带着三棱镜、活动记录单、蜡笔（或彩笔）和废书本在教师的带领下到户外。教师为幼儿演示如何使用三棱镜制造出彩虹，这时幼儿会比较兴奋。然后教师让幼儿将活动记录单放到废书本上，自主使用三棱镜，尝试将彩虹制造到活动记录单的右侧。

---

* 作者：周海英，德惠市米沙子镇希望小学。

当幼儿将彩虹制造到活动记录单的右侧的时候，教师鼓励幼儿两两合作，其中一个幼儿固定三棱镜的位置和方向，另外一个幼儿使用蜡笔（或彩笔）将纸上的彩虹描画下来。

回到活动室后，教师鼓励幼儿相互观看其他幼儿描绘的彩虹，并交流自己有什么发现。

活动延伸：

教师鼓励幼儿尝试在室内（无太阳光）制造出彩虹，幼儿多次探索失败后，教师告知幼儿光照射到三棱镜上是产生彩虹的条件。

教师也可以鼓励幼儿在阳光下制造出彩虹后，慢慢转动三棱镜，鼓励幼儿观察和记录看到的现象。

活动记录单（示样）：

我心中的彩虹：	我制作的彩虹：

活动评价：

无效果	不愿意使用三棱镜，对活动不感兴趣，不参加活动
初见成效	玩弄三棱镜，但是没有掌握正确的使用方法。在观察和操作活动中不主动，偶尔参与，对三棱镜有一定的好奇心
基本掌握	感知三棱镜，能正确使用三棱镜制造出彩虹。参与交流和讨论，但表达词汇不准确，不丰富。提出自己关心的几个问题，对三棱镜比较好奇
完全掌握	正确使用三棱镜制造出彩虹，并尝试变换彩虹的形状、大小和颜色，积极探究，主动交流，乐于分享自己的成果和做法，对三棱镜充满好奇心，希望探究更多的内容

家园共育：

1.家长带领幼儿使用镜子和水制造出彩虹，然后鼓励幼儿自行尝试。（网络上有做法，注意安全。）

2.到大自然或公园时，家长有意识地让幼儿感受大自然的色彩之美，并尝试画下来。

好玩的瓶子，神奇的光*

活动由来：

阳光从窗外照射到活动室，窗台上浇花的塑料瓶后面形成了非常亮的光，这自然没有被幼儿放过。小智很快来到塑料瓶前，好奇瓶子后耀眼的光，接着招呼来自己的同伴一起观看。《3—6岁儿童学习与发展指南》指出："和幼儿一起发现并分享周围新奇、有趣的事物或现象，一起寻找问题的答案。"抓住儿童的好奇心，教师生成了此次活动。

活动目标：

1.观察阳光透过瓶子形成的光斑、光块和光条等，感知光的绚丽多姿。

2.科学和艺术的融合，提升幼儿科学探究活动的兴趣。

3.提升幼儿语言理解能力和交流能力。

* 作者：苗颖，兴城市第一幼儿园。

活动准备：

材料准备：光滑透明的塑料瓶（越新越好）、水、活动记录单、彩笔。

经验准备：见过室内的阳光，或者玩过光影游戏。

★安全事项：注意拧紧塑料瓶瓶盖，防止瓶内水洒落可能导致幼儿滑倒。

活动过程：

晴朗的天气，阳光透过窗户照射在室内。

一、设疑导入，激发探究兴趣

教师为每个幼儿分发一个塑料瓶，请幼儿将塑料瓶放到室内阳光下。

教师询问幼儿观看到了什么，幼儿会有些失望和疑惑地说没有看到什么特殊的，然后教师说自己有神奇的液体，倒入塑料瓶后就会发生神奇的变化。

二、探究和观察瓶子形成的光斑、光块和光条等

教师为每个幼儿的塑料瓶灌满水，或者请幼儿自行在洗手处接满自来水，教师协助幼儿拧紧瓶盖，不要让瓶内水洒落。

教师请幼儿再次将塑料瓶放到室内阳光下，并尝试变换塑料瓶的位置、角度等，观察阳光透过瓶子形成的光斑、光块和光条等。

幼儿自主探究，教师巡视，注意观察幼儿的行为，听取他们的谈话内容，适时提供支持和引导。

教师引导幼儿的提问：

✧ 你看到了什么？

✧ 有几个特别亮的光斑？

✧ 瓶子后面有阴影，还在晃动，你注意到了吗？

✧ 有几条比较亮的光条？

✧ 尝试移动瓶子的位置，你发现光斑（或光块、光条等）有变化吗？

✧ 尝试翻转瓶子，你发现光斑（或光块、光条等）有变化吗？

✧ 光斑、光块和光条像什么？

✧ 你最喜欢哪个光斑（或光块、光条等）？

✧ 你能用手遮挡住最亮的那个光斑吗？

教师为幼儿发放活动记录单和彩笔，鼓励幼儿将自己看到的或创造出来的光现象画到活动记录单中。教师鼓励幼儿将光现象直接成像到活动记录单中，直接描画自己最喜欢的光现象。

当幼儿基本都完成操作或兴趣减弱的时候，教师结束该活动，并请幼儿展示自己的描画，交流自己的发现和做法。教师提示和帮助幼儿使用更准确的语言描述自己看到的现象。

三、探究和观察瓶子形成光的颜色

教师继续通过提问引导幼儿：老师看到了瓶子后面有彩虹，你们看到了吗？激起幼儿兴趣后，教师鼓励幼儿继续幼儿自主探究，教师巡视，适时提供支持和引导。

教师引导幼儿的提问：

✧ 你看到了什么颜色？

✧ 你看到了几种颜色？

✧ 哪个颜色最清晰？

✧ 你是如何做到的？

✧ 还能看到更清晰的颜色吗？

✧　还能看到更多颜色吗？

✧　颜色形成的图案像什么？

教师为幼儿发放活动记录单和彩笔，鼓励幼儿将自己看到或创造出来的颜色图案画到活动记录单中。教师鼓励幼儿将直接成像到活动记录单中，直接描画自己最喜欢的颜色图案。

当幼儿基本都完成操作或兴趣减弱的时候，教师结束该活动，并请幼儿展示自己的描画，交流自己的发现和做法。教师提示和帮助幼儿使用更准确的语言描述自己看到的现象。

活动延伸：

教师可以在后继活动中安排幼儿透过装水的塑料瓶看图像、文字等，这将是另外的一个“新世界”。

活动记录单（示样）：

我最喜欢的光现象：
我最喜欢的光颜色图案：

活动评价：

无效果	对瓶子和光等没有兴趣，不参加活动
初见成效	在教师的引导下参与活动，发现了瓶子后形成的光块等，但探究活动不持续，很少发表意见，有一定的好奇心
基本掌握	参加活动，发现了光现象和颜色，试图描述所看到的现象，但语言准确度有待提升。对活动有好奇心，提出一两个相关问题
完全掌握	积极参与活动，不断尝试制造出新的光现象和颜色，在一定程度上引导了小组讨论和交流，语言表达清晰、准确，对光现象和颜色充满好奇心，希望探索和发现更多不一样的现象

家园共育：

1.家长带领幼儿在阳光下用放大镜、老花镜、近视镜等观察光形成的现象。

2.请幼儿用放大镜、老花镜、近视镜等观看文字，发现文字的变化。

动物衣服辨辨辨*

活动由来：

幼儿非常喜欢动物，但班级大部分幼儿对有着相同颜色、不同花纹的动物皮毛特征还缺乏观察、辨别和判断能力。为此，教师设计了此活动，希望提升幼儿观察、辨别和判断能力。

活动目标：

1.引导幼儿有意识地观察事物，学习观察的基本方法，提升判断和推理能力。

2.支持和鼓励幼儿在探究的过程中积极动手动脑寻找答案。

活动准备：

材料准备：斑马、小花狗、长颈鹿、小花猫和动物衣服图片，胶棒。

经验准备：幼儿认识斑马、小花狗、长颈鹿和小花猫。

活动过程：

一、谈话导入

师幼团坐。教师与幼儿一起聊大家今天穿的衣服的颜色、图案等，借以导入活动内容。

教师引导幼儿的提问：

✧ 你的衣服是什么颜色的？

✧ 你的衣服只有一种颜色吗？

✧ 你衣服的颜色跟哪位小朋友衣服的颜色一样？有区别吗？

✧ 你的衣服上有什么图案？

✧ 你的衣服上的图案像什么？

✧ 你衣服的图案跟哪位小朋友衣服的图案一样？有区别吗？

教师鼓励幼儿走到对比幼儿面前比较衣服颜色或图案的不同，鼓励幼儿观察、比较和发现更多的相同和不同。

教师热情表扬回答正确、比较细致的幼儿，激励更多的幼儿向他们学习。

二、看一看，说一说

在幼儿基本掌握观察方法后，教师提升观察的抽象性，引导幼儿观察斑马、小花狗、长颈鹿和小花猫图片中皮毛的颜色、花纹。

教师：老师从森林王国里邀请了 4 个动物来跟我们一起玩，它们也穿了好看的衣服，我们一起来看看！

教师为幼儿分发斑马、小花狗、长颈鹿和小花猫的图片，请幼儿观察并回答问题。

教师引导幼儿的提问：

✧ 这个小动物穿的衣服是什么颜色？

✧ 这个小动物穿的衣服的图案是什么形状？

✧ 斑马和小花狗衣服上的颜色和花纹有什么不同吗？（可换不同动物名字提问）

斑马、小花狗、长颈鹿和小花猫图片

---

* 作者：何京芳，中国人民解放军总医院幼儿园。

三、猜一猜，比一比

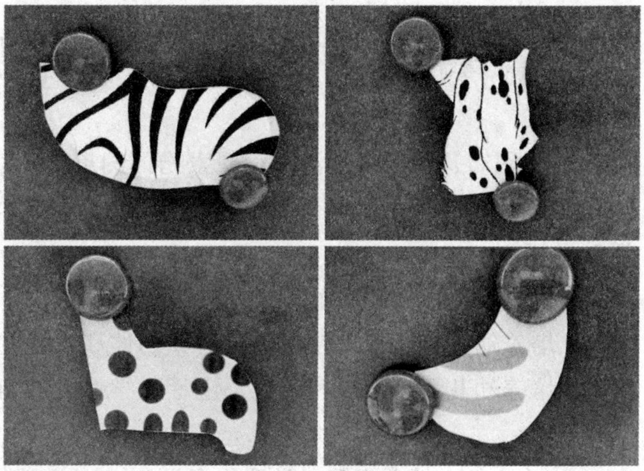

动物衣服图片

教师为幼儿分发一份动物衣服图片，请幼儿猜一猜这些衣服是哪些小动物的。

教师引导幼儿的提问：

✧ 这个动物衣服是什么颜色的？

✧ 这个动物衣服有什么花纹？

✧ 这个动物衣服的颜色和花纹跟哪个小动物的一样？

✧ 你为什么认为这是某某动物的衣服？

幼儿基本完成猜测之后，教师请幼儿讲讲自己是怎么判断的，其他幼儿补充。

四、找一找，贴一贴

教师为每个小朋友分发一份动物图片和一只胶棒，请幼儿将动物衣服图片贴到动物图片上，验证自己猜想的答案是否正确，然后请几个幼儿展示贴的方案，并说明自己判断正确或错误的原因。

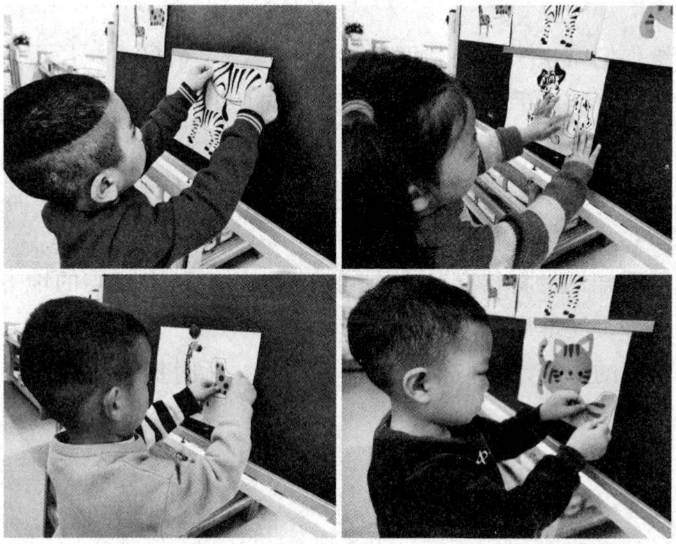

幼儿给小动物贴衣服

活动评价：

无效果	对活动没有兴趣，不参与活动
初见成效	在教师的指导下参与活动，仅粗略观看，不注意细节，观察缺乏主动性，能发现一两处不同。
基本掌握	参与活动，表达自己的想法，能通过观察了解动物的皮毛特征，但存在观察不到的地方，对细节特征有好奇心，提出自己的问题
完全掌握	主动参与，认真观察，顺利完成“猜一猜”和“贴一贴”任务，对细节特征表现出了强烈的探究欲望，能抓住区别点判断事物

家园共育：

1.家长带幼儿游览动物园，引导幼儿了解更多动物的皮毛特征。

2.家长逐步让幼儿了解动物喜欢吃的食物，这会打开一个新的探究天地。

资源推荐：绘本《亲亲长颈鹿》《贪心的变色龙》。

请你把它摸出来*

活动由来：

触觉是幼儿开展科学活动和探索物体的重要感官，是幼儿探究能力的组成部分。为了使幼儿在日常生活和科学活动中有意识、有目的地使用触觉，结合幼儿的身心发育特点，教师设计了此活动。

活动目标：

1.引导幼儿发现物质触觉的不同。

2.培养幼儿有意识地使用触觉区分物体和发现物体特征。

3.培养幼儿逐步养成利用触觉进行科学探究的习惯。

活动准备：

材料准备：科学启智科学课程资源包（内含黑袋、硬布块、绒布块、圆柱体泡沫、六面体泡沫、白石子、芸豆和 2 种不同的乒乓球）或自备类似材料，活动记录单、彩笔。

经验准备：不需要特殊经验准备。

活动过程：

一、导入，激发兴趣

小朋友们，今天老师给你们带来了一些新朋友，它们是孪生亲兄弟，长得很像，老师都没法区分它们了。但是，它们最怕小朋友神奇的小手了，请小朋友来试试吧！

二、触摸，深入感知

教师为每个幼儿分发资源包（或同等材料），请幼儿将硬布块和绒布块、圆柱体泡沫和六面体泡沫、白石子和芸豆、乒乓球 1 和乒乓球 2 两两分组。

教师请幼儿用手触摸，感知这种材料有什么不同的地方，有什么相同的地方。触摸同组材料的时候，教师鼓励幼儿闭上眼睛，全神贯注地用手触摸。

教师巡视，注意观察幼儿的行为，听取他们的谈话内容，适时提供支持和引导。

教师引导幼儿的提问：

✧ 哪个物体更光滑（粗糙）？

✧ 哪个物体更重（轻）一些？

✧ 哪个物体有（无）棱角？

✧ 哪个物体更硬（软）？

✧ 哪个物体感觉更凉（热）？

✧ 哪个物体上有特殊痕迹（坑、缝、洞、凹凸、液体等）？

✧ 你感觉它们的相同点（不同点）是什么？

当幼儿一时没有发现同组物体异同的时候，教师注意引导幼儿耐心尝试，细细触摸。

当幼儿基本都完成操作或兴趣减弱的时候，教师结束该活动，请幼儿交流自己的发现，教师更正、补充或肯定。交流完之后请幼儿在活动记录单中圈画同组材料的不同。

三、游戏，强化感知

待幼儿完成上述材料的感知，教师可以开始游戏强化环节。

游戏规则：把同组的两个物体装入黑袋中，幼儿自己说出一个物品的名称或特点，尝试通过触觉找出

* 作者：王晶，德惠市米沙子镇希望小学。

那个物品。

四、竞赛，快乐前行

待幼儿能基本正确地从黑袋中通过触觉找出自己所说的物品后，游戏活动可以升级为幼儿间的竞赛。

游戏规则：两个小朋友对垒，把同样的同组物品装入各自黑袋中，一个小朋友说物品的名称，看看哪个小朋友先摸出来。可以更多的小朋友做同样的游戏，这样游戏更有竞争性，孩子更乐在其中。

五、活动总结

教师总结活动，重点引导孩子注意触觉的应用，强调触觉是科学探究活动好帮手！

活动记录单（示样）：

圈画出它们的不同

活动评价：

无效果	不参与或不投入，对活动无兴趣
初见成效	参与比较 1－2 组物品，能发现每组物品 1 种以上的不同
基本掌握	参与活动，能发现所同组物品 3 种以上的不同，能通过“摸”找出 1－2 种物品
完全掌握	参与活动，积极发现每组物品的不同，能通过“摸”找出 3 种以上的物品

家园共育：

1.安排幼儿将本次活动材料带回家，或请家长在家里找类似的材料，亲子在家里继续玩本游戏。

2.教师请幼儿将评价后的活动评价表带回家，请家长关注教师的活动评价部分，鼓励孩子不断进步。

3.在保证安全的前提下，家长在日常生活中鼓励或提供机会，让幼儿多多使用触觉感知不同的物体，并与幼儿一起交流触觉到的物体特征。

声音猜猜看*

活动由来：

一日，小智告诉老师他能听声音分辨出妈妈、奶奶、爷爷等是谁在说话，其他小朋友马上接着说自己能听声音分辨出是谁在走路、是谁在开门……幼儿是通过感官来了解世界的，听觉是幼儿重要的科学探究器官。为了培养幼儿听觉探究的意识和能力，教师抓住机遇，设计了此活动。

活动目标：

1.引导幼儿有意识、有目的地听。

2.培养幼儿利用听觉发现物体的特征。

3.培养幼儿比较和分类的能力。

活动准备：

材料准备：动物叫声音频、自然界声音音频、小铃铛、眼罩或蒙眼布。

经验准备：没有特殊要求。

活动过程：

一、趣味猜猜看

1.听声音辨动物。

教师：小朋友们，你们的小耳朵都很机灵，闭上眼睛，帮老师猜猜这是哪些动物的声音。

教师播放动物叫声音频，幼儿逐一猜动物名字。

2.听声音辨天气。

教师：小朋友们，你们再根据声音猜猜这是什么天气吧。

教师播放自然界声音音频，幼儿逐一猜天气情况。

二、听听我是谁

1.听声音辨老师。

班级中通常有 2~3 位老师，幼儿闭上眼睛，请幼儿最熟悉的老师发出经典的声音，例如说话、走路等，请幼儿听声音辨别是哪位教师发出的，然后其他老师逐一尝试。

教师引导幼儿的提问和评论：

✧ 你是怎么猜出来的？

✧ 这种声音有什么特点？

✧ 只有某老师习惯这个动作，发出这种声音吗？

✧ 再仔细听听，再猜猜。

活动完成后，教师请幼儿交流自己的判断依据。如果有猜错的声音，可以请老师重新来一遍，请幼儿细细听，必要时可以辅助眼睛观看。

2.听声音辨同伴。

幼儿闭上眼睛，教师请班级某个幼儿说话、阅读、走路、喝水或打嗝等，其他幼儿听声音辨别是谁发出的。

如果此活动难度高，可以先指定几个幼儿，让其他幼儿知道指定的幼儿是谁，然后再听音辨人。

在活动中，教师可以重复上面的提问和评论。

---

* 作者：马洁，解放军总医院幼儿园。

三、猜猜我在哪

教师请 1~3 位教师或幼儿手持小铃铛分别站在东西南北 4 个方位，幼儿居中间，闭上眼睛，小铃铛不规律地响起，幼儿用手指出响铃的方向。

教师引导幼儿的提问：

✧　你是怎么猜出来的？

✧　为什么是左边的响铃，而不是右边的呢？

✧　耳朵除了能听到声音，还有其他功能吗？（引申问题）

活动重复几遍，如果幼儿兴趣下降即可停止。活动中若有幼儿猜错人数较多，可以请老师或幼儿重来一遍，请幼儿细细听，必要时可以辅助眼睛观看。

活动完成后，教师请幼儿交流自己的判断依据。

四、集体游戏：辨声摸人

在没有障碍物的活动室或户外活动场地，教师将一个幼儿的眼睛蒙上，其他幼儿脚上系一个小铃铛，蒙眼幼儿尝试摸到其他幼儿，其他幼儿可以在限定范围内移动，但移动时脚上的铃铛会发出声音。

活动评价：

无效果	没有辨别出听到的声音，缺乏兴趣，或不参与活动
初见成效	能辨别每次活动中的一两种声音，不爱发表意见，缺乏主动探究精神
基本掌握	能够辨别活动中的一些声音，参与游戏活动和讨论，开始对声音感到好奇
完全掌握	能够辨别活动中的大部分声音，积极参加活动，积极发表自己的意见，对声音具有很强的好奇心，尝试发出和探究新的声音

家园共育：

1.家长和幼儿在家中玩“辨声摸人”游戏。

2.家长在日常生活中鼓励幼儿发现声音的不一样，尝试判断声源的方向。

声音摇摇乐*

活动由来：

区角活动时，小智在同一塑料罐中分次放入了雪花片、积木、纸球、硬币、沙粒等材料，晃动塑料罐发现声音明显不同，小智将这个发现分享给了一些小朋友，小朋友们纷纷模仿。抓住孩子兴趣点，教师开始带领幼儿一起收集塑料瓶，生成了此活动。

活动目标：

1.发现物体材质不同发出的声音不同。

2.培养幼儿听辨声音的能力和意识，提升幼儿探究能力。

3.科学与艺术融合，使幼儿在活动过程中体验科学探究的快乐。

活动准备：

材料准备：塑料瓶、钢珠、毛绒球、泡沫球、硬币、沙粒、护目镜、动感舞蹈音乐。

经验准备：能使用物体制造出声音。

---

* 作者：郭伟，中国人民解放军总医院幼儿园。

★安全事项：告知幼儿所有材料均不可放入嘴中，不可食用，沙粒不可撒入眼中，不可用摸过沙粒的手揉搓眼睛，教师同时要注意观察和及时处理。

活动过程：

一、设疑激趣，问题导入

教师出示两个外观一样的塑料瓶，并用包装膜或者粘贴纸挡住瓶中的物体（分别是硬币和沙粒）。

教师：小智在科学区发现了两个一样的瓶子发出了不一样的声音，他把这两个瓶子作为“摇摇乐”礼物送给了我，大家听一听声音有什么不一样的？

教师分别晃动两个瓶子，引导幼儿倾听。

教师：这是为什么呢？（不需要幼儿回答）老师要带领你们探究更多不一样的声音，等你们发现了声音的秘密，就能告诉老师这是为什么了。让我们出发吧！

二、分发材料，探究“摇摇乐”

教师为幼儿分发塑料瓶、钢珠、毛绒球、泡沫球、硬币、沙粒和护目镜，请幼儿戴上护目镜，然后尝试分别感知钢珠、毛绒球、泡沫球、硬币和沙粒的轻重、软硬，填写活动记录单。完成活动记录单对应表格内容之后，幼儿将钢珠、毛绒球、泡沫球、硬币和沙粒装分别装入不同的塑料瓶中，摇晃塑料瓶，感知发出的声音。

幼儿自由自主尝试，教师巡视，注意观察幼儿的行为，听取他们的谈话内容，适时提供支持和引导。

教师引导幼儿的提问：

✧ 这声音听起来像什么？

✧ 哪个声音最高？哪个声音最低？哪个声音最柔和？

✧ 声音高低和材料的轻重有关系吗？

✧ 声音高低和材料的软硬有关系吗？

✧ 塑料瓶子中装 1 个钢珠和 3 个钢珠，声音一样吗？

✧ 你能让声音更好听吗？（引申问题）

幼儿基本完成“摇摇乐”或者兴趣减弱后，教师请幼儿交流自己的做法和发现。

三、揭秘小智的礼物，制作自己的礼物

教师再次分别晃动小智的礼物，请幼儿猜猜看瓶子里面是什么？为什么？引导幼儿说出硬币和沙粒在塑料瓶中发出的声音特点，然后揭秘小智的礼物。

教师鼓励幼儿制作自己喜欢的“摇摇乐”礼物瓶，离园后送给喜欢的朋友、同伴或家人。

四、“摇摇乐”，摇起来

教师播放动感音乐，鼓励幼儿跟教师一起摇动“摇摇乐”礼物瓶伴奏，一起舞蹈。

教师也可以组织幼儿分组表演，并评选出最美“摇摇乐”组。

活动记录单：

材料	轻重（密度）	软硬（质地）	声音特点（音色）

活动评价：

无效果	没有参加活动，对发现不同的声音不感兴趣
初见成效	能听出一两种声音的不同，但不发表意见，不愿进行更多的尝试
基本掌握	通过尝试发现不同材质产生的声音不同，参与幼儿交流，提出一两个自己感兴趣的问题
完全掌握	积极参加探究活动，不断调整材料的种类和数量，尝试发现更多不同的声音，参与幼儿交流和讨论，提出自己的问题，对制造出不同的声音充满好奇心和探究欲

家园共育：

1.在家中让孩子尝试敲击风铃和其他可以敲击的物品，使幼儿听不同的声音，发现声音的差异。

2.带孩子感受不同乐器发出的声音。

气味盒*

活动由来：

嗅觉是幼儿开展科学活动和探索物体的重要感官，是幼儿探究能力的组成部分。幼儿在日常生活中也会经常用到嗅觉，例如：幼儿会谈到薰衣草的味道、谈到奶奶炖肉的香味。为了培养幼儿意识地运用嗅觉的意识，提升幼儿使用嗅觉的能力，教师设计了此活动。

活动目标：

1.引导幼儿发现物体气味的不同。

2.培养幼儿有意识地使用嗅觉区分物体和发现物体特征。

3.使幼儿逐步养成使用嗅觉进行科学活动的习惯。

活动准备：

材料准备：科学启智科学课程资源包（内含 10 个黑盒，每 2 个盒内装有同样的薰衣草、香茅草、桂皮、小茴香和孜然粒）或自备类似材料，活动记录单、彩笔。

经验准备：有画的经验。

★安全事项：可能有幼儿对某种气味过敏，户外活动时注意障碍物、坑洼，或者花丛中的蜜蜂、虫子等，教师同时要注意观察和及时处理。

活动过程：

一、导入，激发兴趣

教师出示 10 个黑盒，然后向幼儿寻求帮助：小朋友们，老师发现了一些黑盒，里面有两两成对的好朋友，但老师不知道怎么区分它们，不知道谁跟谁是好朋友了，黑盒找不到朋友也很着急，你们能帮忙吗？

二、感知，有序进行

教师为每个幼儿分发资源包（10 个黑盒），请幼儿逐一打开黑盒，闻黑盒中的气味，尝试发现气味的不同，然后盖上黑盒。

教师引导幼儿的提问：

✧ 你闻到了什么味道？

✧ 这个味道有什么特点？

---

* 作者：郝唯延，指导教师：刘晨，吉林省省直机关第二幼儿园。

✧ 这个味道像什么物体或花朵的味道？

✧ 你能用更多的语言来描述这个味道吗？

教师鼓励孩子说出每个黑盒中气味的独特性，鼓励孩子尽可能多描述气味的特点，这会有助于孩子最大化地使用嗅觉。

教师鼓励幼儿与同组幼儿交流讨论，鼓励幼儿分享自己的感知。

在幼儿感知完黑盒中的气味后，教师请幼儿随机打开一个黑盒，尝试通过嗅觉找到另外一个气味相同的黑盒。当幼儿判断两个黑盒气味一样的时候，可以通过视觉检验盒内物体是否一样。

幼儿可以多次开展本环节的气味配对活动，以此加强幼儿对嗅觉的使用。

三、游戏，强化感知

待幼儿能完成 1 组以上的气味配对后，教师宣布进入游戏时间，激发幼儿更大的探究兴趣。

游戏规则：幼儿出示一个黑盒，请同组幼儿闻，然后看谁能最先找到气味相同的黑盒，最先正确找到配对黑盒的幼儿再出示黑盒，继续本游戏。

四、挑战，嗅觉我最灵

待幼儿能完成 2—3 组以上的气味配对后，教师可以引导幼儿开展后继游戏活动，持续激发孩子触觉探究的热情和兴趣。

游戏规则：小组选出优秀代表，参加班级“嗅觉我最灵”比赛，优胜者由教师给予奖励。

五、户外，使用嗅觉

教师带领孩子到幼儿园的户外，鼓励孩子闻不同的花草和任何物体的气味，并记录在活动记录单中。

六、活动总结

教师总结活动，重点引导孩子注意嗅觉的应用，强调嗅觉是科学探究活动好帮手。

活动记录单（示样）：

被闻的物体 （以图画的形式展现）	物体的气味 （香 臭 刺鼻 无味 其他）

活动评价：

无效果	不参与，对辨别气味没有兴趣
初见成效	闻气味，能发现气味盒中气味不同，但不能具体说出不同之处，或者使用词语不正确，不爱发表意见
基本掌握	参与活动，能分辨气味的不同，能基本正确地使用描述性语言，能配对 2 种以上的气味
完全掌握	参与活动，能分辨气味的不同，能将气味盒配对成功，能正确使用描述性语言。户外探究的时候积极探索新的气味，对气味充满乐趣，希望探索更多的气味

家园共育：

1.安排幼儿将本次科学探究材料带回家，请幼儿和家长在家里继续玩“气味配对”游戏。

2.幼儿将评价后的活动评价表带回家，请家长关注教师的活动评价，给予孩子精神或者物质激励。

3.在保证安全的前提下，家长在日常生活中鼓励幼儿多多使用嗅觉感知不同的物体，并向家长陈述通过嗅觉感受到的物体特性。

食物的味道*

活动由来：

味觉是幼儿了解世界的方式之一，是幼儿探究能力的组成部分。丰富的味觉活动会让幼儿明确味觉，充分使用味觉，进而形成感知、概念，促进语言的发展。《3—6 岁儿童学习与发展指南》指出：“能用多种感官或动作去探索物体，关注动作所产生的结果。”为此，教师设计了此活动。

活动目标：

1.引导幼儿发现和辨识咸、甜、酸、苦的不同。

2.培养幼儿有意识地使用味觉区分物体和发现物体特征。

3.增强幼儿语言理解和表达能力，增强幼儿比较和分类能力。

活动准备：

材料准备：榨菜丝、蜂蜜水、柠檬片、苦瓜片、葡萄、橘子、苦菊、红苹果、分格餐盘、餐勺、活动记录单、彩笔。

经验准备：不需要特殊经验准备。

★安全事项：食品和餐具均提前清洗干净，保证卫生，教师和幼儿餐前洗手。

活动过程：

一、激趣导入

教师出示活动材料，告知幼儿教师想邀请小朋友们一起品尝这些食物，问小朋友是否愿意？幼儿一定会变得兴高采烈。此举的目的在于调动幼儿吃的欲望，增加幼儿参加活动的兴趣和积极性。

二、感知单一味道

教师在餐盘格中分别放入够 3 次品尝的榨菜丝、蜂蜜水、柠檬片和苦瓜，给每个幼儿分发一个分格餐和 1 把餐勺，请幼儿先选择了一个自己最喜欢的食物慢慢品尝，并跟同组幼儿交流自己品尝到的味道。

教师巡视，适时为幼儿提供支持和引导，当幼儿在描述中提到咸、甜、酸、苦时，教师向幼儿重复强调这些词。当幼儿品尝完第 1 次选择的食物后，教师请幼儿向大家展示自己品尝的食物，并描述其味道。同样，当幼儿提到咸、甜、酸、苦时，教师向幼儿重复强调这些词。

教师请幼儿继续品尝餐盘中的所有食物，描述其味道，并尝试找到咸、甜、酸、苦的食物。

教师引导幼儿的提问：

✧ 你品尝的食物是什么味道？

✧ 你最喜欢哪种味道？为什么？

✧ 闭上眼睛，再次品尝一下食物，味道会有不同吗？

---

* 作者：白晶，长春市人民政府机关第三幼儿园。

幼儿基本完成品尝活动后，教师再次请幼儿展示自己找到的咸、甜、酸、苦的食物，并描述这些食物的味道。当幼儿描述出现困难或不正确的时候，教师及时提供引导。

三、闻食物的味道

教师为幼儿发放新分格餐盘，在餐格中分别放入够 3 次品尝的含皮青苹果块、橘子瓣、香蕉段和红苹果块。教师请幼儿闻盘中食物的味道，并尝试回答问题。

教师引导幼儿的提问：

✧ 是否可以通过闻来判断食物的味道？

✧ 食物闻起来的味道是否和吃起来的味道一样？

幼儿回答上述问题之后，品尝餐盘中的水果，并交流自己猜想的答案和验证的结果。

四、感知多种味道

教师请幼儿继续品尝餐盘中的水果，并描述自己品尝到的味道。

教师巡视，注意听取幼儿对味道的描述，当幼儿在描述中提到酸甜、苦中带甜等，教师向幼儿重复强调这些词。当幼儿基本都完成品尝或兴趣减弱的时候，教师结束该活动，并请幼儿向大家展示自己品尝的食物，描述其味道。同样，当幼儿提到酸甜、苦中带甜等多种味道时，教师向幼儿重复强调这些词。

五、活动总结和完成活动记录单

教师出示不同的食物，向幼儿介绍它们的味道。教师在词语表述上，尽量用丰富、准确的词语描述不同食物的味道，使幼儿将这些词语与具体的食物建立链接。

教师请幼儿按照味道将不同食物画或者剪贴到活动记录单，并在后继生活中不断充实该分类记录表。

活动记录单（示样）：

食物味道分类记录表

咸	甜	酸	苦	多种综合

活动评价：

无效果	没有参加活动，对活动没有兴趣
初见成效	品尝了一两种食物，但不能正确说出食物味道的不同，使用词汇不正确，不爱发表意见
基本掌握	品尝了多种食物，能分辨出味道的不同，能将味道与词语联系起来，用词准确性还需要提升
完全掌握	积极品尝所有食物，能分辨出食物味道的不同，能使用不同的词语来描绘这些味道，用词正确，爱发表意见，希望探究更多食物的味道

家园共育：

1.家长在日常餐饮中，有意与幼儿交流不同食物的味道，使抽象的词汇转为实际的味觉感受，增加幼儿对味道和味道相关词语的理解。

2.家长在家中粘贴一张类似活动记录单的表格，鼓励幼儿对不同的食物分类。

水果连连看*

活动由来：

幼儿对科学世界的探索往往是从外部感觉开始的，视觉、听觉、嗅觉、味觉、肤觉都是幼儿探究科学世界的好方法、好手段。如何培养幼儿利用多感官进行科学探究的习惯和意识？教师设计了此活动。

活动目标：

1.尝试用多种感官感知物体的属性。

2.培养幼儿主动利用多感官进行科学探究的意识和能力。

3.学会用语言表达不同水果的颜色、味道、形状、触感等。

活动准备：

材料准备：红苹果、香蕉、橙子、猕猴桃、紫葡萄、青梨等水果若干，水果味的糖豆若干，大摸奖盲盒若干，彩笔、绘画纸。

经验准备：日常生活中接触过多种水果，能识别出几种水果。

活动过程：

一、游戏导入，激发兴趣

教师在每个小组桌子上放一个盲盒，盲盒里摆放好红苹果、香蕉、橙子、猕猴桃、紫葡萄、青梨等水果各一种，幼儿小组入座。

教师：老师知道孩子们喜欢盲盒游戏带来的惊喜感，也知道小朋友们喜欢探索未知的世界。今天老师也给大家带来了盲盒游戏，有什么惊喜将要发生呢？让我们开始吧！

幼儿兴趣高涨，摩拳霍霍向盲盒。

二、游戏步步高、兴趣步步高、收获步步高

1.教师说出水果的某一特征，幼儿摸出对应水果。

例如：教师说“皮肤粗糙，摸起来有密密麻麻小坑的水果”，幼儿尝试从盲盒中摸出橙子；教师说“圆圆的，体积最小的水果”，幼儿尝试从盲盒中摸出葡萄；教师说“椭圆形，有硬硬的果柄”，幼儿尝试从盲盒中摸出青梨……

幼儿顺序参与此游戏，每次游戏结束，幼儿将摸到的水果放回盲盒。

2.幼儿说出水果的某一特征，幼儿摸出对应水果。

游戏主角全部转归幼儿，幼儿小组内一人说水果的特征，另外一个幼儿尝试从盲盒中摸出该水果。

幼儿说水果的特征出错，或者摸出的水果错误的时候，小组内幼儿协同纠正。

3.水果味道连连看。

教师为幼儿分发水果味的小糖豆，每个幼儿取 1~2 粒小糖豆，品尝其味道，之后判断小糖豆的味道与哪种水果的味道一样。

教师切开水果，幼儿进行试吃，验证自己判断的味道是否正确，如果不正确可以试吃后进行修正。

教师也可以让幼儿多次进行此活动，并适时提示：为了保护牙齿应该少吃糖。

4.趣味描述，快问快答。

教师出示一种水果，幼儿尝试一次性说出该水果的颜色、形状、味道和名字。例如：苹果，红红的、圆圆的、甜甜的苹果。

---

* 作者：郑洁，指导教师：冯月侠，中国人民解放军总医院幼儿园。

幼儿熟悉游戏规则，能基本准确完成陈述后，教师可以加大难度，即快问快答——教师快速出示水果，幼儿快速陈述。

幼儿与幼儿之间可以相互开展这种游戏，也可以加大难度，例如增加修饰词语。

三、创作展示

幼儿自选一个水果，仔细观察之后开始画该水果。

教师巡视的过程中，可以多提醒孩子注意细节、把握细节、画出细节，细节越多说明孩子观察越仔细，观察能力越好。

绘画完成之后，教师请幼儿介绍自己的绘画，尤其是细节部分。

幼儿在小组间也可以开展类似的交流活动。

活动评价：

无效果	不参与活动，或者不能说出水果的特征
初见成效	能说出水果 2 种以上的特征，用词不准确
基本掌握	能使用 3 种以上的感官感知水果的特征，基本能用语言描述水果的特征
完全掌握	能使用 5 种感官感知水果的特征，能准确用语言描述水果的特征，并乐在其中

家园共育：

1.鼓励幼儿在家人的帮助下制作水果拼盘，与家人开展“水果味道连连看”和“快问快答”的游戏。

2.鼓励家人带孩子去超市、水果卖场等地方，使孩子感受更多水果的特征。

3.家人在带孩子外出游玩的时候，可以引导孩子用感官感知更多的花草林木等。

好玩的面粉*

活动由来：

早餐时，厨师为幼儿制作了造型可爱的小猪馒头，小猪的鼻子、眼睛、耳朵、嘴巴等栩栩如生，惹人喜爱，小朋友们迟迟舍不得下口，有小朋友直接表述了自己也想做漂亮馒头的愿望。利用孩子们探究欲，教师生成了此活动。

活动目标：

1.感知面粉的物理特性。

2.发展幼儿观察、比较能力。

3.科学与艺术融合，激发幼儿科学探究兴趣，培养幼儿的好奇心。

活动准备：

材料准备：面粉、水杯（含适量水）、不锈钢小盆。

经验准备：有玩橡皮泥、沙或泥等的经验。

★安全事项：水洒落在地面可能导致幼儿滑倒，教师要注意观察和及时处理。

活动过程：

一、感知面粉

教师提前将面粉装入不锈钢小盆中，分发给每个幼儿，请幼儿感知面粉。

---

* 作者：王一童，指导教师：刘晨，吉林省省直机关第二幼儿园。

教师引导幼儿的提问：

✧ 仔细看一看，面粉是什么颜色的？

✧ 轻轻闻一闻，面粉是什么味道的？

✧ 用手摸一摸，是什么样的感觉？

✧ 面粉像什么？

待幼儿感知后，教师组织幼儿进行交流，说说面粉的特征。

二、动手和面

教师为每个幼儿发放适量的水，请幼儿将水倒入面粉中，并用手搅拌面粉和水，尝试进行和面。教师巡视并为幼儿提供帮助，注意观察孩子们行为，听取他们的谈话内容，适时提供支持和引导。

教师引导幼儿的提问和评论：

✧ 面粉和水在一起时，手摸起来的感觉如何？

✧ 不断揉搓，面粉和水有什么变化吗？

✧ 水去哪里了？

✧ 面团是固体，还是液体？

✧ 我看到了小智把面团搓成了圆柱体。

教师请和好面的幼儿展示自己的成果，并介绍自己的做法，鼓励其他没有完成的幼儿继续加油。

三、艺术创作

教师：小朋友们，还记得我们早餐吃的小猪造型馒头吗？还有猫耳朵造型的饺子，月亮造型的韭菜盒子，小兔子造型的面点……现在你们都是面点大师，用你们手中的面团创作自己喜欢的造型吧！

教师巡视并为幼儿提供帮助，适时适度提问引导。

教师引导幼儿的提问和评论：

✧ 你造型的左耳朵和右耳朵好像厚薄不一样，哪个厚一些？

✧ 你造型的左手和右手哪个长一些？

✧ 你把圆柱体搓成了圆锥体。

✧ 眼睛应该是一样大小的，是对称的。

✧ 你还可以做出更多的造型吗？

幼儿基本完成创作之后，教师组织幼儿展示、交流，说说自己的造型和如何制作的。

活动延伸：

教师可以鼓励幼儿为自己创作的作品加上颜色，进行装饰，举办班级面团创作展览。

活动评价：

无效果	没有参加活动，对活动没有兴趣
初见成效	在老师的鼓励和帮助下参与活动，能感知面粉，但后继活动很少动手，以观看他人活动为主
基本掌握	参与活动，进行艺术创作，交流自己的看法，对面的变化感到好奇，提出一两条相关问题
完全掌握	主动参与活动，积极参与讨论，与小朋友分享自己的发现和成果，对面的变化充满好奇，希望用面团进行更多的艺术创作

家园共育：

1.家里包饺子、蒸馒头等的时候，请幼儿全程参与，感受面粉的变化和劳动的快乐。

2.为幼儿讲述面粉的由来，使幼儿树立节约的意识。

资源推荐：绘本《面包》，动画视频《面粉的由来》。

泡泡液引发的液体探秘*

活动由来：

与幼儿一起玩泡泡枪的过程中，泡泡液用完了，幼儿很失望。有幼儿提出自己制作泡泡液的想法，得到了幼儿的一致拥护，大家都希望“实现泡泡液自由”。《3—6 岁儿童学习与发展指南》指出：“真诚地接纳、多方面支持和鼓励幼儿的探索行为。”为此，教师设计了此活动。

活动目标：

1.有意识地引导幼儿感知常见液体的特性。

2.培养幼儿用多种感官或动作去探索物体，发展其探究能力。

3.发展幼儿动手操作能力，感受探究和成功的快乐。

活动准备：

材料准备：泡泡枪、泡泡液、洗发水、洗洁精、洗手液、清水、食用油、酱油、料酒、白醋、红醋、透明塑料托盘、餐巾纸、搅拌棒、吹泡泡工具、抹布、活动记录单、彩笔。

经验准备：听说过或见过上述液体。

★安全事项：上述液体（含泡泡液）不可饮用，液体洒落在地面可能导致幼儿滑倒，教师要告知幼儿，并注意观察和及时处理。

活动过程：

一、激趣导入

教师：小朋友们，我们的泡泡液总是在我们还没有玩够的时候就没有了，今天老师要带领大家自己制作泡泡液，这样我就很多很多用不完的泡泡液了，你们想自己制作泡泡液吗？

教师在幼儿的欢呼和期待中开始后继活动过程。

二、感知泡泡液

教师用泡泡枪打出泡泡，然后在幼儿的见证下将泡泡液卸下，倒入每组的透明塑料托盘中，请幼儿感知泡泡液的特征。

教师注意观察幼儿的行为，听取他们的谈话内容，根据幼儿兴趣适度引导性提问。

教师引导幼儿的提问：

✧ 泡泡液是什么颜色的？

✧ 你还见到过其他不同颜色的泡泡液吗？

✧ 泡泡液闻起来是什么味道的？

✧ 是不是泡泡液里可以添加不同的香味？

✧ 泡泡液摸起来什么感觉？像什么？

当幼儿基本完成感知后，教师请幼儿交流自己的感知结果。

三、感知生活中常见的液体

教师事先将洗发水、洗洁精、洗手液、清水、食用油、酱油、料酒、白醋、红醋等分别倒在独立的透明塑料托盘中，为每组分发一套，告知幼儿每种液体的名称和用途，然后请幼儿感知、猜想这些液体中哪些可以制作泡泡液，并完成活动记录单中“猜想”部分的记录。

---

* 作者：姜苗，长春市人民政府机关第三幼儿园。

教师引导幼儿的提问：

✧　这些液体与泡泡液有什么不同吗？

✧　这些液体中有能制作泡泡液的吗？你为什么这么判断？

当幼儿基本完成感知后，教师请幼儿发言说明自己是否判断这些液体里有可以做泡泡液的液体，判断的依据是什么。

教师为幼儿分发吹泡泡工具，幼儿验证猜想，对于验证正确的液体，教师要表现得跟幼儿一样开心、喜悦，并向幼儿表示祝贺。

幼儿验证之后完成活动记录单中的“验证”部分的记录。

四、畅玩泡泡枪

教师鼓励幼儿使用吹泡泡工具和自制的泡泡液，尽情玩泡泡，使幼儿感受探究和成功的快乐。

活动记录单（示样）：

液体种类	 猜想	 验证
洗发水		
洗洁精		
洗手液		
清水		
食用油		
酱油		
料酒		
白醋		
红醋		

活动评价：

无效果	对探究液体特性没有兴趣，不参加活动
初见成效	喜欢泡泡，在教师的引导下参与活动，偶尔尝试几次即停止，缺乏主动性，基本不发表意见，有一定的好奇心
基本掌握	使用两种以上的感官感知液体特性，能准确说出一些液体的基本特性，参与幼儿交流和讨论，提出一两个相关问题，对能吹出泡泡的液体有好奇心
完全掌握	使用多种感官感知液体特征，积极分享自己的观点和意见，积极提出液体相关的问题，对能吹出泡泡的液体感到非常好奇，希望探究更多泡泡相关的奥秘

家园共育：

1.家长带领孩子制作出能吹得更大、不易破的泡泡液，并与孩子一起玩泡泡。

2.家长请孩子留意观察泡泡的颜色，并问孩子为什么是这种颜色。这会引发孩子新的科学探究，增强孩子的好奇心。

中国茶*

活动由来：

幼儿天生就对整个世界充满好奇，他们探索世界的天然工具就是视觉、触觉、听觉、味觉、嗅觉等人体机能，发展这些机能对幼儿科学学习是非常有帮助的。中国是茶的故乡，文化历史悠久，茶不仅适合幼儿用多种感官去探索，而且有助于幼儿了解中华文化。鉴于此，教师生成了本次活动。

活动目标：

1.培养幼儿使用感官进行科学探究的意识和能力。

2.认识茶，了解中华文化。

活动准备：

材料准备：茶文化视频、绿茶、茉莉花茶、放大镜、茶杯、水壶、背景音乐。

经验准备：幼儿提前观察和了解家中的茶叶。

★安全事项：幼儿不可以自行使用热水（含开水）泡茶，防止烫伤。水洒落在地面可能导致幼儿滑倒，教师要注意观察和及时处理。

活动过程：

一、感受茶文化，引起幼儿对茶的兴趣

教师为幼儿播放茶文化视频，通过视频向幼儿介绍茶叶、茶具和泡茶，展示茶艺表演。

二、感知茶，锻炼和发展幼儿感官

教师为幼儿出示绿茶、茉莉花茶和放大镜，请幼儿感知茶叶。

教师引导幼儿的提问：

✧ 用放大镜看一下，茶叶是什么样子的？形状像什么？

✧ 绿茶和茉莉花茶有什么相同和不同的地方？

✧ 用手轻轻触摸茶叶，你感觉到什么了？

✧ 用鼻子闻一闻，茶叶是什么味道？

✧ 用嘴巴嚼一下茶叶，有什么感觉？

三、泡茶和品茶，感受茶的变化

幼儿自主选择一种茶叶，自取一个茶杯，使用小组共用的、装有温开水的水壶，亲自体验泡茶和品茶的乐趣。教师播放茶相关的背景音乐。

教师引导幼儿的提问和评论：

✧ 茶叶的颜色、形状有什么变化？可以用放大镜看一看。

✧ 茶叶泡开后，你看到你之前没有看到的新内容吗？

✧ 水的颜色有什么变化吗？

✧ 闻一闻，能闻到什么味道吗？跟茶叶的味道一样吗？

✧ 饮一口茶，有什么感觉？

✧ 又过了几分钟，你的茶有新的变化吗？口感有新的变化吗？

✧ 茶喝完了，可以再泡一杯，再试试看！

✧ 你可以咀嚼一个泡过的茶叶，感受一下硬度和味道。

---

* 作者：党芳芳、王利，济南市历下区第二实验幼儿园。

幼儿感知水中茶叶的变化

四、幼儿交流，教师总结

教师请幼儿说说自己感知到的茶，说说饮茶的好处。

教师总结，鼓励幼儿运用多种感官感知周围的物体，鼓励幼儿继续探究茶文化和其他中华文化的博大精深，同时提醒小朋友要适量饮茶。

活动评价：

无效果	不参加活动，对茶不感兴趣
初见成效	观看视频，尝试了解茶，但浅尝辄止，没有运用多种感官
基本掌握	参与活动，参加讨论，能用视觉、味觉或更多感官感知茶，具有一定感觉运用能力
完全掌握	使用视觉、触觉、听觉、味觉、嗅觉等感官较好地感知了茶，能分辨出茶泡前和泡后的不同，具有较好的探究意识和能力

家园共育：

1.家长引导孩子感知家中的各种茶叶。

2.家长教给孩子简单的泡茶方法和步骤，注意防止烫伤。

3.家长有机会时带孩子走进茶社了解更多的茶叶种类，感受茶文化的魅力。

资源推荐：科学故事《西湖龙井与乾隆皇帝的故事》《普洱茶的故事》《洞庭碧螺春的传说》，儿歌《茶儿歌》《小茶壶嘟嘴巴》。

第二部分 天气和天体

人类时时刻刻生活在天气中，幼儿时时刻刻都可以接触到天气。气温、风、云、雾、雨、闪电、雷、雪、霜、雹、霾等是幼儿可以切身感受的天气现象，并且这些天气现象又是变化的，甚至神奇的。

太阳、地球、月亮是我们常见的天体，彗星、流星体也偶尔闯入我们的生活，白天黑夜、节气更迭、四季变换、斗转星移就在我们的身边，儿歌《小星星》中的“一闪一闪亮晶晶，满天都是小星星，挂在天空放光明，好像千万小眼睛”也常被幼儿唱起……

天气现象易于观察，记录天气变化不但简单，而且有规范化的气象符号，所以天气是一个理想的科学主题。天体与天气有着千丝万缕的联系，在幼儿力所能及的范围亦有很多孩子想探索、想知道的内容，天体活动是将幼儿志向引向星辰大海的好途径。

幼儿天生就对整个世界充满好奇，天气和天体是培养幼儿好奇心的好内容。教师可以有意识地引导幼儿观察天气和天体，带领幼儿学习观察的基本方法，发展幼儿比较观察和连续观察的能力，培养他们观察、分类、排序、判断和推理能力，激发他们的好奇心与探究欲望。

观察天气和天体活动可以随时随地进行，无需刻意地准备和安排，所以它们也是家园共育的好内容。

有趣的影子*

活动由来：

阳光明媚的一天，小朋友们在户外游戏，他们惊喜地发现地上有影子，你走一步，影子也走一步；你跑起来，影子也跑起来……影子一直跟随着你，形影不离。对于熟悉而又陌生的影子，小朋友们开始了观察、探索和游戏。抓住此机遇，教师生成了此活动。

活动目标：

1.发现影子，探究影子产生的原因。

2.实现科学与艺术的融合教育，发现科学之美、科学之乐。

活动准备：

材料准备：手电筒、蜡烛、打火机、活动记录单、彩笔。

经验准备：见过影子，且不对影子产生恐惧。

★安全提示：幼儿不可以自行使用火源，火源不宜放在幼儿可以接触到的地方。

活动过程：

一、与人影一起做游戏

天气晴朗的上午 10 点左右，教师带领幼儿到户外，请幼儿发现自己的影子，并与影子一起做游戏。

教师引导幼儿的提问和评论：

✧ 你怎么确定某个影子是你的影子？

✧ 影子的大小跟你有什么关系？

✧ 你能让影子跑动起来，或者改变形状吗？

✧ 影子有什么共同特点？

✧ 老师会一些手影，我们一起玩起来吧！

待幼儿基本完成探索，且兴趣减弱后，教师请幼儿交流人影的特点。

二、发现物体的影子

教师请幼儿尝试找到人以外其他物体的影子，扩大影子的探究范围。

教师引导幼儿的提问：

✧ 大树、房子、滑滑梯等大物体有影子吗？

✧ 小草、石头、皮球等小物体有影子吗？

✧ 蜗牛、公鸡、兔子（幼儿园内有的动物）等有影子吗？

✧ 你怎么确定某个影子是某个物体的影子？

✧ 物体的影子跟谁比较像？

✧ 树上的小鸟有影子吗？

待幼儿基本完成探索或兴趣减弱后，教师请幼儿交流自己发现的物体影子的特点。

三、让影子消失的办法

教师提出新的探索内容：如何让影子消失？鼓励继续探索。

教师引导幼儿的提问：

✧ 你有哪些方法能让自己的影子消失？

---

* 作者：田镇梅，滨州高新技术产业开发区小营街道中心幼儿园。

✧　你能让皮球（或小花等小件物品）的影子消失吗？

✧　你能让大树（或滑滑梯等大件物品）的影子消失吗？

教师请幼儿证明自己方法的可行性，班级幼儿观摩学习。

四、探索影子的产生原因

教师带领幼儿回到活动室，在活动室内没有因日光、灯光照射产生影子的前提下，请幼儿尝试在活动室内寻找影子，然后为幼儿分发手电筒，请幼儿尝试“制造”出影子。

教师引导幼儿的提问：

✧　活动室内为什么没有影子？

✧　手电筒是如何产生影子的？

✧　猜想一下：烛光可以产生影子吗？

教师点燃蜡烛，幼儿在烛光下发现影子，然后请幼儿交流影子产生的原因。

教师总结：想产生影子，必须要有光照，且光照在了不透明的物体上，这样物体的后面才会产生影子。

活动延伸：

教师向幼儿提问：月光可以产生影子吗？请幼儿继续探究，然后组织交流。

活动记录单（示样）：

哪些光照可以产生影子？			
你最喜欢的影子造型			

活动评价：

无效果	不参加活动，对活动不感兴趣
初见成效	尝试发现自己的影子，尝试与自己的影子做游戏
基本掌握	能发现自己和其他物体的影子，能找到 1 种以上的方法使影子消失
完全掌握	有 2 种以上的方法使影子消失，能发现 2 种以上的光源

家园共育：

1.亲子玩手影游戏，探索更多的手影玩法。

2.亲子探索使影子变长、变短的方法。

资源推荐：科学故事《树荫》。

变长变短的影子*

活动由来：

大自然蕴含丰富的教育资源，时有时无、时长时短的影子让幼儿对其充满了好奇，教师根据孩子们的兴趣点生成了此次活动。

活动目标：

1.感知光照射的角度与影子长短、方向的关系。

2.科学与艺术融合，激发幼儿的探究兴趣。

3.体验科学探究过程，发展初步的探究能力，培养幼儿的好奇心。

活动准备：

材料准备：彩色粉笔、计时器、故事《善变的影子》PPT、毛绒玩具狗、手电筒、活动记录单、彩笔。

经验准备：知道影子，不怕影子。

★安全事项：本活动需要选择在有阳光无大风、适宜户外活动的天气进行。幼儿使用粉笔之后，手不可直接接触眼睛、嘴巴、鼻子等，要及时洗手。

活动过程：

一、故事导入，激发兴趣

教师利用 PPT 为幼儿讲故事《善变的影子》。

故事讲完之后，教师提问：马夹熊（故事主角）那又长又大的影子去哪里了？

教师鼓励幼儿猜想并说出自己的答案，之后告诉幼儿，我们要用实验来发现马夹熊又长又大的影子去哪里了。

二、画影子，切实感受影子的变化

上午 9 点，教师为幼儿分发粉笔，交代安全事项之后带领幼儿来到室外活动场地，幼儿两两结合，分散开来，一个幼儿在阳光下站立不动，另外一个幼儿用粉笔勾画出站立幼儿影子的轮廓和双脚的轮廓，在轮廓中写上幼儿的名字和时间。幼儿观看太阳，感知太阳的位置。

教师使用计时器定时 1 个小时，1 个小时后让幼儿站在他们原来的脚印里，保持相同的姿态，另外一个幼儿换其他颜色粉笔再次勾画出站立幼儿影子的轮廓，并在轮廓中写上时间。幼儿再次观看太阳，感知太阳的位置。

此后，每隔 1 个小时，幼儿重复上面的活动一次。

多次重复之后，教师请幼儿现场讲解自己画的影子，以及自己对影子变化的感知。

三、模拟太阳照射，感受探究的乐趣

在活动室里，教师为幼儿分发毛绒玩具狗、手电筒、活动记录单和彩笔，请幼儿用手电筒代替太阳，用手拿着手电筒模拟太阳的升降变化，用毛绒玩具狗模拟故事《善变的影子》中的马夹熊，再次直观、快速感知影子长短的变化。

教师注意观察幼儿行为，听取他们的谈话内容，适时提供支持和引导。

教师引导幼儿的提问：

✧ 影子的长短为什么会发生变化？

✧ 如果想让玩具狗的影子最长（短），手电筒应该在哪个位置？

---

* 作者：李丹阳，吉林省直文化系统幼儿园。

幼儿基本熟悉实验操作之后，教师组织幼儿交流看到的变化和原因，并让幼儿完成活动记录单。

四、重讲故事，科学艺术化

教师或幼儿重讲故事《善变的影子》，幼儿分别扮演太阳、马夹熊和影子，当太阳变化时，马夹熊的影子对应变化，马夹熊可以做一些肢体变化，影子也要随之变化，这样可以增加科学的趣味性，增强幼儿对影子的理解。

活动记录单（示样）：

手电筒照射位置	玩具狗影子位置

活动评价：

无效果	仅听故事，没有参与其他活动
初见成效	在教师和同伴的带动下，参与画影子活动，主动性差，没有感受到活动的乐趣
基本掌握	参与活动，较好地完成了活动内容，发现了影子长短与光照位置的关系，能提出一两个影子相关的问题
完全掌握	积极参加活动，主动探究，交流和分享自己观察到的影子变化，提出影子相关的问题，掌握了影子长短与光照位置的关系，对影子充满好奇心

家园共育：

1.为幼儿讲述日晷的工作原理。如条件允许，可以带幼儿参观日晷。

2.为幼儿讲述利用影子判断方位的方法和科学依据。

我的影子朋友*

活动由来：

户外做操的时候，突然小智大声向老师“告状”：“小花总是打我的‘头’！”循声望去，原来小智影子的头部正好落在前面小花肩膀附近，小花每次转身拍手的时候，就好像打了影子的头部。这一发现不要紧，所有小朋友做操的动作都走形了，都在打或者防止“头”被打。抓住此机遇，教师生成了此活动。

活动目标：

1.将健康活动与科学活动有机融合，使幼儿在游戏中感知影子的特点。

2.培养幼儿观察和思考能力，感受科学探究的快乐。

活动准备：

材料准备：不需要特别准备材料。

经验准备：幼儿知道影子，不怕影子。

* 作者：刘珊，齐河县第三幼儿园。

活动过程：

一、游戏一：阳光下的漫步，与影子做朋友

天气晴朗，10 点左右，教师带领班级幼儿进行户外活动。

教师请幼儿散开，低头发现自己的影子，并与影子做朋友，尝试发现这位新朋友的一些特点。

教师引导幼儿的提问：

✧ 你的朋友跟你长得一样吗？

✧ 你的朋友跟其他小朋友的朋友一样吗？

✧ 你的朋友始终跟你在一起吗？

✧ 你能让你的朋友变得更小（大）吗？

✧ 你能让你的朋友张开嘴巴吗？它会说话吗？

教师请幼儿交流自己朋友的特点。

二、游戏二：尽情奔跑，保护我的朋友

游戏规则：幼儿彼此散开 3 米以上的间距，然后尽力踩到其他幼儿的影子，被踩到影子的幼儿淘汰出局，幼儿可以采取逃跑、躲闪的方法尽力避免自己的影子被踩到。

教师引导幼儿的提问：

✧ 你采用了什么方法保护你的朋友？

✧ 你的朋友按照你的办法一致行动了吗？

游戏结束后，教师请幼儿交流自己的做法和影子的“表现”。

三、游戏三：腾挪躲闪，我和朋友“变变变”

游戏规则：一个幼儿停留在固定的地方，每次只能选择一只脚动，另外一只脚只能在原地旋转，另外一个幼儿扮演入侵者，尽力在 5 个数内踩到对方影子的头部，踩到了则获胜，没踩到则输了。

教师重复游戏二中的提问和评论，并继续请幼儿交流自己的做法和影子的“表现”。

四、游戏四：终极保护，我教朋友隐身术

游戏规则：一个幼儿扮演“踩”的角色，尽力发现没有消失的影子，踩到影子即为赢。其他幼儿扮演“躲”的角色，要在影子没有被踩到之前让影子隐身消失，一旦影子被踩到即为输，然后输者扮演“踩”的角色，如此循环。

教师引导幼儿的提问：

✧ 你采取了哪些方法让自己的影子“隐身”了？

✧ 为什么这些方法可以让影子消失？

游戏结束后，教师请幼儿交流让影子“隐身”的方法。

活动评价：

无效果	没有参与游戏，对探究活动没有兴趣
初见成效	在游戏中跟随、模仿别人，不能主动使影子变化
基本掌握	对活动比较有兴趣，能采取一两种方法防止自己的影子被踩到，参与讨论，但很少提出问题
完全掌握	使用多种方法和变化，防止自己的朋友被踩到，能有一些新发现，能提出影子相关的问题

家园共育：

1.与幼儿一起欣赏影子舞。

2.与幼儿探讨遮阳伞、太阳帽等用途和工作原理。

资源推荐：绘本故事《我的小影子》。

空气存在吗*

活动由来：

体能活动临近结束，教师引导幼儿缓慢呼吸，通过调节吐纳的频率来达到放松的效果。小智突然提问："我们吸进去的是什么？"然然抢答："是空气！"小智说："我没看见，怎么知道是空气呢？"然然一时语塞。抓住幼儿兴趣，教师生成了此活动。

活动目标：

1.感知空气的存在。

2.保护幼儿的好奇心，提升幼儿发现问题、分析问题和解决问题的能力。

3.初步了解人们的生活与自然环境的密切关系，保护环境。

活动准备：

材料准备：绘本故事《小狐狸卖空气》PPT、气球、透明硬塑料水杯、餐巾纸、塑料量杯（含水，可以完全淹没水杯）。

经验准备：知道餐巾纸具有很强的吸水性。

活动过程：

一、故事导入，设疑激趣

教师利用《小狐狸卖空气》PPT展示故事图片，播放故事音频，幼儿倾听。

故事结束后，教师抛出问题：怎么证明空气的存在？

幼儿思考，相互交流，尝试提出自己的方案。

教师总结：空气没有味道，不能闻出来。空气看不见，摸不着，不能通过摇一摇、摸一摸、拍一拍等判断空气的存在。

二、实验探究：气球里面是什么

教师为每个幼儿分发一个气球，鼓励幼儿使气球自然展开，然后扎住气球口，然后捏、揉、挤气球。

教师注意观察幼儿的行为，听取他们的谈话内容，适时提供支持和引导。

教师引导幼儿的提问和评论：

✧ 气球为什么不是瘪的？

✧ 气球里好像有东西，挤的时候总是跑来跑去。

✧ 气球里东西的形状是固定的吗？

✧ 你能感受到气球里东西的重量吗？

✧ 捏、揉、挤气球，有什么感觉？

活动基本完成后，教师请幼儿讲述自己的探究过程，说说自己的发现和疑问。

活动总结：气球里有空气的存在，空气是不固定形状的，会流动。

三、趣味探究：餐巾纸为什么不湿

教师为幼儿分发餐巾纸和量杯，请幼儿将1张餐巾纸揉搓之后放入量杯之中，观察餐巾纸的变化。

幼儿交流自己观察到的变化。

结论：餐巾纸遇水会很快变湿。

教师再为幼儿分发水杯，请幼儿将1~2张餐巾纸揉成纸团之后塞入水杯底部（确保水杯倒扣时不掉）。

---

* 作者：刘翠翠，吉林省延吉市向阳幼儿园。

教师请幼儿猜想：将水杯垂直倒扣入量杯，使水淹没水杯底部，水杯里的纸会湿吗？为什么？

猜想基本完成之后，教师请幼儿进行实验，验证猜想。

教师引导幼儿的提问和评论：

✧ 餐巾纸为什么不湿？

✧ 哦，你的餐巾纸湿了，在水杯扣入水中时，你看到了什么？

✧ 再试试，尝试使餐巾纸不湿。（对餐巾纸湿的幼儿评论）

✧ 往下扣入水杯，费力吗？（对餐巾纸湿与不湿的幼儿均可提问）

实验基本完成或幼儿兴趣减弱之后，教师请幼儿交流自己的猜想、实验过程、结果和原因分析。

活动总结：垂直扣入水杯比较费力，说明空气占据了水杯，阻隔了水，所以餐巾纸没有湿。如果没有垂直扣入，水杯里的空气跑了出来（即水中气泡），餐巾纸就湿了。

四、回归故事，保护环境

教师：小朋友们解决问题的能力真棒！我们知道了发现问题、分析问题和解决问题。如果空气没有被污染，那么是不是我们生活更好呢？我们有哪些办法使空气新鲜呢？

鼓励幼儿交流讨论，有条件、能力许可的方案可以付诸实施。

活动评价：

无效果	不参与活动，对活动没有兴趣，缺乏好奇心
初见成效	在小组同伴的带动下参加活动，活动不持续，不主动，以模仿和跟随小组同伴的言行为主
基本掌握	参与活动，参与小组同伴的交流讨论，通过探究感知空气的存在，对空气有好奇心，提出一两个空气相关的问题
完全掌握	主动参与探究，乐于和同伴交流，主动提出问题，大胆猜想和验证，在反复操作中感受空气的存在，对空气有强烈的好奇心

家园共育：

1.家长鼓励幼儿自己给气球、皮球等充气，使之感受空气的存在。

2.亲子开展家庭绿化活动，为空气净化和保护环境添砖加瓦。

资源推荐：科学故事《小狐狸卖空气》。

会流动的空气*

活动由来：

生活中空气无处不在，却又悄无声息。空气的流动会产生风，带动物体的运动，带动物体发出声音，会产生很多有趣的现象。《3—6 岁儿童学习与发展指南》指出："和幼儿一起发现并分享周围新奇、有趣的事物或现象，一起寻找问题的答案。"为此，教师设计了此活动。

活动目标：

1.感知空气的流动，了解空气流动会带动物体运动和发出声音。

2.培养幼儿的好奇心和探究精神，使之享受科学探究的乐趣。

3.提升幼儿的动手和交往能力。

* 作者：由智慧，德惠市米沙子镇希望小学。

活动准备：

材料准备：火箭气球、拖头、打气筒、吹龙、A4 纸。

经验准备：玩过气球，知道气球中是空气，知道人呼吸时吸入的是空气。

活动过程：

一、火箭气球，初步感受空气的流动和声音

教师提前将火箭气球充好气，使用拖头或其他简单易解的方法扎口，避免气球跑气。

活动开始的时候，教师出示五颜六色充好气的火箭气球，这时候幼儿会非常开心。教师请每个幼儿领取一个火箭气球，先捏气球，感受气球的变化，然后尝试把气球的扎口慢慢松开，让气球口对着手部慢慢放气，注意肤觉和听。如果幼儿需要，教师可以再次给幼儿发放气球。

教师注意观察幼儿，适时提供支持和引导，注意听取他们的谈话内容。

幼儿气球放完气后，教师组织幼儿交流。

教师引导幼儿的提问：

✧ 气球里面有什么？

✧ 捏气球的时候，气球有什么变化？

✧ 气球放气的时候，你的手有什么感觉？这种感觉像什么？

✧ 气球放气的时候，你听到了什么声音？声音是从哪里发出的？

✧ 气球在放气过程中有什么变化？

交流完毕之后，教师请每个幼儿再领取一只火箭气球，告诉幼儿后面要放飞气球，放飞的时候请幼儿注意听气球发出的声音，观察气球形态的变化。

幼儿以小组为单位，松开气球口，放飞气球，感受愉快的放飞过程。

二、吹吹龙，强化感受空气的流动和声音

教师为幼儿分发吹龙，幼儿会再次很开心。教师鼓励幼儿尝试吹吹龙。

教师引导幼儿的提问：

✧ 你是如何将吹龙吹起的？

✧ 将手放在吹龙口处，有什么感觉吗？这种感觉像什么？

✧ 吹龙发出了什么声音？是哪个部位发出的？

当幼儿兴趣减弱的时候，教师结束该活动，并请幼儿围绕上述问题进行交流。

三、探究：如何让头发飞舞起来

教师提出上述问题，鼓励幼儿进行猜想、交流和验证。

当有幼儿提到扇子的时候，教师为幼儿分发 A4 纸，鼓励幼儿尝试折一把扇子，验证自己的想法。

活动评价：

无效果	对活动没有兴趣，没有参加空气流动的探究活动
初见成效	参与了火箭气球或吹龙活动，仅是简单地参加和观看，没有主动探究意识
基本掌握	喜欢参加活动，参与讨论交流，提出了让头发飞舞的方案，对空气流动具有好奇心
完全掌握	积极参加活动，参与讨论交流，提出空气流动相关的问题，提出多种让头发飞舞的方案，并且多种方案具有可行性，对空气流动充满好奇心

家园共育：

1.带领幼儿观察户外的彩旗、树枝、树叶和花草等，感受它们的运动和声音，并尝试探讨原因。

2.户外游戏的时候，让幼儿带着纸条或纱巾等轻物奔跑，感受哪些物体容易飞起来，并尝试探讨原因。

风的使者*

活动由来：

区角活动时间，小智突然说："大风来啦，快关窗户！"小朋友们一片愕然，紧接着风从窗户吹入，纸张散落一地，小朋友都觉得小智很神奇。小智揭露了谜底：看到了户外树叶等开始摆动，而且越来越快。抓住孩子们的好奇心，教师生成了此活动。

活动目标：

1.发现风可以使一些物体动起来，强一些的风会发出声响。

2.科学与艺术融合，培养幼儿观察、判断和推理能力，逐步发展逻辑思维能力。

活动准备：

材料准备：石子、图书、树叶、纸张、棉花、纸屑、彩笔。

经验准备：不需要特别的经验准备。

★安全事项：不要在大风天气里开展此活动，大风可能导致沙土、灰尘等进入儿童眼睛和呼吸系统。

活动过程：

一、寻找风的使者

在气温合适、有风的天气里，教师带领幼儿到室外活动场地。

教师提出问题：风是看不见、摸不着的，但风到来的时候，总会让它的使者告诉我们。你们找找看，能发现风的使者吗？

幼儿尝试发现风的使者，教师注意观察幼儿行为，听取他们的谈话内容。

教师引导幼儿的提问：

✧ 你看到空中有什么物体在动吗？

✧ 你看到树上有什么物体在动吗？

✧ 你看到地面上有什么物体在动吗？

✧ 你不动的时候，你身上有什么物体在动吗？

✧ 这些物体动的时候有声音吗？

✧ 是什么让这些物体动了起来？

教师在幼儿基本找到答案之后，请幼儿交流说明自己是怎么发现风的使者的，幼儿没有发现的地方，教师可以适当点明。

活动小结：风来的时候，风的使者总会在一些物体上留下痕迹，风能让一些物体动起来，强一些的风会发出声响。

二、游戏：我是风

回到活动室，教师为幼儿发放石子、图书、树叶、纸张、棉花、纸屑等材料，请幼儿猜想：如果我是风，我能吹动哪些物体？并将猜想记录到活动记录单中，然后开始验证自己的猜想。

教师注意观察幼儿行为，听取他们的谈话内容，适时提供支持和引导。

教师引导幼儿的提问：

✧ 你觉得哪些物体最容易被吹动？

✧ 你为什么觉得这些物体容易被吹动？

---

* 作者：孙伟林，滨州高新技术产业开发区小营街道中心幼儿园。

幼儿基本完成游戏和活动记录单后，教师请幼儿回答上述两个问题，并说明自己的验证结果。

三、绘画：画风

教师请幼儿取出彩笔，根据自己“寻找风的使者”和游戏“我是风”的过程，将风画到活动记录单上。

教师引导幼儿的提问：

✧　你画的“风”在哪里？

✧　它为什么是风？

幼儿完成绘画后，教师组织幼儿交流作品，并请幼儿说明自己的绘画内容。

活动记录单（示样）：

物体	 猜想 （能吹动画“√”，不能吹动画“×”）	 验证结果 （能吹动画“√”，不能吹动画“×”）
我的绘画：风		

活动评价：

无效果	对风没有兴趣，不参加活动
初见成效	在教师的引领下观察风的使者，跟随教师和其他幼儿的活动，对活动内容有一定的兴趣
基本掌握	参加活动，参与交流和讨论，提出自己好奇的问题，对风有一定的好奇心
完全掌握	主动完成活动内容，发现风的使者的共性，发现不同的物体被风吹后表现的不同，对风的探究充满兴趣，对风非常好奇，希望探究更多风的内容

家园共育：

1. 在日常生活中，有意识地跟孩子玩寻找风的游戏。
2. 观看风相关的视频，了解风的级别、危害和人们对风的利用。

制造风*

活动由来：

风就在我们身边。动画片《西游记》中孙悟空用嘴“吹”出风，铁扇公主用芭蕉扇“扇”出风……这些故事情节为幼儿津津乐道。《3—6 岁儿童学习与发展指南》指出：“和幼儿一起发现并分享周围新奇、有趣的事物或现象，一起寻找问题的答案。”抓住孩子们的兴趣点，教师设计了此活动。

活动目标：

1.尝试通过多种不同的方法制造出风，探究风产生的原因。

2.感受科技的魅力，激发幼儿科学探究的兴趣。

3.培养发散思维和创造力。

活动准备：

材料准备：长纸条（宽约 1 厘米，长 60 厘米以上）、扇子、纸板、图书、帽子、报纸、弹力塑料瓶（如空洗洁精瓶）、气球、气球打气筒、一次性针筒、玩具电扇、空调。

经验准备：知道风，经历过风吹。

活动过程：

一、情景导入，激发兴趣

教师：《西游记》中孙悟空用嘴“吹”出了风，小朋友也能吹出风吗？还能利用身体其他部位制造出风吗？幼儿思考，教师给幼儿分发长纸条，请幼儿演示、回答。

教师引导幼儿的提问和评论：

✧ 鼻子呼出的是什么？用手感觉一下，有风吗？

✧ 拍手可以让长纸条动起来吗？

✧ 奔跑会产生风吗？试试看。

✧ 跺跺脚，有风吗？

✧ 你尝试了什么方法？产生风了吗？

二、模拟探究，制造风

教师：《西游记》中铁扇公主用芭蕉扇“扇”出了风，老师也给小朋友们准备了一些材料，试试看你能制造出风吗？

教师为每组分发扇子、纸板、图书、帽子和报纸等，幼儿尝试制造出风。

教师巡视，注意观察幼儿的行为，听取他们的谈话内容，适时提供支持和引导。

教师引导幼儿的提问：

✧ 图书有几种方式可以产生风？

✧ 你是如何让帽子产生风的？衣服可以产生风吗？

✧ 如何让报纸产生最大的风？

教师鼓励幼儿相互参观、彼此交流和分享，允许幼儿为其他幼儿扇风，感受探究的乐趣。

三、提升难度，发现更多制造风的方法

教师为每组分发弹力塑料瓶、气球、气球打气筒、一次性针筒和玩具电扇，鼓励幼儿继续探究如何制造出风。

---

* 作者：田甜，长春市人民政府机关第三幼儿园。

教师引导幼儿的提问：

✧ 弹力塑料瓶喷出来的是什么？（引导幼儿说出“气体”“空气”）

✧ 打气筒把什么打入了气球的“肚子”里？（引导幼儿说出“空气”）

✧ 气球放气的时候，你听到什么声音了吗？（风可以产生声音）

✧ 打气筒和针筒打出的气，吹在手上有什么感觉？（风速和受力面积）

✧ 玩具电扇和扇子，哪个更省力气？（科技让人生活更美好）

教师鼓励幼儿相互参观、彼此交流和分享，允许幼儿从风中获得更多的乐趣。

四、科技让人生活更美好

教师打开活动室空调，使空调吹出大风，吹出冷风或暖风，询问幼儿是否可以吹出这么大的冷风或暖风风？然后点题：科技让生活更美好，希望小朋友们动手动脑，发现更多的科学奥秘，造福人类！

活动评价：

无效果	没有兴趣，不参加制造风的探究活动
初见成效	在教师的指导下简单参与制造风，大部分时间是观看
基本掌握	参与制造风，发现多种制造风的方法，参与幼儿间的交流和讨论
完全掌握	尝试多种材料，采取多种方法制造出了风，积极与幼儿间的交流分享，提出风相关的问题，对空调产生的风感到惊叹和好奇，对更多风的探究活动充满期待

家园共育：

1.鼓励幼儿尝试利用家中更多的物品制造出风。

2.家长和幼儿交流风带给人类的利和弊。

3.家长为幼儿讲解风力发电的原理和利用状况。

资源推荐：科学绘本《变幻的四季》《风是什么颜色》《不可思议的大自然·风》。

雪地探秘*

活动由来：

冬日的飘雪是幼儿无限的热爱。对于教师来讲，下雪的天气是大自然馈赠的丰富教育资源。《3—6岁儿童学习与发展指南》指出：“引导幼儿在探究中思考，尝试进行简单的推理和分析，发现事物之间明显的关联。”为此，教师设计了此活动。

活动目标：

1.发展幼儿观察、比较能力。

2.引导幼儿进行简单的推理和分析，发现事物之间明显的关联。

3.培养幼儿的好奇心。

活动准备：

材料准备：雪地、带把手的水杯、拖把、塑料盆、水桶、大块的积木或建构材料。

经验准备：有雪天行走的经验。

★安全事项：教师提前观察雪地，确保雪地没有暗藏的尖锐、坚硬物体（含可能对幼儿造成伤害的暗

* 作者：郝唯延，指导教师：刘晨，吉林省省直机关第二幼儿园。

冰），没有暗坑。

活动过程：

一、雪地观察：不一样的脚印

雪天或雪后，适合幼儿户外活动的天气，例如雪后初晴，风力不超过 4 级（轻风）。

幼儿做好保暖措施后，教师带着来到雪地。教师请一个幼儿走过雪地，另外一个幼儿双脚连续跳跃，跳过雪地；第 3 个幼儿单脚蹦过雪地。教师请幼儿观察、思考：这 3 种方式，脚印有什么不同？

教师提醒幼儿观察时不要踩坏被观察的脚印，鼓励幼儿在旁边的雪地上自行尝试留下不同的脚印。

教师引导幼儿的提问：

✧ 三种脚印有什么不同吗？

✧ 你能模仿他们在雪地上留下三种不同的脚印吗？

✧ 通过脚印，你能推断他是怎么通过雪地的吗？

✧ 你能在雪地上留下更多方式各异的脚印吗？

教师请幼儿交流自己观察和思考的结果，引导幼儿发现脚印和过雪地之间明显的关联。

之后，教师请幼儿排成 2 列或多列，教师说脚印数量，每列同排幼儿采取相应的方式通过雪地，例如：教师说 1 个脚印，则每列同排的幼儿采取单脚跳的方式通过雪地；教师说 1 个+2 个脚印，则每列同排的幼儿采取先跳再蹦的循环方式通过雪地。通过该游戏，强化脚印和通过方式的联系，锻炼幼儿的推理能力。

二、雪地游戏：猜猜我如何过雪地

教师继续带领幼儿玩雪地游戏：请三个幼儿商议如何自创方式通过雪地，其余幼儿背向即将通过雪地的幼儿，待三个幼儿通过雪地后，其他幼儿转过身，根据雪地上的痕迹猜测幼儿是如何通过雪地的。

教师引导幼儿的提问：

✧ 雪地上的痕迹有什么不同吗？

✧ 如何才能做出这样的痕迹呢？

猜测结束后，教师请幼儿说出自己推断的结果和理由，然后请前面的三个幼儿再表演一次通过雪地的方式，以验证猜测是否正确，帮助幼儿强化或者修正自己的推测。

后继每三个幼儿继续商议用自创的方式通过雪地，其余幼儿猜测、判断他们通过雪地的方式。

三、雪地探秘：是谁留下的痕迹

教师请所有幼儿背向老师，然后依次用带把手的水杯、拖把、塑料盆、水桶、大块的积木（或建构材料）等在雪地上留下痕迹，请幼儿判断是哪种材料留下的痕迹。

教师引导幼儿的提问：

✧ 雪地上的痕迹有什么不同吗？

✧ 什么物体跟雪地上的痕迹在形状上相似？

✧ 什么物体跟雪地上痕迹的大小一样？

教师请幼儿推理和分析，尝试发现雪地痕迹跟物体之间的关联，鼓励幼儿交流讨论。在幼儿形成自己的答案之后，教师鼓励幼儿使用物体验证自己的答案。

活动延伸：

教师组织幼儿观看动画片《黑猫警长》，讨论黑猫警长侦破案件的依据。之后出示一些痕迹，请幼儿判断是谁留下的痕迹，例如：地面上车轮留下的水痕、物体表面的巴掌印、吃剩下的食物残渣、地面上的脚印等。

活动评价：

无效果	没参加活动
初见成效	在教师的指导下参与活动，缺乏主动性，多站在旁边观看，不爱发表意见
基本掌握	参与活动，基本能正确推断出留下脚印的方式，能推断出几个雪地上留下痕迹的物体
完全掌握	积极参与活动，细致观察不同痕迹的特点，能发现事物之间的关联，正确推断留下痕迹的方式和物体，喜欢类似的推理活动，具有较好的推断能力

家园共育：

1.亲子玩雪地行走游戏，请幼儿判断哪个是爸爸的脚印，哪个是妈妈的脚印，哪个体重，哪个体轻。

2.为幼儿提供各种笔，例如粗细不同的毛笔、铅笔，红蓝黑的圆珠笔、签字笔等，家长在纸上画线条，请幼儿猜测是哪支笔画的，说明推断理由。

3.家长带领幼儿阅读一些推理绘本，就推理环节展开交流和讨论。

天气报告员*

活动由来：

天气对人们的生产和生活有着重要的影响。通过前期科学活动，幼儿已经知道了影子、空气、风、雪等自然现象，为了将这些探究成果应用于生活，提升幼儿的判断、推理能力，教师设计了此活动。

活动目标：

1.根据客观现象，判断天气状况。

2.培养幼儿判断、推理能力，逐步发展逻辑思维能力。

3.使幼儿了解温度计上的数字。

活动准备：

材料准备：细纸条（长 60 厘米，宽 1 厘米）、温度计、活动记录单、彩笔。

经验准备：对影子的形成、空气、风、温度计等有一定的了解。

活动过程：

一、视频和谈话导入，疑问激趣

教师播放中央电视台《天气预报》视频片段，然后跟小朋友谈话，说说天气对人们生产和生活的重要影响。话锋一转，询问幼儿：你们知道今天的天气状况吗？我们探究了影子、探究了空气，老师这里还有温度计（出示给幼儿看），你们能否进行班级天气播报呢？

二、户外探究，判断天气

教师为幼儿分发细纸条（幼儿剪纸活动时自制）和温度计，然后带幼儿来到室外活动场地，请幼儿判断今天的天气。教师鼓励幼儿讨论交流，根据幼儿的行为和谈话内容，进行引导性提问。

教师引导幼儿的提问和评论：

✧　今天是晴天，还是阴天？你是如何判断的？

✧　你能找到自己的影子吗？

✧　影子的深浅跟天气有关系吗？

---

* 作者：李伟，长春市人民政府机关第三幼儿园。

✧ 今天刮风了吗？你是如何判断的？

✧ 你如何判断风的大小？

✧ 穿衣服的多少跟天气的冷热有关系吗？

✧ 温度计可以测量天气温度，试试看！

✧ 今天的天气和昨天的天气一样吗？（比较能力）

教师请不同的幼儿交流上述问题，重点说明自己的判断依据。

师幼总结：有影子的天气是晴天，无影子的天气是阴天，一会儿有影子，一会儿没有影子的天气是多云。影子颜色很黑说明天气晴朗，影子颜色较浅说明天气不是很晴朗。细纸条飘动说明有风，风越大，纸条飘动得越高。天气越热，人们穿衣越少；天气越冷，人们穿衣越多。温度计指示的数越大，说明气温越高；温度计指示的数越小，说明气温越低。

三、设计记录表，判断和记录每日天气

幼儿基本完成户外天气探究后，教师带领幼儿返回活动室，鼓励幼儿设计一个天气报告表，每日判断天气，并将判断结果记录到天气报告表中。（建议采用天气符号记录）

天气报告表

日期	天气	风力	气温	穿衣
____月____日				
____月____日				
____月____日				
____月____日				

四、评选“优秀天气报告员”

教师鼓励幼儿坚持记录，每周评选“优秀天气报告员”，评选参考天气报告准确度、认真度、美观度、准时性等指标进行，鼓励幼儿参与评分、投票，最后由教师宣布前三名，并说明理由。

活动评价：

无效果	不参天气活动
初见成效	在成人的帮助下参与活动，以观望为主，偶尔动手，基本不发言
基本掌握	使用教师总结的一种或几种方法来判断天气，提出天气相关的问题，参与讨论和交流
完全掌握	积极参与活动，正确掌握多种方法判断天气的方法，能说明今天与昨天天气的不同，具有较好的判断和推理能力，对判断天气的方法充满好奇心，希望找到更多判断天气的方法

家园共育：

1.鼓励幼儿制作“家庭天气报告表”，每天完成天气的判断和记录。晚上亲子一起看电视（或收听收音机、查询网络等），验证幼儿判断的是否正确。如有错误，亲子一起分析原因，商议改进办法。

2.鼓励幼儿模仿电视台天气预报员的话语和动作，进行天气播报。

小满节气探秘*

活动由来：

二十四节气是天体运行和天气变化的综合反映，是中华民族悠久历史文化的重要组成部分。为了让幼儿感知节气，让优秀的传统文化根植于幼儿心田，教师设计了此活动。

活动目标：

1.初步感知二十四节气，了解小满，弘扬历史文化。

2.学习观察植物的方法，逐步有意识地观察、比较植物。

3.尝试开展科学、社会、艺术、健康的融合教育活动，促进幼儿全面发展。

活动准备：

材料准备：北京冬奥会《二十四节气》视频、《小满由来》视频、放大镜、装苦菜的篮子或袋子、活动记录单、彩色笔。

经验准备：知道一个或多个节气，或者对节气不陌生。

★安全事项：教师需留意是否有幼儿对小麦过敏，麦芒会有点扎人，注意户外活动安全。

活动过程：

一、谈话和视频导入

教师：小朋友们，再过几天就是小满节气了。你们知道小满节气吗？你们知道二十四节气吗？

教师鼓励幼儿自由发言，分享自己知道的节气知识。

教师播放北京冬奥会《二十四节气》视频，使幼儿初步感知二十四节气。

教师：二十四节气反映了天气的变化，农民伯伯根据不同的节气，进行不同的农业活动。小满节气是二十四节气之一。今天，老师要带领大家探秘小满节气。

二、了解小满由来

教师组织幼儿观看《小满由来》视频，使幼儿知道小满的由来，对小满节气有初步的感知。

观看结束后，教师请幼儿回答下列问题，加深幼儿的感知。

教师引导幼儿的提问：

✧　小满时天气有什么特征？

✧　小满时植物都有什么变化？

三、去麦田观察小麦

借助便利的条件，教师组织幼儿前往麦田实地感知小麦，使幼儿理解“小满”的含义。

教师引导幼儿的提问和评论：

✧　小麦是什么样子的？

✧　小麦哪些部分是相同的？

✧　麦芒、麦穗和麦秆摸起来是什么感觉？

✧　麦穗里面是什么？（提前取得所有人同意，取1~2只麦穗分发麦穗粒给幼儿。）

✧　用放大镜能发现小麦更多的特征，试试看。

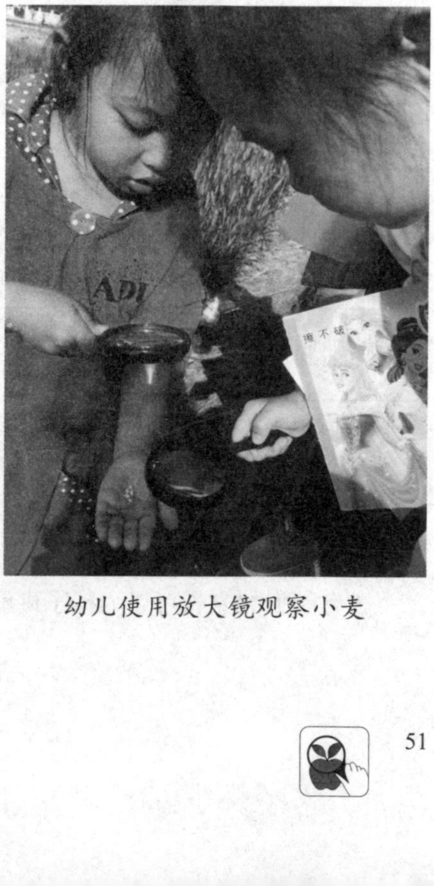

幼儿使用放大镜观察小麦

---

* 作者：田燕燕，齐河县第三幼儿园。

在幼儿剥开麦穗粒发现里面有白白的像豆浆一样的液体的时候，教师及时讲解——那是小麦正在灌浆，灌完浆之后，才会长麦粒，现在的小麦还没有长饱满，所以这个时节叫“小满”。

回到活动室后，教师请幼儿把观察到的、发现到的小麦以绘画的形式呈现在活动记录单中。

四、感受小满习俗——找“苦”和吃“苦”

“食苦菜”是小满节气的主要习俗之一，谚语说：“春风吹，苦菜长，荒滩野地是粮仓。”

教师带领幼儿在幼儿园户外种植区寻找苦菜，教师选择一种比较容易找到和区别的苦菜作为样本，引导幼儿观察样本苦菜的根、茎、叶、花等，使幼儿认识这种苦菜，然后寻找这种苦菜。

教师引导幼儿的提问：

✧ 如何知道你找到的苦菜与样本是同一种苦菜？

✧ 你找到的苦菜跟好像样本的叶子不一样，看看哪里不一样？

✧ 你找到的苦菜比样本的根短，你为什么认为它们是同种苦菜？

✧ 你找到的苦菜没有开花，而样本有花，你为什么认为它们是同种苦菜？

找到一定数量的苦菜，或幼儿兴趣减弱的时候，教师结束该活动，请幼儿展示自己找到的苦菜，并说明自己寻找的依据。教师审查幼儿找的苦菜，挑出不是同种的苦菜，说明或请幼儿说明差异的地方。

幼儿回班完成活动记录单，教师将苦菜送给园医确认，请厨师将苦菜烹饪成为了幼儿的盘中餐。

教师引导幼儿看一看、闻一闻、尝一尝烹饪后的苦菜，享受劳动的收获和乐趣。

活动记录单（示样）：

画一画，我观察的小麦：	画一画，我找到的苦菜：

活动评价：

无效果	没有兴趣，不参与活动
初见成效	模仿其他幼儿参加活动，观看视频，观察能力不够，主动性弱
基本掌握	参与活动，表达自己的发现和想法，感知节气，掌握了一些植物观察和比较的方法
完全掌握	积极参加活动，观察细致，能发现小麦的细节，发现野菜的异同，积极参与交流和讨论，对探索植物充满好奇心

家园共育：

1.家长带孩子参加更多的民俗活动，并尝试发现民俗与天体运行、天气变化之间的关联。

2.家长带孩子挖苦菜或者野菜，使孩子体验到劳动的快乐，并在劳动中认识更多的植物，培养良好的观察、比较能力。

3.有能力的家长可以为孩子讲解太阳的运动轨迹和对气候、季节的影响。

月亮姑娘做衣裳*

活动由来：

月亮每天都在变化，但班级幼儿画笔下的月亮却总是一成不变。为了引导幼儿对月亮进行比较观察和连续观察，进而注意到月亮的变化，感知月亮的变化过程，发现天体运行的秘密，教师设计了此活动。

活动目标：

1.知道月亮每天都在变化，初步了解月亮的变化过程。

2.培养幼儿比较观察和连续观察的能力，引发幼儿对天体现象的兴趣。

3.发展幼儿观察、比较、排序、判断、推理的能力。

活动准备：

材料准备：故事《月亮姑娘做衣裳》PPT、月亮变化视频、月相图、背景音乐、活动记录单、彩笔。

经验准备：知道月亮，看见过天空中的月亮。

活动过程：

一、谈话引出活动内容

教师：今天，老师给小朋友们带来了一位朋友，可是这位朋友有点害羞，她躲在了云层后面，小朋友来猜一猜她是谁？（教师出示《月亮姑娘做衣裳》封面，等待幼儿回答。）最近，月亮姑娘遇见了一件麻烦事，她想请小朋友帮帮她，月亮姑娘到底遇见了什么麻烦事呢？

二、分段讲述故事，提问引发幼儿思考

教师通过《月亮姑娘做衣裳》PPT，为幼儿分段讲述《月亮姑娘做衣裳》，在讲述过程中注意观察幼儿的表情和动作，根据故事情节和幼儿兴趣适度提问。

教师引导幼儿的提问：

✧ 月亮姑娘为什么要做衣裳？

✧ 这次做的衣服为什么月亮姑娘穿不上呢？

✧ 裁缝师傅为什么没法给月亮姑娘做衣裳了？

✧ 小朋友们有没有办法让月亮姑娘穿上衣服呢？

三、观看月亮变化视频，感知月亮变化过程

教师为幼儿播放月亮变化的视频。

视频播放完毕后，教师、幼儿一起小结月亮的变化过程，教师配合出示月线图：初始的月亮像眉毛一样，然后慢慢变胖，变得像镰刀一样；然后继续慢慢变胖，变得像小船一样；然后继续慢慢变胖，变得像圆盘一样，是一轮圆圆的满月；然后开始变瘦，瘦成了小船的模样；然后继续变瘦，瘦成了镰刀的模样；然后继续变瘦，瘦成了眉毛的模样。

教师将月相图顺序粘贴在黑板上，请个别幼儿配合月相图讲解月亮的变化过程，其他幼儿看、听、思考。待幼儿基本能正确讲解月亮的变化过程后，教师为每组发放月相图，请小组根据月相图交流月亮变化的过程。（播放背景音乐）

教师引导幼儿的提问：

✧ 月亮变胖和变瘦的过程有什么相同点和不同点？

✧ 月亮变胖和变瘦用的天数一样吗？

---

* 作者：邹丹，长春市人民政府机关第一幼儿园。

✧ 月亮每个月都这样变化吗？

待幼儿基本能正确指认月相图和讲述月亮变化过程或兴趣减弱后，教师结束活动，并组织幼儿交流上述问题。

活动总结：月亮变胖和变瘦的过程相反。月亮变胖和变瘦用的天数一样，都是约 15 天。月亮每月周而复始地进行同样的变化。

四、回归童趣，为月亮姑娘做衣裳

请幼儿根据月相图，在活动记录单上为月亮“画”衣裳。

活动延伸：

教师请家长每日带领幼儿观看、描述和绘画天空中月亮，每日将绘画的月亮带到班级展示，每日请幼儿讲述自己观察到的月亮。

活动记录单（示样）：

眉毛月亮的衣服：	镰刀月亮的衣服：
小船月亮的衣服：	圆盘月亮的衣服：

活动评价：

无效果	没有兴趣，不愿意参加活动
初见成效	喜欢听故事，不愿意活动问题和参与讨论，不能指认月亮变化过程
基本掌握	能够拼摆正确的月相图，并说出月亮变化的过程
完全掌握	兴趣浓厚，知道月亮变化的过程，并愿意分享其发现，希望探究更多月亮的秘密

家园共育：

1.家长坚持与幼儿一起观看、描述和绘画一整个月内月亮的变化，鼓励幼儿注意到更多的细节。

2.如家长有能力，可以为幼儿讲述更多天体故事。例如天狗吃月亮、地心说、日心说等。

资源推荐：科学故事《月亮姑娘做衣裳》《月亮变变变》，儿歌《月亮》。

天为什么黑了，天为什么亮了*

活动由来：

随着年龄的增长，幼儿对各种宇宙现象也是充满了问号。天为什么黑了？天为什么亮了？都是他们常常关心和问到的问题。结合孩子们的好奇心和探究欲望，教师设计了此活动。

活动目标：

1.通过实验探究，发现白天、黑夜的成因。

2.在游戏中感受科学探究的快乐，发展幼儿的合作精神。

3.引导幼儿树立爱护地球的意识。

活动准备：

材料准备：地球视频、地球仪、放大镜、手电筒。

经验准备：对地球和地球仪有一定的感知基础。

活动过程：

一、视频导入，感知地球

教师播放地球相关的视频，使幼儿对地球有个整体的感知。

视频播放后，教师组织幼儿交流：你认识的地球是什么样子的？

二、观察地球仪，认识地球

教师出示地球仪，说明地球仪是为了便于认识地球，人们仿造地球的形状，按照一定的比例缩小后制作的地球模型。教师为每组或每两个幼儿发放一个地球仪，为每个幼儿发放一个放大镜和一个手电筒，幼儿自由观察、使用地球仪。

教师引导幼儿的提问和评论：

✧　放大镜可以让我们看得更清晰。

✧　手电筒可以为我们照亮，光线不好的时候可以使用它。

✧　地球仪上有哪几种颜色？它们代表了什么？

✧　地球仪上还有很多色块，它们代表了什么？

✧　你能找到中国所在的位置吗？你能找到美国所在的位置吗？

幼儿交流：我认识的地球仪。

教师引导：地球是世界上唯一一个确认存在生命的星球，地球是人类共同生活的家园，人类只有一个地球，我们应当爱护地球。

三、操作实验，探究昼夜成因

1.用地球仪演示地球自转。

教师：视频里面讲到地球一直在不停自传，哪个小朋友能用地球仪给大家演示一下地球是怎么自转的？

幼儿演示，教师指导，注意提醒幼儿要轻轻、慢慢、朝右手方向转动地球仪，说明地球转动 24 小时是一天，即一个白天和一个黑夜。

2.用手电筒演示太阳照射地球。

教师：在茫茫宇宙里还有一个中心天体，它就是太阳，太阳日夜不停地释放着光和热。小朋友们，我们用手电筒模拟太阳照射地球吧！

---

* 作者：党芳芳、付伟伟，济南市历下区第二实验幼儿园。

教师引导幼儿的提问和评论：

✧ 太阳是固定不动的，所以手电筒不要乱晃哦！

✧ 你能尝试让手电筒的光正好照到地球仪的一半吗？

3.幼儿合作，模拟白天、黑夜的成因。

教师：请小朋友两两结合，一个小朋友拿着手电筒，模拟太阳固定照射地球；另外一个小朋友轻轻、慢慢、朝右手方向转动地球仪，模拟地球的自转。

教师引导幼儿的提问和评论：

✧ 要尽量让手电筒的光正好照到地球仪的一半哦！

✧ 你们发现地球仪转动的时候，亮、暗位置有什么变化吗？

幼儿使用手电筒和地球仪探索昼夜成因

幼儿交流白天、黑夜的成因。

教师总结：太阳照射到的地球面，就是白天；太阳照射不到的地球面，就是黑夜。由于地球在不停转动，所以黑夜就会变成白天，白天也会变成黑夜。地球自转一圈为 24 小时，在 24 小时里我们会经历白天和黑夜两个过程。

活动评价：

无效果	不参加活动，或者活动漫无目的
初见成效	仅用手转动地球仪，用手电筒照射地球仪，偶尔参加实验探究，不爱发表意见
基本掌握	参与实验探究，交流和分享自己的发现，能与小朋友合作演示白天和黑夜的成因
完全掌握	乐在其中地与小朋友合作探究白天和黑夜的成因，理解太阳照射和地球自转，理解白天和黑夜的成因，提出一些天体相关的问题，希望探究更多的天体内容

家园共育：

1.鼓励幼儿在家中继续研究地球仪，尝试发现时差的产生原因。

2.看视频或家长为幼儿讲述地球遭受的破坏，使幼儿理解保护地球的背景和意义。

资源推荐：儿歌《爱护地球》。

第三部分　水和混合物

水是幼儿熟悉的身边事物，也是幼儿非常喜欢的、非常有趣的事物。

水是幼儿能操作、多变化、多功能的材料。

有些物体溶于水会形成类似水的溶液，其他不溶于水的物体与水混合的也会形成类似水的混合物，即使是明显不溶于水的物质，例如石头、土壤、海绵、米粒、绿豆等，依然是孩子们探究的好材料、好内容，它们都有神奇的科学探究内容，都有让幼儿无限惊喜的地方。

教师通过活动的开展，让幼儿感知物质的吸水性，感知水的溶解性，感知水的表面张力，与幼儿一起玩他们喜欢的吹泡泡、玩泡泡，带领幼儿发现光与水的曼妙世界，感受中国古代水资源利用的灿烂文明，体会水的蒸发和自然界水的循环，感知水资源的贫乏和污染，树立幼儿爱护水资源，节约用水的良好意识。

水和混合物材料容易获得，可创设的科学主题活动非常丰富、宽泛，在幼儿园和家庭都可以开展很多活动。

让我们一起带领幼儿进入水和混合物的世界吧！进入培养幼儿好奇心之旅！你会发现，幼儿是那么有好奇心，是那么爱科学。

海绵本领大*

活动由来：

海绵在日常生活中使用得非常广泛，但幼儿往往看得多，用得少，了解得就更少。海绵与水是天然的好朋友，海绵材质的特性也非常适合幼儿玩耍、探究。《3—6 岁儿童学习与发展指南》指出：“给幼儿提供丰富的材料和适宜的工具，支持幼儿在游戏过程中探索并感知常见物质、材料的特性和物体的结构特点。”为此，教师设计了此活动。

活动目标：

1.感知海绵的基本特性。

2.提升幼儿分析问题和解决问题的能力。

3.科学与健康、艺术融合，激发幼儿的好奇心与探究欲望。

活动准备：

材料准备：《海绵宝宝》小片段、海绵、大小不同的游戏房子、小水盆（含水）、颜料、调色盘。

经验准备：见过或接触过海绵。

★安全事项：水洒落在地面可能导致幼儿滑倒，教师要注意观察和及时处理。

活动过程：

一、激发兴趣，导入主题

教师播放动画片《海绵宝宝》小片段，激发幼儿兴趣，然后鼓励幼儿说说自己知道的海绵特性。

二、游戏感知海绵

教师为每组分发大小、形状各异的海绵，请幼儿感知海绵，并尝试将海绵藏在不同大小的房子里。教师巡视，注意观察幼儿的行为，听取他们的谈话内容，适时提供支持和引导。

教师引导幼儿的提问：

✧ 摸摸海绵，有什么感觉？

✧ 捏一捏海绵，海绵有什么变化？

✧ 你是如何将海绵藏到小房间里的？

✧ 小房子和大房子，哪个可以藏更多的海绵？

当幼儿基本完成操作或兴趣减弱的时候，教师结束该活动，请幼儿交流游戏时的感知和发现。

三、探索海绵吸水的特性

教师为每组分发 1 个小水盆（含水），请幼儿将海绵放到水里，观察海绵的变化。

教师引导幼儿的提问：

✧ 在水中捏一捏海绵，海绵有什么变化？

✧ 把海绵从水里拿起，你发现了什么？

✧ 怎么样才能使海绵吸更多的水？

当幼儿基本发现海绵吸水的特性之后，教师请幼儿停止探索活动，交流自己的发现和做法。

四、设置问题情景，发现海绵的用途

教师设置问题情景，请幼儿尝试用海绵解决问题。

1.植物宝宝口渴了，怎么让植物宝宝喝到水？

---

* 作者：李玲，指导教师：孙萍，大连理工大学幼儿园。

2.桌面上有一些遗撒的水，怎么能让桌面没有水呢？

幼儿自主探究，教师巡视，观察幼儿的行为，听取他们的谈话内容，适时提供支持和引导。

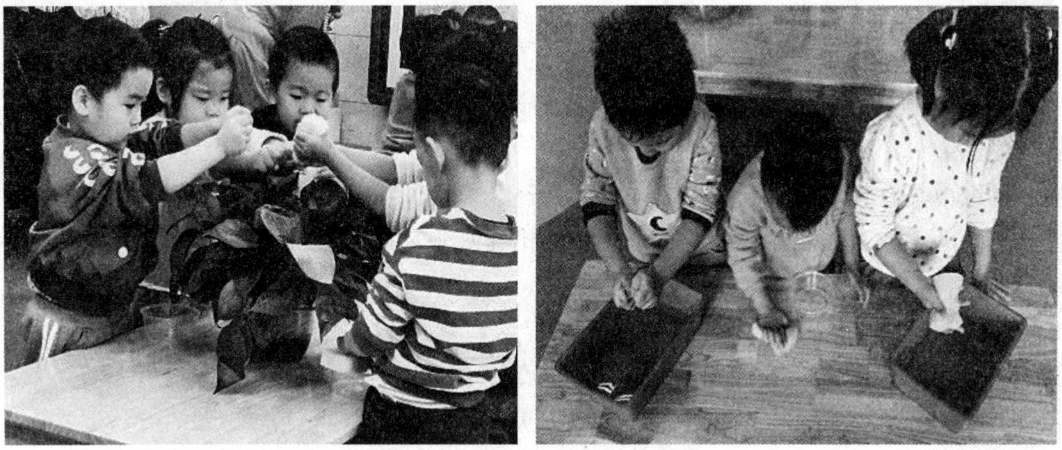

幼儿利用海绵解决生活中的问题

五、海绵多快乐

1.海绵运水游戏。

游戏规则：小组间比赛，小组内所有幼儿排队顺序参加，将一个小盆中的水用海绵运到10米外的另一个小盆中，幼儿自选海绵，不限数量和大小，在规定的时间运水量多的组获胜。

2.海绵水画。

幼儿使用海绵蘸取颜料，在允许的地面、墙面或大白纸上进行水画的创作。

活动评价：

无效果	对活动没有兴趣，不参加活动
初见成效	尝试游戏，但对现象不关注、不敏感
基本掌握	参与活动，发现海绵的特性，并尝试探索体验
完全掌握	积极参与探索，能主动分享自己的发现，并大胆发表意见，积极尝试发现海绵更多的用途

家园共育：

1.家长引导幼儿在日常生活中观察和了解不同种类海绵的用途和特点，如条件允许，可以让幼儿触摸、感受和使用不同的海绵产品。

2.鼓励幼儿利用海绵的特性解决生活中的实际问题。

会动的纸巾毛毛虫*

活动由来：

纸巾是我们的生活中是常见的日用品。为了让幼儿了解纸巾的特性，培养幼儿学科学、用科学的意识，结合幼儿身心发展特点和幼儿科学教育的特点，教师设计了本次活动。

活动目标：

1.初步了解纸巾具有吸水性。

2.锻炼孩子的动手能力和观察能力，初步了解纸巾在吸水后会膨胀。

3.体验艺术与科学的完美结合，感受探究的快乐。

活动准备：

材料准备：水杯（内盛清水）、滴管、盘子、彩笔、纸巾。

经验准备：幼儿使用过纸巾，对纸巾有一定的直观了解。

★安全事项：水洒落在地面可能导致幼儿滑倒，教师要注意观察和及时处理。

活动过程：

一、魔术导入，吸引孩子的好奇心

教师：今天，我们要先玩一个神奇的水珠消失魔术。

教师取出水杯（内盛清水）和滴管，用滴管吸取清水，然后规律地、有间隔地滴在桌面上，随后教师取出 1 张纸巾，让幼儿注意观看桌面上的水珠，然后数 1、2、3，教师迅速用纸巾擦去桌面上的水珠。

教师提问：桌面上的水珠哪里去啦？纸巾有什么变化？说明了什么？

幼儿发言，重点说观察到的内容和变化。

教师总结：纸巾具有良好的吸水性。

教师：下面我们要玩一个神奇的实验，要让纸巾做的毛毛虫动起来！

二、教师示范

1.介绍材料。

教师取出水杯（内盛清水）、滴管、盘子、铅笔、彩笔、纸巾等实验材料，逐一向幼儿介绍材料的名称、用途和注意事项，必要时可以请幼儿摸一摸。

2.演示操作。

第一步：抽出纸巾，沿折痕对折。

第二步：用彩笔在纸巾上画上自己喜欢的图案，以此作为毛毛虫的花纹。

第三步：把彩笔压在纸巾边缘，图案朝内，将纸巾紧紧地卷到彩笔上。

第四步：双手分别捏住彩笔上两端的纸巾，用力将纸巾向中间挤压，形成多层皱纹后将纸巾从彩笔上取下，形成毛毛虫。多做几条毛毛虫放在盘子里，可以为毛毛虫点缀上眼睛、嘴巴等。

第五步：用滴管将水轻轻地滴在毛毛虫身上，仔细观察毛毛虫的变化。

三、幼儿尝试操作

幼儿进行探究操作，教师巡视，注意观察幼儿的行为，听取他们的谈话内容，适时提供支持和引导。

教师引导幼儿的提问：

✧ 你发现纸巾有哪些特点？（柔软、易变形、轻，吸水性好、吸水膨胀）

---

* 作者：张楠，兴城市第一幼儿园。

◇　滴水后，你的毛毛虫为什么会动？

教师鼓励幼儿相互参观、学习，鼓励幼儿交流和讨论，尝试发现毛毛虫动起来的原因。

四、活动总结

通过实验，我们发现纸张具有吸水性，吸水后会膨胀起来。我们用纸巾做的毛毛虫一开始是不会动的，但是在滴上水之后，纸巾吸收了水分，从而膨胀，看起来就像毛毛虫动起来了。

活动记录单（示样）：

名称	毛毛虫（用绘画的形式记录）
滴水前	
滴水后	

活动评价：

无效果	对纸巾的特性不了解，对活动也没有什么兴趣
初见成效	知道纸巾吸水，尝试用纸巾制作“毛毛虫”
基本掌握	愿意参加活动，参与交流和讨论，观察到纸巾毛毛虫遇水后的变化
完全掌握	积极参加活动，制作多条纸巾毛毛虫，仔细观察滴水后纸巾毛毛虫的变化，发现了纸巾毛毛虫动起来的原因，对滴水后纸巾的变化充满好奇心

家园共育：

1.家长鼓励幼儿在更多亲朋好友和幼儿面前展示该活动。

2.条件允许的时候，家长可以带领幼儿观察毛毛虫的蠕动。

纸的吸水性探秘*

活动由来：

纸在我们的生活中应用广泛，是幼儿较为熟悉的物品。桌面上撒水了，幼儿经常用餐巾纸将水擦干，也有幼儿拿着画画纸去擦，结果发现擦不干水。抓住这些幼儿身边的科学现象，教师生成了此活动。

活动目标：

1.通过猜想和实验，了解不同纸的吸水性。

2.培养幼儿的观察、比较、操作和实验能力。

3.鼓励幼儿发现问题、分析问题和解决问题。

活动准备：

材料准备：皱纹纸、面巾纸、卡纸、报纸、锡箔纸、牛皮纸、A4 纸、油纸、绘画纸、包装纸、水盆（含水）、放大镜、活动记录单、彩笔。

经验准备：在生活中接触过多种纸。

---

* 作者：苗苗，兴城市第一幼儿园。

★安全事项：水洒落在地面可能导致幼儿滑倒，教师要注意观察和及时处理。

活动过程：

一、谈话导入，激发兴趣

教师：小蚂蚁要到河对岸参加比赛，可是河上没有桥，小蚂蚁怎样才能过河呢？

幼儿思考、回答。

教师：小朋友们想了各种各样的办法，真棒！很多小朋友说可以用船来帮助小蚂蚁过河，老师带来了四条不同的纸船，哪条纸船可以帮助小蚂蚁过河呢？

二、探究材料，猜想验证

教师：我们先来看看这几条纸船是什么纸做的，小朋友们能认出这些纸吗？（报纸、牛皮纸、锡箔纸和卡纸）这些纸做的船哪些在水中会快速变湿下沉，哪些会变湿下沉，哪些不会变湿下沉？小蚂蚁乘坐哪条船比较合适呢？

教师鼓励幼儿观察、触摸不同的纸船，大胆猜想，并将猜想结果记录到活动记录单中。

幼儿动手操作，将纸船放到水中，观察纸船在水中航行的情况，发现纸的吸水性不同。

小结：用锡箔纸做的小船能够帮助蚂蚁过河，报纸、卡纸和牛皮纸在水里会慢慢变湿下沉，不适合帮助蚂蚁过河。

三、扩大探究，发现不同

教师为幼儿分发放大镜和其他纸，并提问：这些也是纸，它们能做成小船帮助小蚂蚁过河吗？

幼儿观察、探究，进行猜想，并将猜想结果记录到活动记录单中。

教师注意观察幼儿行为，听取他们的谈话内容，适时提供支持和引导。

教师引导幼儿的提问和评论：

✧ 这些纸的光滑度一样吗？用手细细摸摸。

✧ 这些纸的纹路一样吗？用放大镜看看。

✧ 这些纸的厚度一样吗？

✧ 这些纸中，你觉得哪个最能吸水？为什么？

✧ 这些纸中，你觉得哪个最不能吸水？为什么？

幼儿基本完成猜想、记录之后，教师组织幼儿交流，说说自己的发现和判断依据。

教师为幼儿发放水盆（含水），请幼儿验证自己的猜想。

幼儿动手操作，验证自己的猜想

教师引导幼儿的提问和评论：

✧ 用放大镜看看纸条吸水的过程。

✧ 这些纸中吸水最快的是哪个？

✧ 这些之中吸水最多的是哪个？

✧ 不吸水的纸有什么特点？

教师请幼儿在验证猜想之后将实验结果记录到活动记录单中。然后教师组织幼儿交流，请幼儿说说自己的发现、验证结果和猜想对或错的原因，并说明哪些纸做成的小船能帮助小蚂蚁过河。

小结：不同纸的吸水速度是不一样的。皱纹纸、面巾纸纤维多，表面粗糙，吸水快而多，卡纸、牛皮纸、A4 纸、报纸、绘画纸和包装纸吸水慢，油纸和锡箔纸不吸水。不吸水的纸可以做成小船帮助小蚂蚁过河，吸水的纸不适合做成小船帮助小蚂蚁过河。

活动记录单（示样）：

纸的吸水性实验记录单

（吸水画“√”，不吸水画“×”）

序号	名称	猜想吸水性	实验结果
1	报纸（可粘贴实物，下同）		
2	牛皮纸		
3	锡箔纸		
4	卡纸		
5	皱纹纸		
6	面巾纸		
7	A4 纸		
8	油纸		
9	绘画纸		
10	包装纸		

活动评价：

无效果	对活动不感兴趣，不参与活动
初见成效	在教师的指导下参与活动，探究几种纸的吸水性，活动主动性差，持续性弱，对纸的吸水性有一定的好奇心
基本掌握	参与活动，与同伴交流讨论吸水性相关问题，对活动有好奇心，尝试提出自己好奇的问题
完全掌握	主动参与探究活动，在活动过程中感知不同纸的结构特点和吸水性，提出吸水性相关问题，对吸水性具有强烈的好奇心，希望探究更多吸水性的问题

家园共育：

1.和家长一起收集多种不同的纸，探究它们的吸水性。

2.尝试发现不同吸水性纸的不同用途。

四只小船水中游*

活动由来：

夏天，孩子们经常折纸船放到水里玩，可是一会儿纸船就“进水”沉没了。孩子们一遍又一遍地尝试，结果如旧，他们很想知道为什么和怎么办。抓住幼儿的好奇心，教师设计了此活动。

活动目标：

1.通过实验探究，发现纸吸水性的不同。

2.引导幼儿学习发现问题、分析问题和解决问题。

3.培养幼儿分工合作的意识。

活动准备：

材料准备：宣纸、报纸、画画纸、油纸、放大镜、水盆（有水）、蓝色儿童色素、搅拌棒、滴管、活动记录单、彩笔。

经验准备：幼儿会折纸船，会使用滴管，见过木船、游船或轮船等。

★安全事项：水洒落在地面可能导致幼儿滑倒，教师要注意观察和及时处理。

活动过程：

一、谜语激趣，四只小船齐登场

教师：小朋友，老师有一个谜语，你们来猜猜：有头没头颈，过河水半身，送客千里外，走路总不肯。（打一交通工具）

等待幼儿猜出谜底后，教师出示 4 摞纸，逐一向幼儿说明纸张的名字：宣纸、报纸、画画纸和油纸，然后请每 5 个幼儿组成一组，每组派一个幼儿取回 4 张不同的纸。

教师：请小朋友看一看、摸一摸、捏一捏、掂一掂，发现这 4 种纸的相同和不同之处。

教师引导幼儿的提问和评论：

✧ 放大镜可以放大物体，可以让你看得更清楚。

✧ 你发现了它们有什么不同吗？

✧ 你是怎么发现它们不一样的？

教师请幼儿交流自己的发现，说出 4 种纸的相同和不同之处。

教师：每组中的 4 个幼儿作为船长，各取一张纸折叠成纸船；另外一个幼儿作为记录员，记录纸船在航行中的变化。我们的小船就要登场啦！

二、猜想和验证：小船奋力水中游

小组幼儿猜想每种纸船在水中航行时间的长短，记录员将猜想结果记录到活动记录单中。猜想记录完成后，教师为每组发放水盆（有水），4 位“船长”同时将纸船放入水盆中，并观察、报告自己船的变化，记录员记录小船航行的时间。

待幼儿基本完成猜想和验证环节后，教师请幼儿发言说明自己组船航行过程中的变化和航行时间的长短，分析船“进水”沉没的原因。

三、分析和解决问题：纸张吸水速度实验

教师请每组再次领取 4 张不同的纸，同时领取 1 瓶蓝色儿童色素、4 支滴管和 1 支搅拌棒，请每组往水盆里滴 5 滴蓝色儿童色素，用搅拌棒充分搅拌，使色素均匀地散开。

---

* 作者：韩文敬，齐河县第三幼儿园雍景湾分园

教师：请小组幼儿猜想 4 种纸张吸水速度的快慢，记录员将猜想结果记录到活动记录单中。记录完成之后，请小组内 4 个幼儿各用滴管吸取一管水盆中的液体，同时往自己折纸船的纸张上滴 3 滴液体，小组幼儿观察液体在纸张上的扩散速度，记录员记录不同纸张液体扩散的速度。

幼儿完成实验之后，教师组织幼儿说明自己观察到的现象，并推理船“进水”沉没的快慢跟纸张吸水速度的关系。

结论：液体扩散速度越快，说明该纸张吸水性越强。纸张吸水性越强，折成的纸船“进水”沉没的速度也越快。

四、感知迁移：解决生活中的问题

根据纸张吸水速度实验，请幼儿思考并回答：生活中哪些地方利用的是纸张吸水速度快？哪些地方利用的是纸张吸水速度慢？为什么？

活动记录单（示样）：

小船航行时长实验

纸张类型	猜想航行时间 （用“~”的多少表示航行时间的长短）	验证航行时间 （用“~”的多少表示航行时间的长短）
宣纸		
报纸		
画画纸		
油纸		

纸张吸水速度实验

纸张类型	猜想纸张吸水速度 （用“-”的多少表示吸水速度的快慢）	验证纸张吸水速度 （用“-”的多少表示吸水速度的快慢）
宣纸		
报纸		
画画纸		
油纸		

活动评价：

无效果	没有兴趣，不参与活动
初见成效	在教师引导下偶尔参加活动，跟随别人的意见和做法，没有积极性
基本掌握	对活动内容有好奇心，愿意参加活动，参与分享和交流，能发现纸张特性和吸水性的不同，提出一两个相关问题
完全掌握	积极参加活动，主动交流和发言，发现纸张吸水性的不同，推断纸船“进水”沉没的原因是纸张的吸水性，对纸张吸水速度的不同表示好奇，并希望继续探究

家园共育：

1. 亲子一起搜集家中的各种纸，比较一下哪种纸张的吸水速度最强。

2. 生活中，当孩子发现有些树枝、树木沉入水底的时候，请幼儿观察，并询问幼儿：为什么木船为能长期浮在水面，而这些树枝、树木却沉入水底？这可以引发幼儿的好奇心和深入思考。

甜甜水和咸咸水*

活动由来：

午餐时间，一个小朋友说汤好甜，另外一个小朋友说汤里没有看到糖啊？！并拿着汤勺尝试在汤碗里找糖，很多小朋友模仿着尝试在汤碗里找糖……见此情景，抓住孩子们的关注点，教师生成了本次活动。

活动目标：

1.感知白砂糖、盐的基本属性。

2.初步了解白砂糖和盐的溶解现象。

3.激发幼儿的好奇心和探究欲望。

活动准备：

材料准备：白砂糖、盐、碟子、搅拌勺、透明水杯、水壶（内装温开水）、活动记录单、彩笔。

经验准备：幼儿能区分甜、咸味道。

★安全事项：液体可能洒落地面，可能导致幼儿滑倒，教师要注意观察和及时处理。

活动过程：

一、感知和交流

教师为每组分发装有白砂糖和盐的碟子各一个，为每个幼儿分发搅拌勺一个，分发活动记录单和彩笔。

教师告知幼儿哪盘是白砂糖，哪盘是盐，请幼儿感知白砂糖和盐的不同。

教师引导幼儿的提问：

✧ 它们的颜色有区别吗？

✧ 它们的形状有什么异同吗？

✧ 哪个颗粒大一些？

✧ 用搅拌勺盛起1~2粒品尝一下，味道一样吗？

教师请幼儿将感知结果记录到活动记录单中，励幼儿交流白砂糖和盐的异同。

二、溶入水中，有什么变化？

教师为每组分发 3 个水杯，并倒入等量的温开水，请幼儿猜想：如果把白砂糖和盐分别倒入其中两个水杯中，白砂糖和盐会发生什么变化吗？幼儿猜想，并将猜想结果记录在活动记录单中，然后开始尝试。

教师适时提供支持和引导，注意观察幼儿的行为，听取他们的谈话内容，适时提供支持和引导。

教师引导幼儿的提问和评论：

✧ 白砂糖（或盐）从入水到沉入杯底有变化吗？

✧ 沉入杯底的白砂糖（或盐）有变化吗？持续观察一下！

✧ 用搅拌勺搅拌一下杯底的白砂糖（或盐），有新的变化吗？

✧ 白砂糖和盐在水里的变化一样吗？

✧ 白砂糖（或盐）去哪里了？

当幼儿基本都完成探究或兴趣减弱的时候，教师结束该活动，并请幼儿将自己观察到的变化记录在活动记录单中，然后交流自己的发现。

三、液体是什么味道的？

教师提问：现在你们认为桌面上 3 杯液体的味道一样吗？

---

* 作者：杨金萌，中国人民解放军总医院幼儿园。

幼儿进行猜想，并将猜想结果记录在活动记录单中。

幼儿每人取出 3 个透明水杯，教师将小组中的 3 杯液体分发到组内幼儿的 3 个水杯中，幼儿使用搅拌匀分别品尝，并将品尝到的味道记录在活动记录单中。

教师请幼儿交流自己的猜想和发现。

四、小结

小朋友们，经过奇妙的科学探索，大家发现白砂糖和盐进入水中就慢慢消失不见了，而水却变得有甜甜的味道和咸咸的味道了！还有很多东西也有类似的效果，小朋友在生活中多留意，就会有新发现！

活动记录单（示样）：

	白砂糖	盐
外观		
味道		
猜想 放入水中后的变化		
实际观察到 放入水中后的变化		
猜想 放入水中后水的味道		
实际品尝到 放入水中后水的味道		

活动评价：

无效果	不参加活动，对活动无兴趣
初见成效	品尝了糖和盐、糖水和盐水的味道，其他活动不主动参与，不爱发表意见，不主动交流
基本掌握	参加活动，参与讨论和交流，发现糖和盐在水逐渐消失，水变成了相应的味道，提出一两个自己好奇的问题，对糖和盐的变化有一定的好奇心
完全掌握	积极参加活动，积极观察、探索和发现，发现糖和盐的变化，发现甜甜水和咸咸水的秘密，对这种溶解变化充满了好奇，尝试探索更多物体在水中的变化

家园共育：

1.请家长和幼儿一起搜集物品，并通过实验发现什么物品可以溶解于水中，什么物品不溶解于水中。

2.幼儿与家长一起调制柠檬水或者蜂蜜水。

什么不见了*

活动由来：

水对于孩子们来说永远充满着神秘的色彩。在日常生活中也能常常看到孩子们把物体放到水里去，玩得不亦乐乎。根据幼儿的这一兴趣，教师设计了此活动。

活动目标：

1.发现不同材料与水混合后的现象，初步了解溶解和不溶解。

2.使幼儿经历科学探究过程：提出问题——猜想（假设）——验证。

活动准备：

材料准备：大米、白糖、盐、面粉、白色小石头、透明塑料杯、水、小勺、搅拌棒、活动记录单、彩笔。

经验准备：玩过水，接触过或知道大米、白糖、盐、面粉、小石头。

★安全事项：闻味道的时候，叮嘱幼儿轻呼吸，防止幼儿将粉末或颗粒吸入鼻腔。水可能洒落在地面，可能导致幼儿滑倒，教师要注意观察和及时处理。

活动过程：

一、感知实验材料

教师为幼儿分发大米、白糖、盐、面粉、白色小石头，告知幼儿大家要做一个有趣的实验，请大家先看一看、闻一闻、摸一摸这些材料。

教师巡视，注意观察幼儿的行为，听取他们的谈话内容，适时提供支持和引导。

教师引导幼儿的提问：

✧ 看一看，它们外观一样吗？记住它们现在的模样！

✧ 闻一闻，它们有什么味道吗？

✧ 摸一摸，它们的软硬程度一样吗？

当幼儿基本完成感知或兴趣减弱的时候，教师结束该活动，并请幼儿说一说自己的发现。

二、进行猜想

教师为每组分发5个透明塑料杯、5个小勺和1个搅拌棒，为塑料杯中注入半杯水。

教师：如果把大米、白糖、盐、面粉和小石头分别放入到不同的水杯中，它们会在水中消失吗？即哪些材料还能从水中取出来？哪些取不出来了？

幼儿思考并进行猜想，将猜想结果记录在活动记录单中。

三、实验验证

完成猜想记录后，幼儿用小勺将实验材料逐个投放到不同水杯中，并观察它们在水中的变化，然后将验证结果记录到活动记录单中。

教师引导幼儿的提问：

✧ 它们在水中下落的时候，大小有变化吗？

✧ 它们在杯底的时候，大小有变化吗？

✧ 用搅拌棒搅拌一下，它们的大小有变化吗？

✧ 你闻闻水的味道，水现在有什么味道吗？

---

* 作者：苏玲玲，指导教师：刘晨，吉林省省直机关第二幼儿园。

✧　你看一看水的颜色，现在水还是原来的颜色吗？

四、师幼交流，活动总结

当幼儿基本完成验证或兴趣减弱的时候，教师结束该活动，请幼儿发言，说说自己的猜想和在验证中观察到的现象、结果。

教师总结：有些物品跑到了水里，就和水融为一体了，这叫溶解；有些物体跑到水里，只是洗了一个澡，然后又出来了，这叫不溶解。

活动延伸：

教师将杯中液体保留一段时间，请幼儿继续观察，尝试发现物体在液体中是否有变化，例如大米会逐渐松软、膨胀。这样，教师和幼儿会发现新的探究内容。

活动记录单（示样）：

溶解情况记录单

（溶解的在圆圈内涂蓝色，不溶解的在圆圈内涂红色）

材料	 猜想溶解情况	 验证溶解情况
大米	○	○
白糖	○	○
盐	○	○
面粉	○	○
白色小石头	○	○

活动评价：

无效果	对活动不感兴趣，不参加活动
初见成效	尝试了解实验材料，对实验结果进行猜想，但不参与实验
基本掌握	参与猜想和验证，有 2 种以上的材料猜想正确
完全掌握	观察材料在水中的变化，根据变化情况判断是否溶解

家园共育：

1.鼓励家长为幼儿提供更大的容器，尝试探索更多的物体是否溶解。

2.请幼儿参与做米饭的过程，淘米的时候询问幼儿：米溶解了吗？米饭煮好后，请幼儿观看米饭，并问：水去哪里了？这会有利于打开幼儿新的探索天地，有利于幼儿好奇心的培养。

资源推荐：故事《小鸭子买东西》。

发生变化了吗*

活动由来：

随着年龄的增长，幼儿已经能观察到一些物体快速的、明显的变化，例如糖融化于水，面粉搅拌到水中，但观察的耐心和持续性需要教师有意识地、持续地培养。《3—6 岁儿童学习与发展指南》中指出：“有意识地引导幼儿观察周围事物，学习观察的基本方法，培养观察与分类能力。”为此，教师设计了此活动。

活动目标：

1.培养幼儿有意识地、持续地观察物体的能力。

2.培养幼儿的探索精神和分类能力。

活动准备：

材料准备：废纸板、绿豆、挂面、饼干、糖块、鹅卵石、塑料玩具、水杯、水、放大镜、活动记录单、彩笔。

经验准备：有把物体投入到水中的经验。

★安全事项：水洒落在地面可能导致幼儿滑倒，教师要注意观察和及时处理。

活动过程：

一、设疑导入

教师：小朋友们，你们说面粉放到水中，还能捞起来吗？（不能）那面粉做成面条，然后放到水里煮，为什么还能捞起来呢？（等待幼儿思考和反应），那如果把面条一直放在水里会怎么样呢？

抓住幼儿的茫茫然，教师鼓励幼儿动手做实验，探究结果。

二、猜想记录

教师为每组发放一套实验材料，为每个幼儿发放活动记录单和彩笔，鼓励幼儿看一看、摸一摸实验材料，鼓励幼儿使用放大镜。之后教师让幼儿把实验材料分为两份，一份实验使用，另外一份留作对比。

教师提出问题，幼儿猜想记录：如果把少量实验材料分别放到不同的水杯中，往水杯倒入水后，实验材料会有变化吗？如果浸泡 1 天、3 天呢？

教师指导幼儿完成活动记录单的猜想部分，注意倾听幼儿的交谈内容。

三、实验验证

幼儿往水杯中倒入半杯水，观察倒入水后实验材料的变化。

教师注意观察幼儿的行为，听取他们的谈话内容，根据幼儿兴趣适度引导性提问。

教师引导幼儿的提问和评论：

✧ 放大镜可以帮你看得更清晰。

✧ 废纸板（或饼干、绿豆等）发生了什么变化？

✧ 糖块有什么变化吗？

四、交流总结

教师请幼儿发言，说说自己的猜想和在实验中观察到的现象、结果。

教师总结：有些物品在水里会发生明显的变化，而有些物体在水里则明显没有变化。如果持续观察下去，小朋友们也许有新奇的发现，请大家每天用放大镜多观察观察，也可以用手捏一捏实验材料，对比一下参照实验材料，看看有没有新的变化。

---

* 作者：崔玉萍，吉林省省直机关第二幼儿园。

注意：后继教师应持续关注这个实验，引导幼儿持续观察。在观察的过程中，教师鼓励幼儿将实验材料分为“有变化”和“无变化”两类，且动态调整。

活动记录单（示样）：

物体泡在水中变化情况记录单

（有变化的在三角形内涂蓝色，无变化的在三角形内涂红色）

实验材料	猜想 当时变化	猜想 1 天后变化	猜想 3 天后变化	实验结果 当时变化	实验结果 1 天后变化	实验结果 3 天后变化
废纸板	△	△	△	△	△	△
绿豆	△	△	△	△	△	△
挂面	△	△	△	△	△	△
饼干	△	△	△	△	△	△
糖块	△	△	△	△	△	△
鹅卵石	△	△	△	△	△	△
塑料玩具	△	△	△	△	△	△

活动评价：

无效果	对活动不感兴趣，不参加活动
初见成效	为一些实验材料加水，观察不认真，缺乏探究精神
基本掌握	参与实验探究，为实验材料加水，注意到了加水当时的材料变化，后继观察活动没有继续
完全掌握	积极参与实验探究，注意到加水当时的材料变化，且保持兴趣地观察到了后继实验材料的变化，积极分享自己的变化

家园共育：

1.家长鼓励幼儿在家里种植大蒜、土豆、花卉等，鼓励幼儿持续记录植物生长的变化。

2.家长鼓励幼儿参与或观察家长煮米饭的过程，观察这个过程中米的变化，并探讨原因。

资源推荐：科学故事《神奇变身水》。

你能把它们分开吗*

活动由来：

班级最近在开展“厨房工具”主题活动，幼儿已经认识了一些厨具。教师发现幼儿都对烘焙工具有着浓厚的兴趣，为了加深幼儿对工具的感知，带领幼儿发现工具里面蕴含的科学秘密，依托可操作的材料，教师设计了此活动。

活动目标：

1.探究使用工具分离蛋清，加深幼儿对工具的感知。

2.鼓励幼儿发现问题、分析问题和解决问题，积极与他人分享和交流。

3.感受成功的喜悦，激发幼儿的探究欲望。

---

* 作者：陈雯，世纪星幼儿园。

活动准备：

材料准备：塑料瓶分离蛋清视频、鸡蛋、碗、打蛋器、漏斗、蛋清分离器、筷子、漏勺、纱布、活动记录单、彩笔。

经验准备：认识常见的厨房工具，会打鸡蛋。

★安全事项：蛋清或蛋黄洒落在地面可能导致幼儿滑倒，教师要注意观察和及时处理。

活动过程：

一、视频导入，激发兴趣

教师播放塑料瓶分离蛋清视频，引导幼儿注意观看关键环节，然后请幼儿交流：视频里是怎样分离蛋清的？除了塑料瓶，还有什么工具可以分离蛋清？

二、了解厨具，进行猜想

教师为幼儿分发厨具和活动记录单，请幼儿观察、了解厨具，猜想厨具是否能分离蛋清，并将猜想结果记录到活动记录单中。

教师引导幼儿感知厨具的用途，鼓励幼儿与他人分享和交流自己的想法和观点，注意观察幼儿的行为，听取他们的谈话内容，根据幼儿兴趣适度引导提问。

教师引导幼儿的提问：

✧ 这个厨具可以用来干什么？

✧ 水、蛋清可以通过这个厨具吗？

✧ 这个工具能承载（夹）住软软的蛋黄吗？

幼儿基本了解厨具后，教师请幼儿介绍、分享自己对厨具的感知。

三、尝试厨具，解决问题

教师以小组为单位分发鸡蛋和碗，鼓励幼儿积极尝试厨具的功能，积极分析问题和解决问题，完成分离蛋清的任务，交代幼儿蛋清、蛋黄和打坏了的鸡蛋分别存放到对应标记的碗里，不浪费。

幼儿进行尝试、探究，教师巡视，并适时提供支持和引导。

教师引导幼儿的提问和评论：

✧ 蛋黄是被蛋清包裹着吗？

✧ 蛋黄是一个整体吗？容易破吗？

✧ 蛋黄可以流动吗？

✧ 蛋清可以流动吗？

✧ 你是怎么做到的？（成功）

✧ 让我们再试试。（失败）

✧ 猜想和验证的结果有什么不一样吗？

✧ 哪个工具更容易分离出蛋黄？

✧ 能分离蛋黄的工具有什么特点？

✧ 你喜欢哪个工具？为什么？

幼儿基本探究完成后，教师请幼儿介绍、分享自己的做法和结果，分享自己的对工具的新认识。

幼儿完成活动记录单的动手做部分，记录实验结果。教师将所有鸡蛋、蛋黄、蛋清清理后送厨房使用。

幼儿尝试厨具，探究解决问题

活动记录单（示样）：

 → 						
	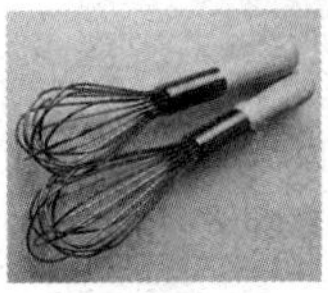 打蛋器	 漏斗	 蛋清分离器	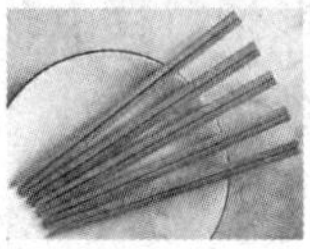 筷子	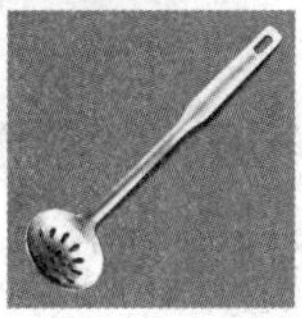 漏勺	 纱布
 猜想						
 动手做						

活动评价：

无效果	对操作材料不感兴趣，不参与活动
初见成效	能观看或模仿同伴，用一些工具进行实验，不参与交流和讨论
基本掌握	参与探究活动，使用不同的厨具来做实验，能使用一两种厨具实现蛋清分离，对厨具的功能具有好奇心
完全掌握	积极尝试各种操作材料，具有强烈的好奇心，能使用多种厨具实现蛋清分离，对观察到的现象提出问题，并积极与幼儿交流讨论

家园共育：

1.鼓励幼儿继续发现更多的工具，实现分离蛋清。

2.家长和幼儿一起动手，快乐烘焙，制作美味食物。

水宝宝，真调皮*

活动由来：

科学区角，几个幼儿正在搭建积木，嘴里同时说着“三角形”“圆形”等表示积木形状的词，刚喝完水回来继续参加科学区活动的小智突然说了一句：“水是什么形状的？我刚把它们喝到肚子里了。”其他

---

* 作者：刘剑，指导教师：刘晨，吉林省省直机关第二幼儿园。

幼儿一下子都蒙了，“水是什么形状的”在幼儿间传播开来。抓住幼儿的兴趣点，教师生成了本次活动。

活动目标：

1.和幼儿一起发现水相关的现象，一起探寻水的性质。

2.培养幼儿的好奇心，培养幼儿积极动手动脑寻找答案或解决问题的探究品质。

活动准备：

材料准备：圆形小盆、方形塑料糕点托、勺子、透明塑料瓶、水、漏勺。

经验准备：幼儿有玩水的经历。

★安全事项：水洒落在地面可能导致幼儿滑倒，教师要注意观察和及时处理。

活动过程：

一、探究水是什么形状的

教师为幼儿发放圆形小盆，请幼儿接半盆水后放置于小组桌面。

教师：请小朋友们观察一下，水盆里的水是什么形状的？（圆形）

教师请小朋友用方形塑料糕点托舀起将满的水置于小组桌面。

教师：请小朋友们观察一下，糕点托里的水是什么形状的？（方形）水盆里的水减少之后是什么形状？（圆形）

教师请小朋友用勺子舀起一勺水，拿在手里或置于小组桌面观察。

教师：请小朋友们观察一下，勺子里的水是什么形状的？（椭圆形）水盆里的水又减少一些之后是什么形状？（圆形）

教师请小朋友把左手伸进小盆里，浸湿后拿出来在桌面上印一下。

教师：请小朋友们观察一下，左手在桌面印了一下后，桌面上的水是什么形状呢？（跟手的形状相似）

教师：请小朋友们分组交流水还有什么形状？

教师巡视，注意观察幼儿的行为，听取他们的谈话内容，适时提供支持和引导。

教师引导幼儿的提问：

✧ 洗脸的时候，脸上的水是什么形状的？

✧ 洗头的时候，头发的水是什么形状的？

✧ 下雨的时候，降落的雨点是什么形状的？

✧ 玩水的时候，水是什么形状的？

✧ 植物角植物喝的水是什么形状的？

✧ 喝进肚子里的水是什么形状的？

教师请幼儿交流答案，并说出理由。

教师总结：水的形状多种多样，是不确定的。

二、探究水形的变化：水往低处流

教师为幼儿发放透明塑料瓶，请幼儿往透明塑料瓶里装半瓶水，然后盖紧瓶盖。

教师：请小朋友拿起自己的瓶子，观察里面的水是什么形状的。

教师引导幼儿的提问：

✧ 瓶子里的水现在是什么形状的？

✧ 把瓶子倾斜一下，瓶子里的水是什么形状的？水的位置有什么变化？

✧ 把瓶子平放，瓶子里的水是什么形状的？水的位置有什么变化？

✧ 把瓶子上下颠倒，瓶子里的水是什么形状的？水的位置有什么变化？

✧　拧开瓶盖，把水缓缓倒入小盆，水的形状有变化吗？水是往低处流，还是往高处流？

教师鼓励幼儿说出自己的发现和疑问，鼓励幼儿间交流和讨论。

教师总结：水的形状是变化的，水往低处流。

三、探究漏勺的工作原理

教师为幼儿发放漏勺，请幼儿往瓶字里装满水备用。

教师提问：漏勺是干什么用的？它的功能是如何实现的？幼儿自主探究。

教师引导幼儿的提问：

✧　漏勺为什么有那么多孔？

✧　漏勺能舀起水吗？为什么？

✧　把瓶子里的水倒入漏勺中，发生了什么现象？水变成了什么形状？水是往低处流，还是往高处流？

教师鼓励幼儿说出自己的发现、疑问和答案，鼓励幼儿积极交流。

教师总结：水往低处流。水经过漏勺的漏孔后形状发生了变化，流了下去，所以漏勺可以控水。

活动评价：

无效果	对活动没有兴趣，不参与探究活动
初见成效	参与一些活动，但玩水时间较多，探究性观察较少，不爱发言
基本掌握	通过探究活动基本能正确说出水的形状，知道水往低处流，参与讨论和交流
完全掌握	主动使用多种工具和方法探究水的形状，积极观察，提出多个水相关的问题，对水的变化和控水类工具充满好奇心，希望探究更多水相关的问题

家园共育：

1.晴朗的天气，带孩子用抹布沾水在地上写字、画画，然后让幼儿观察地面水的形状变化。

2.在保证安全的前提下，允许和鼓励幼儿体验使用家中控水、控油的厨具和餐具。

挑战“水满则溢”*

活动由来：

水是幼儿喜欢的活动材料，“水满则溢”是生活常识。《3—6岁儿童学习与发展指南》指出：“和幼儿一起发现并分享周围新奇、有趣的事物或现象，一起寻找问题的答案。”故教师根据“水满未必溢”的科学现象，设计了此活动。

活动目标：

1.培养观察力和计数能力，感知“水满未必溢”的科学现象。

2.激发幼儿好奇心与探究欲望。

3.促进幼儿手眼协调和小肌肉发展。

活动准备：

材料准备：透明塑料水杯、托盘、1角硬币、水、抹布、活动记录单、彩笔。

经验准备：有水过满溢出的经验，自己或同伴会数到30。

★安全事项：水洒落在地面可能导致幼儿滑倒，教师要注意观察和及时处理。

* 作者：李慧，招远市张星镇中心幼儿园。

活动过程：

一、设疑激趣

教师为每个幼儿分发 1 个透明塑料水杯和 1 个托盘，为每组分发 1 盒 1 角硬币。

教师出示 1 个透明塑料水杯，将水杯放置到托盘上，请幼儿注意观察，然后开始往水杯里倒水，直至水满溢出后停止，然后手握硬币向幼儿提问：现在还能往水杯里放硬币，同时保证水杯里的水不溢出吗？

幼儿交流、猜想，说出自己的理由，并完成活动记录单中的猜想内容。

二、验证猜想

教师请幼儿将自己的水杯做同样的操作，进行第 1 次尝试前的猜想：水杯是否还能容纳硬币？能容纳多少枚硬币？然后进行实验验证。

教师巡视，并适时提供支持和引导，鼓励没有参加活动的幼儿参与到活动中。

教师及时公布班级内投入硬币数量比较多的幼儿姓名和投币数量，激励其他幼儿创造更好的成绩。

幼儿完成第 1 次尝试后填写活动记录单，清理物品后进行第 2 次尝试。

教师注意观察幼儿的行为，听取他们的谈话内容，根据幼儿兴趣适度引导性提问。

教师引导幼儿的提问：

✧ 相比于第 1 次，第 2 次如何才能投放更多硬币？

✧ 投放硬币的时候，水有什么变化吗？

✧ 你觉得现在水杯液面像什么？

教师鼓励幼儿相互参观和学习。在幼儿基本完成之后，教师请幼儿记录和报告自己成功投入硬币的数量，分享自己的做法，说明如何才能投放更多的硬币，说明自己看到的液面变化。

教师鼓励幼儿进行第 3 次尝试，允许幼儿进行更多次数的尝试。

活动记录单（示样）：

内容	猜想 	验证结果 
水满之后能否容纳硬币？		
第 1 次尝试：能容纳多少枚硬币？		
第 2 次尝试：能容纳多少枚硬币？		
第 3 次尝试：能容纳多少枚硬币？		

活动评价：

无效果	对挑战活动没有兴趣，不参加活动
初见成效	在教师的引导下参与活动，主动性差，偶尔尝试几次即停止，观看其他幼儿活动，很少发表意见，有一定的好奇心
基本掌握	参加活动，参与幼儿交流和讨论，对活动有好奇心，提出一两个相关问题
完全掌握	积极参与活动，多次尝试，探索多种方法使成功投入硬币数量最大化，提出问题，对活动充满好奇，享受探究过程

家园共育：

1.在家中，亲子共同挑战该游戏。

2.家长带领幼儿尝试让曲别针漂浮在水面上。

水珠快跑*

活动由来：

区角活动时，小智说他去看荷花，发现荷叶上的水珠圆鼓鼓的，还可以滚来滚去。小美说妈妈炒菜的台面上，也经常能看到一个一个的小水珠……他们好奇水盆里的水为什么不是圆鼓鼓的，甚至看不到水珠的单独存在？抓住契机，教师设计了此活动。

活动目标：

1.使幼儿经历移动水珠的神奇体验，感知水珠的特性。

2.培养幼儿的创造性和发散性思维。

3.发展幼儿语言描绘能力和表达能力。

活动准备：

材料准备：科学启智科学课程资源包（内含滴管、水杯、油纸、原色小木棒、彩色小木棒等）或自备类似材料。

经验准备：会使用滴管。

★安全事项：水洒落地面可能导致幼儿滑倒，教师要注意观察和及时处理。

活动过程：

一、猜谜导入，激发联想

教师说谜语："亮晶晶，落草坪。太阳出，躲无影。"请幼儿猜谜底。

然后教师告知幼儿今天大家要与小水珠做朋友，一起玩游戏。

二、观察水珠，感知水珠

教师请幼儿取出资源包中的水杯，接少量的清水，取出纸张，将纸张平铺在桌面上，用滴管从水杯里吸水，然后分别滴一滴、滴多滴水到纸张上，观察纸上的水珠。

教师巡视，注意观察幼儿的行为，听取他们的谈话内容，适时提供支持和引导。

教师引导幼儿的提问：

✧ 一滴水在纸上是什么形状的？像什么？

✧ 多滴水滴一起，它们在纸上是什么形状？

✧ 一滴水和多滴水在纸上的形状一样吗？

✧ 纸上的水珠会自己跑吗？

当幼儿基本都完成观察后，教师请幼儿交流自己的发现，教师注意引导幼儿对水珠形状的描绘，增强幼儿语言表达能力。

交流完毕后，教师请幼儿将观察到的一滴和多滴水的形状画在活动记录单的第 1、2 栏中。

三、小试身手，驱动水珠

教师请幼儿取出资源包中的原色小木棒和彩色小木棒，尝试用小木棒将水珠从纸的一端驱动到另外一端，感受运水的乐趣。教师巡视，注意观察幼儿的行为，听取他们的谈话内容，适时提供支持和引导。

教师引导幼儿的提问：

✧ 水珠被驱动的时候是什么形状？像什么？

✧ 如何驱使水珠跑得更快？

---

* 作者：赵悦，长春市人民政府机关第三幼儿园。

✧ 驱使一滴水和多滴水运动，难度一样吗？

当幼儿基本都能正常驱使水珠运动的时候，教师请幼儿交流自己的发现，交流的时候教师注意幼儿对语言的选用，引导幼儿语言的表达。

交流完毕后，教师请幼儿完成动记录单第 3 栏中的内容。

三、活动升级，运水比赛

教师请幼儿将纸对折平铺在桌面。

游戏一：两个小朋友，在各自纸的一端滴一滴水，自选木棒，比赛看看谁最先将水珠运到纸的另外一端，先到者获胜。

游戏二：两个或多个小朋友，在各自纸的一端滴 5 滴水，自选木棒，比赛看看谁最先将水珠运到纸的另外一端，先到者获胜。（注意：小朋友在运水珠的过程中，水珠可能会分散成多个小水珠，必须把所有水珠运到终点才算完成运水活动。）

比赛完毕，教师组织“高手”对决，其他幼儿观看比赛，然后重点交流以下内容：

✧ 你是如何让水珠快跑的？

✧ 你是如果让水珠越过折线（横线）的？

之后，教师提示幼儿完成活动记录单中第 4 栏中的内容。

活动记录单（示样）：

一滴水滴在纸上是什么形状？	
多滴水滴在纸上是什么形状？	
水珠被驱动的时候是什么形状？	
你在运水比赛中，获胜了几次？	

活动评价：

无效果	对活动没有兴趣，不参加活动
初见成效	在教师的引导下参与活动，主动性差，尝试着让水珠在纸上运动起来，但方法单一，缺乏探究的兴趣
基本掌握	会驱使水珠在纸上前后左右运动，会运送大水珠，参与幼儿间的讨论和交流，能相对准确地描述水珠运动的形状和状态
完全掌握	积极尝试多种方法运送水珠，积极参与甚至引导了幼儿间的讨论和交流，参加比赛并获得几次胜利，提出水珠相关问题，对水珠和水珠运动充满好奇，希望探究更多水珠相关内容

家园共育：

1.安排幼儿将本次科学启智科学课程资源包带回家，请幼儿和家长玩“运水比赛”游戏。

2.鼓励家长带领幼儿观察水滴滴入水盆（有水）时所发生的奇妙现象。

3.鼓励家长带领幼儿观察荷叶上的水珠。

吹泡泡*

活动由来：

吹泡泡是幼儿非常喜欢的游戏，幼儿很享受吹出泡泡的过程和同伴嬉戏的乐趣。根据幼儿的这一爱好，教师设计了本节科学活动。

活动目标：

1.使幼儿经历科学探究过程：提出问题——猜想（假设）——验证。

2.探究泡泡的形状，发现和制作更多吹泡泡工具。

3.体验泡泡工具的神奇，激发幼儿的好奇心和探究欲望。

活动准备：

材料准备：多种有孔的玩具、泡泡液、擦手毛巾、聪明棒、活动记录单、彩笔。

经验准备：幼儿有吹泡泡的经历。

★安全事项：泡泡液洒落在地面可能导致幼儿滑倒，教师注意提醒幼儿，并注意观察和及时处理。

活动过程：

一、提出问题

教师与幼儿交流他们吹泡泡的经历，询问幼儿用什么工具吹泡泡？吹出来的泡泡是什么形状的？引导幼儿愉快、自由地交流。

教师抛出问题："心形、五角形等工具吹出来的泡泡是什么形状的？"引发幼儿思考和争论，教师导入主题和后续活动。

二、感知和猜想

教师为每组分发多种有孔的玩具、活动记录单和彩笔，请幼儿观察、触摸，并猜想：这些玩具能不能吹出泡泡？能吹出什么形状的泡泡？

教师巡视，注意观察幼儿的行为，听取他们的谈话内容，适时提供支持和引导。

教师引导幼儿的提问：

✧　你吹泡泡的时候，用的是什么工具？工具口是什么形状？

✧　这些有孔的玩具，它们的孔有什么不一样？

幼儿有猜想结果后，及时完成活动记录单"猜想"列。

教师请幼儿交流自己的想法和依据。

三、操作和验证

教师为每组分发泡泡液和擦手毛巾，请幼儿动手操作吹泡泡，验证自己的猜想。

教师引导幼儿的提问：

✧　你吹出了什么形状的泡泡？

✧　你的猜想和验证结果为什么不一样（或一样）？

✧　哪些物体不能吹出泡泡？它们有什么共同特点？

当幼儿基本都完成操作或兴趣减弱的时候，教师结束该活动，请幼儿交流自己的猜想、结果和发现。

活动小结：闭合能吹过空气的地方就能吹出泡泡，所有吹出来的泡泡都是圆形的。

教师提醒幼儿及时完成活动记录单"验证结果"列的记录。

---

* 作者：邹丹，长春市人民政府机关第一幼儿园。

四、大胆探究，动手实践

教师为每组分发聪明棒，鼓励幼儿尝试用聪明棒吹出泡泡。

幼儿动手探究、尝试，教师鼓励幼儿相互交流，鼓励幼儿展示自己的成果。

活动记录单（示样）：

内容	猜想 	验证结果 
有孔的玩具——吹管		
有孔的玩具——小圆形		
有孔的玩具——大圆形		
有孔的玩具——心形		
有孔的玩具——五角形		
有孔的玩具——卡扣		
有孔的玩具——彩笔帽		

活动评价：

无效果	喜欢玩泡泡，但不参与吹泡泡工具的探索活动
初见成效	尝试用 1~2 种材料吹泡泡，没有更多的探究活动，观看别人操作和验证，不爱发言
基本掌握	能用 4 种工具吹出泡泡，注意到非圆形材料也能吹出圆形泡泡
完全掌握	喜欢探究，能创造性地使用聪明棒吹泡泡，对异形的泡泡工具感到非常好奇

家园共育：

1.家长鼓励幼儿发现家里可能能吹出泡泡的材料，并尝试。

2.亲子一起制作泡泡液，尝试发现户外可以制成吹泡泡工具的植物，并尝试吹泡泡。

泡泡跳舞*

活动由来：

幼儿喜欢泡泡，喜欢吹泡泡、追逐泡泡、抓泡泡……但遗憾往往定格在泡泡在手中破裂的那一瞬间。抓住孩子们的痛点、关切点，教师生成了此活动。

活动目标：

1.尝试自制泡泡液，体验解决问题和科学探究的快乐。

2.感知生活中数学的有用和有趣。

3.感知泡泡接触面材质对泡泡有重要影响。

活动准备：

材料准备：水、洗涤剂、甘油、小量杯（或小勺）、塑料水杯、搅拌棒、吹管、羊毛手套、棉毛手套、棉纱手套、尼龙手套、乳胶手套、人造皮手套。

经验准备：幼儿玩过泡泡，抓过泡泡。

★安全事项：儿童争抢泡泡的时候要防止拥挤、摔倒和踩踏。液体洒落在地面可能导致幼儿滑倒，教

* 作者：刘爽，指导教师：刘晨，吉林省省直机关第二幼儿园。

师注意提醒幼儿，并观察和及时处理。

活动过程：

一、激趣导入

教师吹出泡泡，吸引幼儿追逐泡泡、抓泡泡。

教师：那么漂亮的泡泡碰到手就破了，太可惜了！小朋友们，老师今天给你们带来了一种神秘的泡泡液，可以让泡泡在手上自由跳舞而不破，你们想不想看？

教师戴上羊毛手套，让泡泡在手套上跳舞。

教师：你们想不想也拥有这样神奇的魔力？（等待幼儿回答）让我们先调制神秘的泡泡液吧！

二、自制泡泡液

教师为每组发放水、洗涤剂、甘油、小量杯（或小勺）、水杯、搅拌棒、吹管等材料，告知幼儿操作方法：取 6 小量杯（或小勺）水倒入空水杯中，再往里倒入 2 小量杯（或小勺）洗涤剂，再往里倒入 4 小量杯（或小勺）白糖，然后用搅拌棒搅拌均匀，神秘泡泡液就制作好了。

教师在调制作泡泡液的过程中多次强调数字“6”“2”“4”，使幼儿充分感知数字。

泡泡液调制好后，教师允许幼儿尝试使用吹管吹出泡泡，教师戴羊毛手套接泡泡，并使泡泡在手套上跳舞，增强幼儿的成就感，使幼儿体验解决问题和科学探究的快乐。

对于不能吹出泡泡的幼儿，教师提醒是否数字“6”“2”“4”使用不对？使其感受数学的有用。

三、小组大比拼

教师公布游戏规则：小组内幼儿自由选择一双手套或者不戴手套，使用自己制作的泡泡液，与组内另外一个小朋友比赛，看看谁能使泡泡在手上跳舞的次数最多，胜利者继续挑战组内的另外一个小朋友，直至产生小组第 1 名。小组内数数较好的小朋友负责计数，或请教师帮忙。

四、疯狂对决

经历“小组大比拼”环节，幼儿已经认识到手套、泡泡液和泡泡大小的重要性，已经有了心仪的手套和泡泡液，已经掌握吹泡泡的技巧了。

教师公布“疯狂对决”游戏规则：每组的第 1 名与另外一组的第 1 名比赛，看看谁能使泡泡在手上跳舞的次数最多，胜利者继续挑战另外一组的第 1 名，直至产生班级第 1 名。

教师和幼儿一起为他们数数、计数，使幼儿在游戏的过程中感知更多的数字，感受数学的有趣和快乐。

活动评价：

无效果	对自制泡泡液不感兴趣，没有尝试让泡泡跳舞
初见成效	被泡泡跳舞吸引，尝试自制泡泡液和使泡泡跳舞，但泡泡液配比有错误或者选择手套不利于泡泡跳舞，缺乏继续探究精神
基本掌握	能按照数字调制泡泡液，发现有的手套能使泡泡跳舞，有的不能，没有意识到泡泡大小影响着跳舞次数
完全掌握	能按照数字配置泡泡液，通过尝试发现能使泡泡跳舞和不利于泡泡跳舞的手套，发现不是泡泡越大越有利于跳舞的次数，享受成功的快乐，享受泡泡跳舞的快乐

家园共育：

1.亲子在家里用其他方法制作泡泡液，举办家庭“泡泡球”比赛。（两人对垒，类似排球比赛）

2.家长在家里给孩子更多使用数学的机会，潜移默化地提升幼儿的数学认知。

我的泡泡舞伴*

活动由来：

吹泡泡、抓泡泡是幼儿熟悉、喜欢的活动，但泡泡触手即破却令幼儿感到失望。抓住幼儿玩泡泡的痛点，教师打算推进幼儿科学探究更进一步，研发了本次活动。

活动目标：

1.感受泡泡可以“跳舞”的神奇，体验新玩法带来的新快乐。

2.尝试发现物体的异同，培养幼儿探究的精神和能力。

活动准备：

材料准备：泡泡液、小吹泡棒、棉手套、抹布、背景音乐。

经验准备：有吹泡泡、戴手套的经验。

★安全事项：儿童争抢泡泡的时候要防止拥挤、摔倒和踩踏。液体洒落在地面可能导致幼儿滑倒，教师注意提醒幼儿，并观察和及时处理。

活动过程：

一、创设情境，感受泡泡

教师：小朋友，今天泡泡要举办舞会，想邀请我们小朋友做舞伴，可以吗？一会儿老师吹泡泡，你们用手接泡泡，看看能不能接住？

教师吹泡泡，幼儿尝试接泡泡，再次验证用手接泡泡，泡泡会破裂。

二、尝试探索，感知神奇

教师：哎呀，泡泡都破了，那还怎么做舞伴呢？（等待 5 秒钟）老师这里有一双神奇的手套，戴上这双神奇的手套，泡泡就不会破了，小朋友们要不要试试？

幼儿戴上教师分发的棉手套，再次玩接泡泡游戏，神奇地发现泡泡可以在手套上跳舞而不破。

幼儿分组吹泡泡，玩接泡泡游戏。

三、师幼交流，探究深入

幼儿玩的兴趣渐弱后，教师结束接泡泡游戏，开始引导幼儿新的探究：为什么戴棉手套接泡泡不破，而用手接泡泡就破了？

教师引导幼儿观察、比较手和手套的不同，以圈画的形式完成活动记录单。

四、泡泡舞会，结束活动

教师：泡泡舞会马上要开始了，小朋友带好你们的神奇手套，跟教师到室外活动场地，开始我们的泡泡舞会吧！

幼儿可以将泡泡舞会展示给其他班级的幼儿观看，可以邀请其他班级的幼儿一起玩。

活动记录单（示样）：

手和手套的不同之处

手：	棉手套：

---

* 作者：綦乔乔，莱州市三山岛街道中心幼儿园。

活动评价：

无效果	不感兴趣，不参加活动，或者仅玩泡泡，没参加探究活动
初见成效	尝试吹泡泡、玩泡泡，但不愿意探究手与棉手套的不同，不主动发言和交流
基本掌握	参与活动，能使用棉手套使泡泡跳动，发现了2处以上手与棉手套的不同
完全掌握	享受新玩法带来的新快乐，并且乐于使用棉手套陪泡泡跳舞。发现了多处手与棉手套的不同，对棉手套能陪泡泡跳舞感到非常好奇，尝试发现其他手套或材料能否陪泡泡跳舞

家园共育：

1.亲子尝试家里其他手套和材料，继续探究其他手套或材料能否陪泡泡跳舞。

2.家长带领幼儿玩更多的泡泡游戏。

3.在小区、公园里观看荷叶上的水珠，尤其是水珠在荷叶上晃动。

彩虹雨*

活动由来：

孩子们总是对色彩和液体十分好奇和喜欢，在幼儿园生活中也经常玩水和应用色彩。为了激发幼儿的好奇心与探究欲望，结合幼儿对色彩和液体的喜爱，教师设计了此活动。

活动目标：

1.尝试制作彩虹雨，在制作的过程中发现液体性质的不同。

2.欣赏绚丽的彩虹雨，培养幼儿的好奇心，增强幼儿科学探究的欲望。

活动准备：

材料准备：雨声相关音频或视频、塑料量杯（或透明塑料水杯）、搅拌棒、食用油、红黄蓝儿童色素、透明塑料瓶子、清水。

经验准备：会挤压塑料瓶，有水滴的概念。

★安全事项：液体洒落在地面可能导致幼儿滑倒，教师要注意观察和及时处理。

活动过程：

一、创设情景，激发探究欲望

播放雨声相关的音频或视频。

教师：听，这是什么声音？（幼儿回答）你们见过下雨吗？雨滴是什么颜色的？（幼儿回答）今天老师要带领大家制作彩虹雨，是五彩缤纷的“雨”，你们想不想看？

教师充分调动幼儿情绪和期待后，开始正式活动。

二、教师展示，幼儿感知

1.出示材料，引导幼儿感知。

教师出示食用油、红黄蓝儿童色素、量杯（或透明水杯）、搅拌棒、透明瓶子和清水。

教师：这些是什么物品？有什么用处呢？你都在哪里见过它们？

幼儿自由发言。

教师总结：这些就是我们今天制作彩虹雨的材料。

---

* 作者：梁雅菲、黄晓蕾、宋晓静，开原市中心幼儿园。

2.教师展示操作过程，幼儿观察学习。

教师边操作边解说，关键环节引导幼儿观察，为幼儿展示实验的操作过程：

第一步，沿搅拌棒往杯里倒入食用油。

第二步，往食用油里滴入红、黄、蓝三种色素各 5 滴。

第三步，用搅拌棒将油和色素搅拌均匀。

第四步，往透明瓶子中倒入大半瓶清水。

第五步，将油和色素的混合液全部倒入透明瓶子中。

第六步，等待一会儿，透明瓶子中出现了梦幻的彩虹雨。

三、幼儿实操，教师帮助、引导

教师为幼儿分发彩虹雨制作材料，交代安全事项，幼儿动手操作，教师巡视帮助和引导。

教师注意观察幼儿的行为，听取他们的谈话内容，根据幼儿兴趣适度引导性提问。

教师引导幼儿的提问和评论：

✧ 沿搅拌棒往杯里倒入食用油的时候，油是怎么进入杯中的？

✧ 往食用油里滴入色素的时候，色素是在油的上面、下面，还是中间？

✧ 色素在食用油里有什么变化吗？

✧ 色素在瓶子中下降的时候，你看到了什么现象？像什么？

✧ 彩虹雨有多少种颜色？你能做出更多颜色的彩虹雨吗？

✧ 彩虹雨的颜色跟滴入色素的种类和多少有关系吗？你试试看。

当幼儿基本都完成操作后，教师请幼儿交流自己的发现。

活动结束后，教师鼓励幼儿继续探究，制作出更绚丽多姿的彩虹雨。

活动评价：

无效果	对活动无兴趣，不参加活动
初见成效	喜欢彩虹雨，观看教师彩虹雨的制作过程，但没有动手参与制作彩虹雨，不参加交流活动
基本掌握	能基本制作出彩虹雨，欣赏自己的彩虹雨，但对细节缺乏观察
完全掌握	积极参与活动，成功制作彩虹雨，主动探究，不断尝试改变彩虹雨的颜色种类和深浅等，兴致勃勃，乐此不疲

家园共育：

1.请幼儿在家中为家人制作彩虹雨，并为家人或小伙伴展示作品。

2.家长为幼儿阅读儿童故事《彩虹雨》。

呀，谁会游泳*

活动由来：

安全教育活动中谈到了“如何救助溺水者”，有小朋友说扔个游泳圈，游泳圈会游泳；有小朋友说扔个木板，木板会游泳；有小朋友说扔个塑料瓶，塑料瓶会游泳……老师顺势提出：我们活动室，有哪些物品会游泳？随机生成此活动。

---

* 作者：宋亚慧，齐河县机关第二幼儿园。

活动目标：

1.探索常见的物体哪些浮于水面（会游泳），哪些沉入水底（不会游泳）。

2.引导幼儿通过操作、实验等方法，验证自己的猜想，逐步发展逻辑思维能力。

活动准备：

材料准备：水盆（含水）、塑料小黄鸭、陶瓷小黄鸭、乒乓球、石头、砖块、铁片、磁铁、塑料瓶、毛巾、海绵、塑料袋、泡沫板、曲别针、各种材质积木、活动记录单、彩笔。

经验准备：有玩水或游泳的经验。

★安全事项：水洒落在地面可能导致幼儿滑倒，教师要注意观察和及时处理。

活动过程：

一、设疑导入，激发探究欲望

教师：小朋友们，安全教育中讲到如果有人溺水，可以扔个木板过去，可是有的小朋友说木板也有不会游泳的，这怎么办啊？

教师引发幼儿感知冲突，引导幼儿通过操作、实验等方法，验证自己的猜想。

二、分发实验材料，幼儿猜想判断

教师为每组分发除水盆外的所有材料，幼儿感知材料，进行猜想，并将猜想结果记录到活动记录单中。

教师巡视，注意观察幼儿的行为，听取他们的谈话内容，适时提供支持和引导。

教师引导幼儿的提问：

✧ 这个物体拿在手里感觉重，还是轻？

✧ 你为什么觉得这个物体会浮在水面（或沉入水底）？

三、操作实验，验证猜想

教师为幼儿分发水盆（含水），鼓励幼儿逐一将材料放入水中，然后松开手，观察材料是上浮还是下沉，然后将结果记录到活动记录单中。然后第 2 次实验，再次将结果记录到活动记录单中。

教师引导幼儿的提问：

✧ 为什么塑料小黄鸭浮在水面，而陶瓷小黄鸭沉入水底？

✧ 塑料瓶装满水（或空瓶、没装满水）后，在水里是什么状态？

✧ 毛巾（或海绵）两次在水中的状态一样吗？

✧ 你发现浮在水面或沉入水底的物体有什么共同点？

✧ 你当初为什么猜对（或错）了？

四、交流总结

幼儿交流自己的判断依据和实验验证结果，并尝试说明原因。

教师鼓励幼儿发现问题、提出猜想，并通过实验验证猜想，逐步发展自己的判断能力和逻辑思维能力。

活动记录单（示样）：

浮沉记录表

物体	猜测（浮↑ 沉↓）	浮沉结果——浮↑ 沉↓（共实验 2 次）	
		第 1 次实验	第 2 次实验

活动评价：

无效果	对活动不感兴趣，不参与猜想与验证活动
初见成效	在教师的引导下参与活动，没有探究意识，不参与交流，不记录活动过程
基本掌握	参与活动，进行活动的猜想和验证，完成活动记录单，参与交流和讨论，对错误的猜想有一定的好奇心，希望知道原因
完全掌握	主动完成活动内容，发现物体沉浮的简单判断方法，尝试推断和探索更多物体的沉浮，对塑料瓶类的复杂沉浮现象充满好奇心和探究欲望

家园共育：

1.在幼儿洗澡、玩水时，为幼儿提供更多的材料，跟幼儿一起推断、验证物体的沉浮。

2.在洗菜的时候，邀请幼儿一起参与，判断不同蔬菜的沉浮情况。

资源推荐：科学故事《曹冲称象》。

你猜对了吗？*

活动由来：

水的浮力是我们身边的科学，也是幼儿十分喜欢的活动内容。最近中华文化启蒙教育中，教师讲了《文彦博取球》的故事，孩子们更是跃跃欲试。抓住孩子们的探究欲望，教师生成了本次活动。

活动目标：

1.通过猜想与动手实验使幼儿感知水果、蔬菜在水中的浮沉。

2.通过改变液体的成分，改变水果、蔬菜在水中的浮沉。

3.引导幼儿发现科学的神奇，激发他们的好奇心和探究欲望。

活动准备：

材料准备：茄子、豆角、土豆、西红柿、白菜、油菜、洋葱、黄瓜、胡萝卜等多种蔬菜，苹果、香蕉、梨、芒果、桃子、草莓、柠檬、柑橘、柚子、板栗、核桃等多种水果，食用盐、小勺子、大盆、水。

经验准备：幼儿有玩水的经验，接触过一些蔬菜和水果。

★安全事项：液体洒落在地面可能导致幼儿滑倒，盐水进入到幼儿眼睛中会导致不适，教师应教育幼儿，并注意观察和及时处理。

活动过程：

一、出示活动材料，鼓励幼儿大胆猜想

教师为每组分发蔬菜和水果，鼓励幼儿根据生活经验进行猜想：把这些蔬菜、水果放到水里，你认为它们是沉入水底？浮在水面上？还是悬浮在水中？

幼儿分组进行感知和猜想，并将猜想结果记录到活动记录单中。

教师巡视，注意观察幼儿的行为，听取他们的谈话内容，适时提供支持和引导。

教师引导幼儿的提问：

✧ 它（蔬菜或水果）拿在手里感觉重，还是轻？

✧ 它（蔬菜或水果）比苹果（最好是幼儿已知沉浮的水果）重还是轻？

---

* 作者：戚向前，吉林省省直机关第二幼儿园。

✧ 你为什么觉得它会浮在水面（或沉入水底、悬浮在水中）？

幼儿感知完毕后，教师组织幼儿交流，重点说说判断依据。

二、分组操作实验，验证猜想结果

教师为每组分发大盆（含水），幼儿逐一将蔬菜、水果放入水中，观察它们在水中的状态，然后将结果记录到活动记录单中。

教师引导幼儿的提问：

✧ 你发现浮在水面（或沉入水底）的物体有什么共同点？

✧ 你当初为什么猜对（或错）了？

当幼儿基本都完成操作后，教师请幼儿交流自己的猜想和验证结果，并尝试说明原因。

三、神奇魔法棒——改变液体性质

教师请每组将浮在水面的蔬菜水果取出，仅保留沉入水底和悬浮在水中的蔬菜水果，为每组分发一盒食用盐和几只小勺子，请幼儿逐步将盐分散地撒入水中，观察水中蔬菜水果的变化。

教师引导幼儿的提问和评论：

✧ 你们观察到什么了？

✧ 再多加入一些盐试试。

✧ 为什么撒入盐后，越来越多的蔬菜水果浮到了水面？

教师组织幼儿交流，重点说明观察到的现象和对原因的推测，教师适时反馈，鼓励幼儿更深入探究。

幼儿将观察到的结果记录到活动记录单中。

四、总结延伸

《文彦博取球》的故事中，文彦博用水取出了球，而我们用盐取出了水中的物体。为什么盐具有魔法棒般的魔力呢？为什么蔬菜水果的沉浮状态是不同的呢？欢迎大家继续探究和分享。

活动记录单（示样）：

蔬菜/水果	猜想沉浮情况 （↓下沉，↑上浮，—悬浮）	实验验证结果 （↓下沉，↑上浮，—悬浮）	加入盐后沉浮情况 （↓下沉，↑上浮，—悬浮）

活动评价：

无效果	对活动不感兴趣，不愿意参加活动
初见成效	在教师的引导下参与活动，以观看蔬菜水果在水中的沉浮为主，很少动手操作，不发表意见
基本掌握	参与活动，猜想和验证蔬菜水果在水中的沉浮，注意到水中加盐后有些蔬菜水果沉浮的变化，对沉浮状态有一定的好奇心
完全掌握	积极参加活动，多次、主动探究更多的蔬菜水果在水中和盐水中的沉浮，充满好奇心和探究欲望，积极分享自己观点，一定程度上引领了小组活动

家园共育：

1.家长鼓励幼儿发现更多的蔬菜水果和其他物体在水中、盐水中的沉浮。

2.家长为幼儿讲述科学故事《死海不死》。

沉下去，浮上来*

活动由来：

幼儿在户外活动时，看到有的树叶、树枝飘在水面，有的树叶、树枝沉入水底，他们很好奇为什么同样的物体在水中的位置不同，甚至有些孩子尝试将拾到的树枝抛入水池，尝试发现它们在水中会是什么情况。抓住孩子们的好奇心和探究欲，教师设计了此活动。

活动目标：

1.猜想和验证哪些东西能浮于水，哪些东西沉于水，并对物体进行简单的分类。

2.尝试让浮于水面的物品沉下去，让沉于水底的物品浮上来，发展幼儿解决问题的能力。

活动准备：

材料准备：每人一个装了水的盆、每人一个黑袋子（内有铁块、木块、空塑料瓶、硬币、乒乓球、橡皮泥、透明胶带）、活动记录单、彩笔。

经验准备：有玩水或游泳的经验。

★安全事项：水洒落在地面可能导致幼儿滑倒，教师要注意观察和及时处理。

活动过程：

一、猜一猜，导入活动

教师告诉幼儿凳子底下有一个黑色的口袋，里面有很多神秘的宝物，请幼儿发现这些宝物。

教师提出问题：你们猜猜看，把袋子中的宝物放到水里会怎么样呢？

教师请幼儿看一看、摸一摸、掂一掂袋子中的物体，然后完成活动记录单中猜想部分。

教师巡视，注意观察幼儿的行为，听取他们的谈话内容，适时提供支持和引导。

教师引导幼儿的提问：

✧ 它拿在手里感觉重，还是轻？

✧ 你为什么觉得它会浮在水面（或沉入水底、悬浮在水中）？

二、做一做，验证猜想

教师为每个幼儿分发一盆水，请他们把物品一个一个地放到水里，看一看哪个会浮起来，哪个会沉下去？并完成实验记录。

幼儿操作，教师观察指导，并协助幼儿做好记录。

教师引导幼儿的提问：

✧ 你发现浮在水面（或沉入水底）的物体有什么共同点？

✧ 你当初为什么猜对（或错）了？

三、变一变，增加难度

1.让沉下去的物体浮起来。

教师：有的物体沉下去了，能不能想个办法让它浮起来呢？

幼儿尝试做实验，教师巡回观察、帮助。

教师引导幼儿的提问和评论：

✧ 能否请浮在水面上的物体帮帮忙？

✧ 你是怎么想到把硬币粘到乒乓球上的？太棒了！

---

* 作者：关萍，开原市中心幼儿园。

✧ 大轮船是钢铁建造的，它为什么能浮在水面上？橡皮泥可以吗？

2.让浮起来的物体沉下去。

教师：有的物体浮在水面上，能不能想个办法让它沉下去呢？

幼儿尝试做实验，教师巡回观察、帮助。

教师引导幼儿的提问和评论：

✧ 能否用铁块把乒乓球沉入水底？你试试看！

✧ 如果将空塑料瓶装满水，塑料瓶还会浮在水面吗？

✧ 如果将橡皮泥变成一个实心球体，橡皮泥是上浮还是下沉？

四、讲一讲，彼此分享

教师请幼儿交流自己是怎么分辨物体的浮与沉的？用什么办法让沉下去的物体浮起来的？用什么办法让浮起来的物体沉下去的？

师幼交流，促进幼儿感知能力和解决问题能力的提升。

活动记录单（示样）：

物品	 猜想（上浮↑　下沉↓）	 实验（上浮↑　下沉↓）

活动评价：

无效果	没有兴趣，没参加活动
初见成效	观看同伴操作，自己偶尔拿起材料放入水中，探究缺乏主动性和持续性，不爱发表意见
基本掌握	参加猜想和验证活动，感知材料，参与讨论，对沉浮的变化有一定的好奇心，提出一两个沉浮问题
完全掌握	积极感知材料，能一定程度上判断物体的沉浮，成功使用两种以上的方法让上浮物体沉下去，让下沉的物体浮上来，并且乐在其中，对沉浮的探究有好奇心

家园共育：

1.家中胣鱼的时候，请幼儿感受鱼鳔，并模拟为幼儿讲述鱼鳔的作用和工作原理。

2.家长为幼儿讲潜水艇相关的科学知识和故事，阅读相关绘本。

资源推荐：浮力定律（阿基米德定律）。

蚂蚁造船办法多*

活动由来：

一次偶然的机会，幼儿观察到教师清洗玩具时，有的玩具漂浮在水面，有的玩具沉在水盆底部，兴趣大增，非常想知道玩具沉浮的原因。结合幼儿的兴趣点，教师设计了此次集体教学活动。

活动目标：

1.体验沉浮游戏的快乐，感知物体的沉浮和沉浮的变化。

2.培养幼儿猜想、验证的科学态度和习惯，发展比较、观察能力。

3.学会使用符号做探究记录。

活动准备：

材料准备：积木、塑料瓶、泡沫、小石头、A4 纸、木珠子、塑料筐、橡皮泥、塑料盆（含水）、抹布、活动记录单、彩笔。

经验准备：见或坐过船。

★安全事项：水洒落在地面可能导致幼儿滑倒，教师要注意观察和及时处理。

活动过程：

一、故事导入，激发幼儿的探究兴趣

教师为每组发放除塑料盆外的所有活动材料，告诉幼儿：冬天马上要到了，小蚂蚁要到河对面运粮过冬，可小蚂蚁还没有船，怎么办呢？请小朋友们帮忙看看这些材料中哪些适合做成小船帮助蚂蚁过河。

幼儿感知材料，猜测哪些材料能做成小船帮助蚂蚁过河。

二、学习符号记录，完成猜测

教师出示活动记录单，告知幼儿这是活动记录单，用来记录我们的探索与发现，在表格里可以用“√”表示物品会浮在水面上，可以当小船；反之用“×”表示物品不能浮在水面上，不可以当小船。最左边是物品的清单，可以用绘画的方式表现。

教师请幼儿尝试将猜想结果用绘画和“√”“×”符号记录在活动记录单中。

教师巡视，注意观察幼儿的行为，听取他们的谈话内容，适时提供支持和引导。

教师引导幼儿的提问和评论：

✧ 你还在什么地方见过“√”“×”符号？

✧ 垃圾箱上首尾衔接的三个小箭头表示什么意思？我们也可以用符号表示探究内容。

✧ 上述材料，你见过哪些浮在水面？哪些沉于水底？

✧ 你判断材料沉浮的方法是什么？

三、验证猜想，记录验证结果

教师为每组发放一个塑料盆（含水），请幼儿把物品一个一个地放到水里，看一看哪个会浮起来，哪个会沉下去，并使用符号完成实验记录。

幼儿操作验证，填写活动记录单，教师观察指导，并适时提问。

教师引导幼儿的提问：

✧ 活动记录单中，“√”和“×”符号表示什么？

✧ 你发现浮在水面（或沉入水底）的物体有什么共同点？

---

* 作者：李慧跃，延吉市向阳幼儿园。

✧　你当初为什么猜对（或错）了？

幼儿展示活动记录单，分享探究过程、猜想和结果，说明哪些材料可以为小蚂蚁造船，完成实验记录单的记录。

四、为蚂蚁找到更多造船材料——让沉下去的物体浮上来

1.借助辅助材料让沉下去的物体浮上来。

教师提问：在生活中，什么时候会借助漂浮的物体让会沉下去的物体浮在水面？

幼儿交流、发言，例如游泳时用的游泳圈，公园里的小木船等。

教师继续提问：怎么才能让沉下去的物品也能浮上来给小蚂蚁当造船材料？

幼儿小组讨论，并通过实验验证商议的方法是否正确。

2.不借助辅助物让沉下去的物体浮上来。

教师提问：在生活中，人们怎么让会沉下去的物体浮在水面上的？

幼儿交流、发言，例如建造金属轮船，减轻船的载重等。

教师继续提问：怎样才能不借助任何物品的帮助，让沉下去的物体浮上来给小蚂蚁当船？

幼儿小组讨论，并通过实验验证商议的方法是否正确。（改变重量或形状）

活动记录单（示样）：

物品	猜想 （浮在水面画“√”　不浮在水面画“×”）	实验验证 （浮在水面画“√”　不浮在水面画“×”）

活动评价：

无效果	幼儿对活动没有兴趣，不参与活动
初见成效	猜想、验证了一两个物体的沉浮，但没有参与全部活动，不爱发表意见和交流，对沉浮现象有一定的兴趣
基本掌握	参加活动，猜想和判断物体的沉浮，推断特别轻的物体会浮在水面，成功使沉下去的塑料瓶浮了上来，开始提出自己关心的一两个问题
完全掌握	积极参与活动，感知材料，猜想和验证物体的沉浮，成功使用两种以上的方法让沉下去的物体浮上来，喜欢探究，乐在其中

家园共育：

1.家长为幼儿提供更大的水盆（或者浴缸、泳池），为幼儿提供更多的材料，让幼儿探索和发现物体的沉浮，鼓励幼儿探究使不同物体沉浮的方法。

2.家长带幼儿玩氢气球，尝试通过不同的物体让气球上升和下降。

发现瓶装水后面的世界*

活动由来：

幼儿园走廊里有几面哈哈镜，幼儿每次经过哈哈镜前，总会兴致勃勃地做一些搞怪、滑稽的动作，引得大家阵阵大笑。《3—6 岁儿童学习与发展指南》指出：“真诚地接纳、多方面支持和鼓励幼儿的探索行为。”为此，教师设计了此活动。

活动目标：

1.通过简单的装置，使幼儿发现新奇、有趣的光学现象，感知神奇的科学。

2.激发幼儿的好奇心与探究欲望。

3.丰富幼儿的语言表达能力和交流能力。

活动准备：

材料准备：装满水和空的塑料瓶（高透光度）、小猪佩奇图片、玩具鸭、活动记录单、彩笔。

经验准备：玩过哈哈镜或见过不规则成像。

★安全事项：满水塑料瓶注意拧紧瓶盖，防止水洒落可能导致幼儿滑倒。

活动过程：

一、设疑导入，以疑激趣

教师跟幼儿聊哈哈镜等幼儿可能见到过的奇怪成像，然后出示满水塑料瓶和空塑料瓶，告诉幼儿塑料瓶里面藏着大秘密，比哈哈镜还好玩，期待着小朋友们去探索发现。

二、比一比，发现另外一个世界

教师为幼儿分发装满水的塑料瓶和空塑料瓶，请幼儿透过这两个塑料瓶看瓶子后面的物体，说说自己看到的不同。

本活动环节幼儿活动的重点是发现两个瓶子间看到物体的不同，实现目的即可结束。

教师点题：简单的改变，就会让我们看到不一样的世界。

三、看一看，瓶装水后面的图片

教师为幼儿分发小猪佩奇图片、活动记录单和彩笔，鼓励幼儿使用满水塑料瓶看小猪佩奇图片，并将看到的结果画到活动记录单中。

教师巡视，注意观察幼儿的行为，听取他们的谈话内容，适时提供支持和引导。

教师引导幼儿的提问：

✧ 透过塑料瓶的不同部位看到的图案一样吗？

✧ 塑料瓶横着和竖着看到的图案有什么区别吗？

✧ 图片距离塑料瓶远近不同，看到的图案有什么区别吗？

✧ 眼睛距离塑料瓶远近不同，看到的图案有什么区别吗？

当幼儿有感兴趣的发现的时候，教师提示幼儿将看到的结果记录到活动记录单中。

当幼儿基本都完成操作或兴趣减弱的时候，教师结束该活动，并请幼儿交流自己的发现。教师提示和帮助幼儿使用更准确的语言描述自己看到的现象。

四、看一看，瓶装水后面的实物

教师为幼儿分发多只玩具鸭，鼓励幼儿使用装满水的塑料瓶看玩具鸭，并画下看到的现象。

---

* 作者：陈思旭，长春市人民政府机关第三幼儿园。

教师重复上一个活动的教学工作（含提问），并重点补充下面的问题：

✧　使用满水塑料瓶看 1 个实物和多个实物有什么不一样吗？

✧　使用满水塑料瓶看实物和图片有什么不一样吗？

当幼儿基本都完成操作或兴趣减弱的时候，教师结束该活动，并请幼儿交流自己的发现。教师提示和帮助幼儿使用前面刚用过的一些精确描述语言。

五、结束活动

教师请幼儿传阅彼此的活动记录单，交流活动记录单中的内容

教师鼓励幼儿积极发现并分享周围新奇、有趣的事物或现象，一起寻找问题的答案。

活动记录单（示样）：

装满水的塑料瓶看到的小猪佩奇		
图 1	图 2	图 3
装满水的塑料瓶看到的玩具鸭		
图 1	图 2	图 3

活动评价：

无效果	对活动没有兴趣，不参加活动
初见成效	在教师的引导下参与活动，主动性差，偶尔尝试观看瓶子后面的事物，很少发表意见，有一定的好奇心
基本掌握	参加活动，参与幼儿交流和讨论，完成活动任务，发现了一些奇怪的现象，对活动有好奇心，提出一两个相关问题
完全掌握	积极参与活动，多次反复尝试，探索发现更多不一样的现象，提出问题，对活动充满好奇

家园共育：

1.为孩子提供具有不规则成像能力的器具，例如不锈钢小勺子、大汤勺、菜盆等，鼓励幼儿继续探究这些神奇的成像。

2.外出的时候，有意引导幼儿观看不同的光成像效果，例如车库的凸面镜、倒车镜、车大灯等。

资源推荐：故事《狮子照哈哈镜》。

水流的快与慢*

活动由来：

下雨天为孩子们带来了别样的世界。入园后，孩子们七嘴八舌地议论开了：马路上的流水流得可快可多了，人行道上的水流没有那么急，草地上很少看到流水，幼儿园车棚的水哗哗地流……有幼儿问：为什么同样是下雨，水流的感觉不一样呢？抓住孩子们关心的话题，教师设计了此活动。

活动目标：

1.探究影响水流速度快慢的原因。

2.尝试将健康与科学融合，使幼儿更好地理解科学。

3.引导幼儿通过观察、比较、操作、实验等方法，学习发现问题、分析问题和解决问题。

活动准备：

材料准备：2 个一样的滑滑梯、塑料薄膜（可以铺在滑滑梯中即可）、塑料地垫、仿真草坪地毯、厨房卷纸、塑料瓶、活动记录单、彩笔。

经验准备：玩过滑滑梯。

活动过程：

一、激发兴趣，引入主题

教师：小朋友们讨论到了水流快与慢的问题，老师也很想知道这是为什么！今天老师要带大家去玩滑滑梯，滑滑梯说："我这里有答案。"小朋友一起开心去玩，去探索吧！

在小朋友惊异的眼光中，教师带领幼儿去滑滑梯进行户外活动。

二、户外滑滑梯比赛，认识材料和摩擦力

小朋友们按照体重分为两队排列，体重大致相同的两个小朋友一起进行滑滑梯比赛，看谁先滑下来。

比赛前，请小朋友竞猜：谁会先滑下来。比赛结束后，教师鼓励幼儿看看、摸摸比赛的两个小朋友的裤子。遇到滑得特别快和特别慢的小朋友，教师额外强调小朋友要看看、摸摸该小朋友的裤子。

比赛可以多轮、多种方式进行。

比赛结束后，教师组织幼儿交流：滑行的时候，你有什么感受？为什么有的小朋友滑得快？为什么有的小朋友滑得慢？

三、猜猜看，谁的水流跑得快

教师出示活动材料：塑料薄膜、塑料地垫、仿真草坪地毯和厨房卷纸，出示准备好的瓶装水。

教师：我们将把这些材料分别逐次铺在 1 个滑滑梯上，另外 1 个滑滑梯不铺任何东西，然后把同样的 1 杯水从滑滑梯的同一位置、用同一方法倒下，请大家猜想一下：哪个的水会先到滑滑梯底部？即谁的速度快，谁的速度慢？

幼儿可以看、摸，感受材料，然后将猜想结果按照速度的快慢标注 1、2、3、4、5，记录到活动记录单中。

四、比比看，谁的水流跑得快

教师将幼儿按照猜想水流速度相同或相近分组，然后开展组与组之间的比赛。比赛过程中，有的幼儿负责接水，有的幼儿负责倒水，有的负责监督规则的统一性，有的负责更换材料……强调幼儿的团队合作精神培养。

---

* 作者：吕甜甜，中国人民解放军总医院幼儿园。

幼儿根据比赛结果，修正自己的猜想，将实验结果记录到活动记录单中。

五、活动交流和总结

幼儿交流水流的快与慢的原因，并总结规律。

活动记录单（示样）：

材料	猜想	实验结果
滑滑梯		
塑料薄膜		
塑料地垫		
仿真草坪地毯		
厨房卷纸		

活动评价：

无效果	不参加健康活动，也不参加科学探究活动
初见成效	滑滑梯，但没有判断出滑行速度跟裤子材料的关系，后继活动以观看为主，很少参加
基本掌握	参与活动，感知裤子和实验材料的粗糙程度，基本能比较、判断滑行速度的快慢
完全掌握	主动探究，发现材料越粗糙，滑行和水流速度越慢，希望探究更多材料和水流速度

家园共育：

1.带领孩子玩水上乐园，感受水上滑行速度跟坡度的关系。

2.带领孩子阅读或参观中国古代取水的技术，如筒车、翻车等。

我是水流工程师*

活动由来：

《幼儿园教育指导纲要（试行）》中指出：“要尽量创造条件让幼儿实际参加探究活动，使他们感受科学探究的过程和方法，体验发现的乐趣。”幼儿喜欢玩水，夏季又是玩水的季节，为此教师设计了此活动，目的是让孩子将简单的玩水变成有趣的科学探究活动。

活动目标：

1.感知虹吸现象，利用虹吸原理玩水，玩科学。

2.了解虹吸原理在生活中的应用。

3.培养幼儿的合作意识，激发幼儿探究兴趣，提升幼儿分析问题和解决问题的能力。

活动准备：

材料准备：PPT、颜料水、大号透明塑料杯、长软管、水盆、大积木块、抹布。

经验准备：幼儿有软管玩水的经验。

★安全事项：水洒落在地面可能导致幼儿滑倒，教师要注意观察和及时处理。

活动过程：

一、谜语导入，切入主题

教师：小朋友们，今天老师带来了一个谜语：“一物生得奇，脏了不能洗，越洗越有泥。”请你们猜

---

* 作者：王胜男，兴城市第一幼儿园。

一猜谜底是什么？（谜底：水）

小结：小朋友们很聪明，我们的生活离不开水，水不仅是生命之源，它还有许多秘密，今天我们一起探究虹吸现象，让我们再次跟水玩起来吧！

二、展示现象，为幼儿建立直观感知

教师根据收集资料，通过 PPT 为幼儿展示给鱼缸换水、虹吸式马桶、虹吸排水系统、虹吸式咖啡壶、医院洗胃装置等虹吸原理在社会生活中的应用。

如果条件允许，教师可以提前准备好上述虹吸实验演示材料，现场为幼儿展示虹吸现象，使幼儿更直观感知虹吸现象，加强幼儿对活动内容的兴趣。

三、探究实验，动手制作虹吸水流运输装置

教师为每组分发 1 瓶颜料水、2 个大号透明塑料杯、1 根长软管和 1 块抹布，为幼儿介绍上述活动材料的作用，同时将水盆里装入半盆水作为幼儿共用水源（可将颜料水滴入水盆中，为水上色，便于幼儿观察）。

教师为幼儿展示实验过程，请幼儿注意观察，不特意、过多讲解实验细节，给幼儿留下实验探究空间。

幼儿根据教师提供的材料，尝试设计虹吸装置，使水流从一个塑料杯流入到另外一个塑料杯。

教师巡视，注意观察幼儿的行为，听取他们的谈话内容，适时提供支持和引导。

教师引导幼儿的提问：

✧ 教师展示虹吸现象的时候，长软管里提前灌注的有水吗？

✧ 长软管里不灌注水，能产生虹吸现象吗？

✧ 长软管里需要灌注多少水，才能产生虹吸现象？

✧ 水流停止的时候，液面高度一样吗？

幼儿交流、展示，说说自己是怎么做的？结果怎么样？有什么发现？改进办法是什么？

四、增加难度，增加趣味性，升级虹吸水流运输装置

教师提问：你们可以利用虹吸原理，将一个塑料杯中的水全部吸入另外一个塑料杯中吗？

教师为幼儿分发大积木，鼓励幼儿探索。

教师巡视，注意观察幼儿的行为，听取他们的谈话内容，适时提供支持和引导。

教师引导幼儿的提问：

✧ 你是如何做到的？

✧ 积木块有什么作用？

✧ 长软管中水流的速度有变化吗？

幼儿基本完成活动任务之后，教师请幼儿介绍做法，同组幼儿补充。

活动评价：

无效果	不理解虹吸现象，没有参加探究活动
初见成效	尝试用软管吸水，但没有成功，缺乏探究精神，活动中以观望为主，不爱发表意见
基本掌握	参加活动，成功实现利用虹吸原理吸水，对虹吸现象有兴趣，提出一两个虹吸相关的问题
完全掌握	积极探究如何利用虹吸原理吸水，经过不断尝试，成功地将一个塑料杯中的水完全吸到另外一个杯中，对虹吸现象充满好奇心，希望了解虹吸原理的秘密

家园共育：

1.在幼儿洗澡或者玩水的时候，为幼儿提供软管，鼓励幼儿玩虹吸排水的游戏。

2.喝牛奶的时候，家长鼓励幼儿用吸管将牛奶分一部分给妈妈或爸爸。

魔力抽水机*

活动由来：

幼儿喜欢玩水，与水相关的科学现象会强烈地吸引他们的好奇心。虹吸原理在生活中有很多应用，例如坐便式抽水马桶、给鱼缸换水等。为了让幼儿在生活事物和现象中积累有益的直接经验和感性认识，教师设计了此活动。

活动目标：

1.感知虹吸现象，利用虹吸原理抽水。

2.感受科学的神奇，激发幼儿的好奇心和探究欲望。

3.提升幼儿的动手操作能力和合作能力，增加幼儿语言理解能力。

活动准备：

材料准备：弯头塑料吸管、长塑料软管、透明塑料杯、水、红黄蓝儿童色素、搅拌棒、大积木块、鱼缸、虹吸相关视频。

经验准备：知道水可以流过塑料软管，知道抽水机的作用，知道空气的存在。

★安全事项：水洒落在地面可能导致幼儿滑倒，教师要注意观察和及时处理。鱼缸不能使用玻璃鱼缸，不能高置，防止意外伤害。

活动过程：

一、设疑导入，展示魔力抽水机

教师在 1 个透明塑料杯中加入 9 成水，滴入红色色素搅拌，另外一个透明塑料杯并列空置。

教师：老师这里有一杯水，要平均分到两个杯中，你们有到什么办法吗？

幼儿思考、发言，教师鼓励幼儿实际操作，展示和验证其方案。

教师：老师这里有一个方法，不用老师动手，只要把这个魔力抽水机（出示弯头塑料吸管）放入杯中，就可以实现平均分水啦！

在幼儿怀疑和期待中，教师利用虹吸原理，展示水从一个水杯被抽到另外一个水中。

二、动手操作，感受和探究魔力抽水机

1.杯水平分。

教师为幼儿分发弯头塑料吸管、透明塑料杯、红黄蓝儿童色素和搅拌棒，在杯中加入 9 成水，鼓励幼儿模仿和尝试制作魔力抽水机，实现杯水平分，即两个水杯中水量一样。

教师巡视，注意观察幼儿的行为，听取他们的谈话内容，适时提供支持和引导。

教师引导幼儿的提问：

✧ 往吸管中灌入水，吸管中原来的什么被赶出去了？

✧ 吸管魔力吸水的高度跟什么相关？

教师鼓励幼儿参观同伴的实验成果，鼓励幼儿交流讨论。

2.颗粒归仓。

在幼儿“杯水平分”取得进展后，教师提出新任务：能否实现颗粒归仓？即将一个杯中的水全部抽到另外一个杯中？

教师为幼儿分发大积木块和长塑料软管，并巡视，提供支持和引导。

---

* 作者：柳静云，长春市人民政府机关第三幼儿园。

教师引导幼儿的提问：

✧ 为什么要用积木块垫高一个塑料杯？

✧ 如果把两个塑料杯都垫高，会实现颗粒归仓吗？

✧ 你能在不垫高塑料杯的条件下实现“颗粒归仓”吗？（降低另外一个杯子的高度）

✧ 长塑料软管和弯头塑料吸管抽水的速度有区别吗？

教师鼓励幼儿参观同伴的实验成果，鼓励幼儿交流讨论。

在幼儿基本完成上述 2 个探究魔力抽水机活动之后，教师请幼儿展示和介绍自己的做法。

三、任务驱动，模拟鱼缸换水

教师提出生实际活中的任务：鱼缸里的水每周都要换一次，特别麻烦，小朋友能用魔力抽水机来给鱼缸换水吗？幼儿分组设计方案，然后验证方案是否可行。

鱼缸换水方案

我设计的鱼缸换水方案：
验证结果：  成功  失败

教师请幼儿说明设计方案，展示操作过程，评选出班级最佳方案，并给予奖励。（后继，教师可以坚持让幼儿使用虹吸方案为鱼缸换水）

四、生活应用，感受科技改变生活

教师为幼儿播放生活中利用虹吸原理服务生产、生活的视频，例如虹吸式马桶、虹吸滤池、虹吸排水系统、虹吸式咖啡壶等，使幼儿感受科服务生活，激发幼儿不断探究科学现象的欲望。

活动评价：

无效果	对虹吸抽水活动没有兴趣，不参加活动
初见成效	在教师的引导下参与活动，偶尔尝试几次即停止，主动性差，观看其他幼儿活动，很少发表意见，有一定的好奇心
基本掌握	参加活动，参与幼儿交流和讨论，能实现“杯水平分”，对虹吸抽水机有好奇心，提出一两个相关问题
完全掌握	积极参与活动，多次尝试，成功实现“杯水平分”和“颗粒归仓”，成功为鱼缸换水，对虹吸抽水机充满好奇，提出问题，希望能更多、更深入了解虹吸抽水机

家园共育：

1.家长鼓励幼儿在家中继续尝试虹吸抽水机，例如给鱼缸换水、把水槽的水抽到拖把桶里等。

2.家长为幼儿讲解农业灌溉中虹吸原理的应用。

资源推荐：《101 个神奇的实验》。

我与水车的亲密接触*

活动由来：

幼儿有强烈的好奇心和求知欲。他们经常在影视和图书中看到古代水车工作的场景，他们惊叹古人的智慧，好奇水车是如何自动汲水的。幼儿园新进了简易水车装置，借此机会，教师设计了此活动。

活动目标：

1.感知水车的工作过程，探索水车的工作原理。

2.尝试计算水车的汲水量，发展数学能力。

3.科学与社会融合，激发幼儿的民族自豪感。

活动准备：

材料准备：水车介绍视频、水车演化视频、古代中国农业文明和当代水利工程视频、自制水车（含水池）、计时器、活动记录单、彩笔。

经验准备：能手口一致地点数，会简单的摇动。

活动过程：

一、视频导入，感知水车

教师播放水车介绍视频，引导幼儿观看，帮助幼儿建立对水车的直观感知。

在展示水车关键工作原理的视频画面，教师暂停视频，引导幼儿注意观看。

二、现场教学，感受水车

教师带领幼儿来到幼儿园自制水车现场，指引幼儿感知视频中的内容，进行现场教学。

教师鼓励幼儿分组玩水车，发现水车是如何工作的。

教师巡视，注意观察幼儿的行为，听取他们的谈话内容，适时提供支持和引导。

教师引导幼儿的提问：

✧ 水车工作的关键部位是哪些？

✧ 水车是如何把低处的水汲取到高处的？

✧ 水车有几个水斗？它们分布的角度是怎么样的？

✧ 水车转动的速度是受哪里控制的？

当幼儿基本都完感知后，教师请幼儿交流自己的发现。

三、活动升级，驾驭水车

幼儿对水车熟悉之后，教师可以提出如下问题，促进幼儿探究的深入：

✧ 以目前转速，1分钟可以汲取到多少水斗的水？（教师提供计时器）

✧ 如何在1分钟内，汲取到更多的水？

✧ 如何改良水车，使水能运送到更高的地方？

幼儿感受水车，驾驭水车

教师请幼儿猜想、验证和思考，然后交流自己的方案和依据。

四、展示成果，激发热情和豪情

教师带领幼儿返回活动室后，幼儿完成活动记录单内容，然后进行交流和展示。大家对水车设计方案

---

* 作者：王骞骞，山东省滨州市高新区小营中心幼儿园。

提出问题和意见。

教师播放古代水车演化视频、古代中国农业文明和当代水利工程视频，激发幼儿的民族自豪感和科学探究的热情。

活动记录单（示样）：

水车有几个水斗？		
1 分钟可以汲取到多少水斗的水？	猜想：	实际：
如何在 1 分钟内， 汲取到更多的水？		
我设计的水车		

活动评价：

无效果	对水车活动没有兴趣，不参加活动
初见成效	观看视频，初步了解水车的结构和工作方式，没参加升级活动，不爱发言和交流
基本掌握	参加活动，感知和感受水车，能完成部分升级活动中的问题，设计了简单的水车
完全掌握	积极参加活动，积极感受水车，对水车的工作充满好奇心，提出水车如何工作的相关问题，具有较好的数学认知，尝试设计出了更高效的水车

家园共育：

1.亲子出游时，家长带孩子参观或接触实际的水车。

2.家长为幼儿讲解古代中国治水、汲水相关的故事。

晾晒果干*

活动由来：

秋天是个美丽的季节，秋天是个收获的季节。秋天的一个户外活动中，小朋友们发现墙角的南瓜被晒干了，制作更多果干的提议被提出，并很快得到了小朋友们的响应。由此，晾晒果干活动开始了！

活动目标：

1.探究什么条件下容易形成果干，建立幼儿对水分蒸发的感知。

2.引导幼儿通过观察、比较、测量、操作、实验等方法，发现物体的变化。

3.感受劳动和分享的快乐。

活动准备：

材料准备：多种晾晒容器、各种水果（自带和园内采摘）、儿童塑料水果刀、切菜板、塑料直尺、电

* 作者：王芬，中国人民解放军总医院幼儿园。

子秤、活动记录单、彩笔。

经验准备：认识多种水果，会使用儿童塑料水果刀和直尺。

★安全事项：教师需留意是否有幼儿对某种水果过敏，水和果干洒落在地面时可能导致幼儿滑倒，教师要注意观察和及时处理。

活动过程：

一、自选容器，自选水果，开始活动

教师允许幼儿自带、自选晾晒容器，自选水果，不否定任何幼儿的选择。幼儿按组活动，洗水果、切水果，开始行动。（按组活动便于幼儿对晾晒结果进行组内和组间的比较。）

教师巡视，注意观察幼儿的行为，听取他们的谈话内容，适时提供支持和引导。

教师引导幼儿的提问：

✧　这种容器有什么优点？有什么缺点？

✧　你觉得哪种水果含水量少？哪种水果含糖量高？

✧　水果切得薄厚对晾晒时间有影响吗？

✧　水果切得长短对晾晒时间有影响吗？

教师鼓励幼儿进行交流和讨论，组织幼儿发言说明自己的观点。

二、自选晾晒地点，自选晾晒方式，开始晾晒果干

在安全和不妨碍别人的前提下，教师允许幼儿自选晾晒地点，自选晾晒方式。

教师引导幼儿的提问：

✧　水果为什么会变干？

✧　哪个地点的光照时间更长？

✧　哪个地点的通风更好？

✧　哪种摆放方式可以让水果更充足地晒到太阳？吹到风？

✧　你为什么选择这个地点？

✧　小组内，你觉得谁的水果会干得快？

✧　水果里的水分去哪里了？

教师安排幼儿完成活动记录单内容。

幼儿自选晾晒地点和方式

三、观察、记录水果的变化

教师叮嘱幼儿每隔2~3天观察、记录一次水果的变化。

教师鼓励幼儿观察其他幼儿水果的变化情况。

教师引导幼儿的提问：

✧　你的水果有什么变化？（大小、颜色、厚薄等）

✧　干得最快的水果是哪片？为什么是这片水果？

✧　你的水果比别人干得快，还是慢？为什么？

✧　班级里有小朋友的水果腐烂了吗？

教师安排幼儿完成活动记录单内容。

四、体验成果，收获喜悦

水果晾晒干后，教师请小朋友品尝果干，请小朋友尝试泡果茶（注意温水泡，防止烫伤），感受劳动的成果和喜悦。

教师请小朋友相互品尝对方的果干，用对方的果干泡茶，体会分享的快乐。

教师引导幼儿的提问：

✧ 水果为什么变得越来越干了？

✧ 水果干之前和干之后，闻起来、吃起来、看起来、摸起来有什么不同吗？

✧ 劳动是辛苦的，还是喜悦的？

✧ 分享让你吃（喝）到了更多的果干，还是更少的果干？

五、交流分享，总结提升

教师带领幼儿总结影响晾晒果干效果的因素，包括：水果的含水量、切得厚薄、光照时间、光照强度、水果光照面积、通风时间、通风强度、水果通风面积等。

教师鼓励孩子尝试用观察、比较、测量等方法，继续发现物体的变化。

教师鼓励幼儿将自己的劳动果实分享给家人、其他教师和小朋友等。

主题环境创设（墙饰）

活动记录单（示样）：

第 1 天观察记录	水果形态		直径		重量	
第 3 天观察记录	水果形态		直径		重量	
第 5 天观察记录	水果形态		直径		重量	
第 7 天观察记录	水果形态		直径		重量	

活动评价：

无效果	不参加活动，对活动无兴趣
初见成效	选择容器，切水果，晾晒水果，参与制作果干
基本掌握	将水果放在有阳光的地方晾晒，意识到阳光和风可以加快晾晒果干
完全掌握	知道 3 种及以上影响水果晾晒速度的原因，并加以利用

家园共育：

1.请家长品尝幼儿晾晒的果干，并给予大大的表扬。

2.尝试将幼儿晾晒的果干泡成果茶，请幼儿观察泡茶果茶过程中果干的变化，并品尝果茶。

3.可以亲子一起制作果脯。

水宝宝去哪了*

活动由来：

水是生命之源。夏天天气炎热，小朋友在为植物区植物浇水后不到两天就发现水没有了，于是有小朋友发问了：水去哪里了？跟随着幼儿关心的问题，教师设计了此活动。

活动目标：

1.使幼儿感知水的蒸发和冷凝变化，初步了解自然界中水的循环过程。

2.支持和鼓励幼儿大胆联想、猜测问题的答案，并设法验证。

活动准备：

材料准备：绿叶、湿抹布、酒精灯、支架、烧杯、玻璃片、黑板、水。

经验准备：幼儿为花草树木浇过水。

★安全事项：酒精灯、加热水和点燃酒精灯必须在教师高度注意安全的状态下进行，防止幼儿触碰。

活动过程：

一、提出问题

教师：有小朋友说给植物浇的水总是不见了，你们觉得发生了什么情况？水去哪里了？

幼儿各抒己见，一种观点说水被植物喝了，另外一种观点是水蒸发了，跑到空气中了。

教师抓住幼儿的答案问：你们有什么方法证实自己的猜想吗？

幼儿思考，寻找答案。

二、探究问题——蒸发实验

教师提议：我们用湿抹布和树叶在黑板上写下同一个数字，观察字的变化吧！

两个幼儿分别持湿抹布和树叶在黑板上写下同一个数字。

教师：大家注意观看数字，看看数字有没有什么变化？

教师引导幼儿的提问：

✧　黑板上的字清晰吗？现在是什么状态？

✧　你看到黑板上的字有变化吗？哪里变化了？

当字基本消失的时候，教师请幼儿交流：水去哪里了？一致得出结论：水蒸发了，跑到空气中了。

教师请幼儿继续交流：生活中你还见过哪些水蒸发的现象？教师注重调动每个幼儿的积极性，鼓励幼儿大胆地说出自己的答案。

三、探究问题——冷凝实验

教师继续提问：如果水分是蒸发了，那小朋友不断浇水，水不断地跑到空气中去，最后我们地球上岂不是没有水啦？没有水会渴死的！

幼儿表情严重，想要赶快解决地球上水的问题。

有幼儿说到了下雨。教师抓住这个答案问：雨是怎么形成？

在幼儿一通讨论之后，教师出示实验器材，为幼儿演示雨的形成过程。

教师搭建好实验装置，点燃酒精灯，很快烧杯里面的水开了。

教师引导幼儿的提问：

✧　大家看，水变成了什么？

---

* 作者：齐高飞，滨州高新技术产业开发区小营街道中心幼儿园。

✧ 水蒸气去哪里了？你们还看得到吗？

✧ 烧杯下面的火，是不是很象夏天很热的天气，让水蒸发得很快？

✧ 把手伸在烧杯口上面，你能感觉到什么？

待幼儿观察、感受一会儿后，教师将玻璃片放在烧杯口的上面。

教师引导幼儿的提问：

✧ 大家看，玻璃片上有什么变化吗？

✧ 玻璃片上的水是从哪里来的？

✧ 水珠是慢慢变大吗？

✧ 当水珠很大的时候，水珠发生了什么现象？

教师引导幼儿实验验证水变成水蒸气

教师总结：水遇热变成水蒸气跑到了空气中，当水蒸气遇冷后又变回了水，在自然界就是下雨了，这样地球上就又有水啦。

四、活动总结

小朋友们很棒，自己发现了问题，并主动找寻答案，我们集体通过实验来验证了我们答案，小朋友们可以继续提出自己的小问号，继续探究答案。

水是生命之源，是世界上最宝贵的一种资源。2023 年，根据联合国教科文组织和联合国水机制发布的《联合国世界水发展报告》中指出，全世界有 20 至 30 亿人身处缺水困境，我们要珍惜水。

活动评价：

无效果	对活动不感兴趣，基本上不参加活动
初见成效	被教师的实验所吸引，观看活动的进展，但不爱发表意见
基本掌握	参与实验，知道了水的蒸发和冷凝过程
完全掌握	主动参与实验，积极探究，大胆表述自己的猜想和答案，理解了水的蒸发和冷凝，知道了自然界水的循环

家园共育：

1.家长鼓励幼儿参与晾晒衣服，持续观测衣服由湿到干的过程。

2.家长协助幼儿将一个塑料袋套在家庭种植的花草上，鼓励幼儿持续一天观测塑料袋上水分的变化。

3.家长通过地球仪等为幼儿讲解地球上水资源的现状。

资源推荐：童话故事《小水滴旅行记》。

保护水资源*

活动由来：

水是生命之源，是构成人体组织的重要部分。中国地表水资源污染严重，地下水资源污染也不容乐观。《3—6 岁儿童学习与发展指南》指出："引导幼儿关注和了解自然、科技产品与人们生活的密切关系，逐渐懂得热爱、尊重、保护自然。"为此，教师设计了此活动。

活动目标：

1.感受水的重要性，初步建立节约用水和保护水资源的意识。

2.探讨节约用水、保护水资源的方法，养成良好的生活习惯。

活动准备：

材料准备：饼干、地球仪、透明塑料杯（含加盐饮用水）、透明塑料杯（含纯净水）、瓶装厨房污水、瓶装洗手池污水、瓶装泥浆水、瓶装化工污水、水污染图片、活动记录单、彩笔。

经验准备：见过小区、河流或下水道等处的污水，知道地球仪、地球、大海。

★安全事项：水洒落地面可能导致幼儿滑倒，教师要注意观察和及时处理。

活动过程：

一、感知水的重要性

上午加餐的时候，教师将原来的鸡蛋糕、水果、牛奶等改为饼干，为幼儿分发饼干却不提供牛奶、饮用水等，让幼儿干吃饼干，并适当鼓励幼儿多吃点，深刻感受干渴难咽。然后教师为幼儿提供饮用水，待幼儿喝水之后，教师提问，幼儿回答和交流。

教师引导幼儿的提问和评论：

✧　有水喝的感觉怎么样？

✧　没有水喝的感觉怎么样？

✧　你觉得水重要吗？举例说说。

教师总结：水是人类赖以生存所必需的物质之一，也是人体内含量最多的成分，人体内一半以上是水分（约占到体重的 65%）。没有水，人类会灭亡。

二、感知水资源的短缺

教师为每组发放一个地球仪，告知幼儿地球仪是地球缩小的模型。请幼儿观看地球仪，发现蓝色区域，告知幼儿蓝色区域是大海；请幼儿查找陆地中蓝色的区域和线条，告知幼儿那是地球上的淡水资源。

教师引导幼儿的提问：

✧　地球上，大海的面积大还是陆地面积大？

✧　地球上，淡水资源多吗？

✧　人口渴了，可以直接喝海水吗？

✧　陆地上的淡水资源都可以饮用吗？

教师请幼儿交流自己看到的水资源情况和对水资源的认识。

教师总结：地球上绝大部分水是海水，人类无法直接饮用，人类能饮水的水资源非常少，非常短缺。

教师请每个幼儿端走一个透明塑料杯（含加盐饮用水），告诉幼儿杯子里面是模拟海水，可以品尝一下，然后交流一下品尝模拟海水的感觉，加深幼儿对海水的感知，对水资源短缺的感知。

---

* 作者：刘亚慧，长春市人民政府机关第三幼儿园。

三、感知污水

教师为每组发放一个透明塑料杯（含纯净水）、一瓶瓶装厨房污水、一瓶瓶装洗手池污水、一瓶瓶装泥浆水和一瓶瓶装化工污水，告知幼儿哪个是人们饮用的纯净水，哪些是不可以饮用的污水，请幼儿感知纯净水和污水的不同，并将不同的水画到活动记录单中。

教师引导幼儿的提问：

✧ 这些水看起来有什么不一样？

✧ 打开瓶盖闻一闻，你能闻到什么？

✧ 你愿意用这样的污水洗手（洗澡、做饭等）吗？

✧ 这样的污水可以用来洗衣服（拖地、浇花等）吗？

✧ 你愿意生活在充满污水的世界吗？

教师请幼儿交流自己对上述几种水的感知和感想。

教师总结：人类不科学的生活和生产导致水中有害化学物质增多，并且往往散发出难闻气味，使水不适合人类和动植物使用。水污染不仅加剧了可用水资源，而且毒害了环境和生物，包括人类。

四、如何保护水资源

教师播放水污染图片，例如漂浮垃圾的河流、大海里死的鱼、污水的排放、污水河等，鼓励幼儿说一说自己的感受，以及如何保护水资源。

幼儿将保护水资源的方法画到活动记录单中。

活动记录单（示样）：

纯净水	厨房污水	洗手池污水	泥浆水	化工污水
保护水资源的方法：				

活动评价：

无效果	没有兴趣，不参加活动
初见成效	参加感知水的重要性活动，偶尔尝试参加其他活动，观看其他幼儿活动，很少发表意见，对水资源保护有一定的好奇心
基本掌握	参加活动，参与幼儿交流和讨论，对活动有好奇心，提出一两个水相关的问题
完全掌握	积极参与活动，倾听教师讲述，提出水相关的问题，积极提出保护水资源的办法，对如何保护水资源充满好奇心和探究欲望

家园共育：

1.亲子制作保护水资源的宣传海报。

2.亲子外出时，家长有意带领幼儿观察周围水资源的状况。（家长陪同，注意安全）

资源推荐：绘本故事《水、我们、世界》。

第四部分 物理

我们时时刻刻生活在物理的世界中，幼儿时时刻刻感受着物理的魅力！幼儿的小问号，大多与物理密切相关！

声音是如何产生的？声音在哪里？我们如何与幼儿谈论声音？

光有哪些变化？光有哪些好玩的游戏？蕴含哪些科学奥秘？如何通过活动让幼儿享受探究的乐趣？

颜色在哪里？丰富多彩的颜色是如何产生的？如何控制颜色变化？

磁铁具有哪些性质？摩擦力能否帮助“鸡蛋宝宝”站立起来？建构中如何垒高高？

数不胜数的问题……

作为教师、家长，不用担心这些问题的科学知识和原理，跟随我们一起带领幼儿享受科学探究的过程，我们会告诉你解决方案，让我们一起培养幼儿的好奇心吧！

作为教师、家长，让我们像幼儿一样尽情参与探究活动，与孩子一起分享探究的喜悦，一起引导孩子从一个问题走向更多的问题，从一个活动引申出更多的活动！

声音在哪里*

活动由来：

动画片《咕咚来了》将幼儿带入了声音的世界，他们开始对生活中的声音充满好奇，开始去寻找、发现自己身边的声音，利用幼儿的好奇心，教师生成了此活动。

活动目标：

1.尝试使不同的材料发出声音，并判断发出声音的部位。

2.鼓励幼儿使用听觉去判断物体，享受探索的乐趣。

活动准备：

材料准备：音频、安全铁盒、纸盒、塑料瓶、黄豆、A4 纸、餐巾纸、塑封纸、纸杯、塑料杯、木棒等。

经验准备：听过《咕咚来了》的故事，知道空气的存在。

★安全事项：所有材料不要出现能划伤幼儿的地方。告知幼儿不可食用黄豆或把黄豆含在嘴里。

活动过程：

一、魔术导入

教师提前准备好声音相关的音频文件。

教师：魔法时间到了，请大家听好魔术师的指令“巴拉巴拉，变！”音频文件随即响起，音箱里播放出拍手、跺脚、微笑、哭泣等声音片段，教师提示幼儿跟着声音做表演。

声音播放完毕之后，教师向幼儿提问：声音是从哪里发出来的？你是怎么知道这些声音表达的意思的？引发幼儿注意使用耳朵，并根据生活经验判断声音内容。

二、制造声音

教师为幼儿分发所有材料，鼓励幼儿尝试用这些材料制造出声音。

幼儿自主尝试，教师巡视，注意观察幼儿的行为，听取他们的谈话内容，适时提供支持和引导。

教师引导幼儿的提问：

✧ 你是如何使物体发出声音的？

✧ 哪些方式可以使物体发出声音？

✧ 两个物体碰撞或摩擦能发出声音吗？

✧ 一个物体自己能发生声音吗？

✧ 物体可以跟空气产生声音吗？

✧ 你能控制产生声音的大小吗？

幼儿基本完成尝试或者兴趣减弱的时候，教师请幼儿交流，说说自己的方法、结果和碰到的问题，教师引导幼儿发现解决问题的方法或师幼群策群力帮助幼儿解决问题。

三、判断声音

教师公布新的游戏规则：幼儿两两组合，一个幼儿发出声音，另外一个幼儿闭上眼睛听，然后判断是什么物体发出的声音，或者是物体的哪个部位发出的声音。判断完之后睁眼确认答案。幼儿可以互换角色。

教师引导幼儿的提问：

✧ 这些声音听起来像什么？

✧ 你判断的依据是什么？

---

* 作者：郭伟，中国人民解放军总医院幼儿园。

幼儿基本完成尝试或者兴趣减弱的时候，教师请幼儿交流，说说声音的重要性和我们如何从声音中获得信息。

活动评价：

无效果	没有参加活动，对制造和寻找声音不感兴趣
初见成效	能够通过敲、打制造出声音，但不爱发表意见，不能区分类似的声音
基本掌握	喜欢参加制造声音的活动，通过自己的方式制造出多种声音，并可以分别出来它们是不一样的，爱发表意见
完全掌握	积极参与活动，积极动脑回答问题，可以将几种材料组合制造出多种声音，能够辨别声源的方向和位置，对活动充满乐趣，对不同的声音充满好奇心

家园共育：

1.家长引导孩子关注周围环境中的声音，如家中的电话铃声、路上的汽车声、小朋友唱歌声等，判断声音发出的方向和位置。

2.帮助幼儿养成不挖耳朵的习惯，知道要保护耳朵。

资源推荐：故事《咕咚来了》，科学故事《蝙蝠飞行的奥秘》。

会跳舞的盐*

活动由来：

新生入园，很多行为需要规范，但很多时候幼儿并不理解教师的要求，并没有认识到自己的错误，例如有些孩子喜欢大声喧哗，有的幼儿发出刺耳的噪音，并以此为乐。幼儿园参加了科学启智课题研究后，幼儿科学探究的兴趣高涨。为了让幼儿亲眼“看见”噪音，理解教师的要求，教师设计了本次活动。

活动目标：

1.发现声音越大，小盐粒跳动得越高。

2.发现好听的声音和音乐，小盐粒跳动得也比较有节奏。

3.明白不大声喧哗，不制造噪音。

活动准备：

材料准备：纸盒、保鲜膜、橡皮筋、盐粒、小勺、鼓、三角铁。

经验准备：知道盐粒是什么样子的。

活动过程：

一、谜语导入，激发幼儿探究欲望

教师：今天老师给你们带来了一件好玩的东西，你们猜猜这个谜语：白白一片似雪花，落下水中不见它。单独吃它会皱眉，不吃它时活不下。（打一佐料）孩子猜到谜底后，教师展示实物，请幼儿观看。

教师继续导入活动内容：今天，盐说它会跳各种舞蹈！如果小朋友对它温柔地说话，它就跳温柔的舞蹈；如果小朋友对它大喊大叫，它就只会跳暴躁的、乱七八糟的舞蹈！小朋友们来测试一下吧！

二、幼儿动手，搭建盐的舞台

教师为幼儿分发纸盒、保鲜膜、橡皮筋、盐粒和小勺，为幼儿演示搭建方法，幼儿模仿操作。

---

* 作者：杨莹莹、王雷，开原市中心幼儿园。

1.将保鲜膜覆盖在纸盒的一端开口处，扯平拉紧，用橡皮筋捆扎，防止脱落。

2.用小勺取一勺盐，轻轻地撒在保鲜膜上。

3.观察保鲜膜上的盐，并将观察到的盐的状态画到活动记录单中。

三、轻声悦耳的声音，盐会跳出怎样的舞蹈？

教师为幼儿分发鼓和三角铁。

1.幼儿尝试对着盐轻声敲鼓，观察盐的状态，并画到活动记录单中。

2.幼儿尝试对着盐轻声敲击三角铁，观察盐的状态，并画到活动记录单中。

3.幼儿尝试对着盐轻声说话，观察盐的状态，并画到活动记录单中。

幼儿总结和交流：当我们轻声悦耳地发出声音，盐会跳出怎样的舞蹈？盐开心吗？

四、大喊大叫、暴躁声音，盐会跳出怎样的舞蹈？

1.幼儿尝试对着盐重重地、杂乱地敲鼓，观察盐的状态，并画到活动记录单中。

2.幼儿尝试对着盐重重地、杂乱地敲击三角铁，观察盐的状态，并画到活动记录单中。

3.幼儿尝试对着盐大声地、杂乱地说话，观察盐的状态，并画到活动记录单中。

幼儿总结和交流：当我们大喊大叫，暴躁地发出声音，盐会跳出怎样的舞蹈？盐开心吗？

五、活动总结

盐会跟随声音跳舞。轻声悦耳的声音会让盐跳优美的舞蹈，大喊大叫、暴躁声音会让盐舞步错乱，跳出乱七八糟的舞蹈。在日常生活中，小朋友要轻声说话，发出悦耳的声音，其他小朋友会像盐一样喜欢这种声音。反之，大喊大叫、暴躁的声音会吓着小朋友，大家都不喜欢这种声音。

活动记录单（示样）：

盐的原始状态	轻声敲鼓	轻声敲击三角铁	轻声说话
	重重、杂乱地敲鼓	重重、杂乱地敲击三角铁	大声、杂乱地说话

活动评价：

无效果	没有兴趣，不参与活动
初见成效	能参与搭建盐的舞台，观看盐和盐跳舞
基本掌握	能发出声音，使盐跳舞
完全掌握	能通过声音大小来控制盐粒跳舞的强弱

家园共育：

1.亲子在家中继续玩本活动。

2.亲子在家中和生活中，共同遵守适度音量，不制造噪音。

声音在跳舞[*]

活动由来：

幼儿喜欢通过敲击、拍打等方式制造各种各样的声音，并且乐在其中，乐此不疲。幼儿经常问及声音是如何产生的这样一个抽象问题，为了使幼儿直观形象地理解声音的产生，教师设计了此活动。

活动目标：

1.通过科学实验使幼儿感知声音是由振动产生的。

2.使幼儿体验科学探索的乐趣，激发其好奇心与探究欲望。

活动准备：

材料准备：塑料直尺（20 厘米以上）、口杯、保鲜膜、橡皮筋、食用盐、小勺、活动记录单、彩笔。

经验准备：不需要特殊经验准备。

活动过程：

一、亲身经历，感知发音器官的振动

教师请小朋友将手贴在喉咙处，并发出“啊……”的音。

教师引导幼儿的提问：

✧ 发音的时候，你的手感觉到了什么？

✧ 不发音的时候，手会有振动的感觉吗？

✧ 如果发音再大一些，你感觉到了什么不一样吗？

待幼儿基本都尝试过，兴趣减弱的时候，教师结束该活动，并请幼儿交流自己的感受。

教师总结：发音的时候，手会感觉到振动。音量越大，振动越强烈。

二、可视化操作，感知声音的产生

教师为每组或每两个幼儿发放一把塑料直尺。

教师提出问题：不使用敲击、拍打等方式，能否让直尺发出声音？

教师给予幼儿思考时间，并鼓励幼儿根据自己的想法进行尝试。

教师展示直尺发出声音的方法：一只手将直尺紧紧地按在桌子边缘，另外一只手抬起直尺的一端，然后松手，直尺就会上下振动，发出声音。

幼儿尝试，教师巡视，注意观察幼儿的行为，听取他们的谈话内容，适时提供支持和引导。

教师引导幼儿的提问：

✧ 直尺发出的声音有什么规律或特点？

✧ 直尺是怎么运动的？

✧ 直尺露出桌面的长短对声音有影响吗？

✧ 直尺发出的声音为什么越来越小？

待幼儿基本都完成操作或兴趣减弱的时候，教师结束该活动，并请幼儿交流自己的感受。

教师总结：直尺上下振动产生了声音。振动幅度越大，音量越大，反之音量越小。

三、趣味实验：声音在跳舞

教师请每位幼儿取出自己的在幼儿园喝水的不锈钢口杯，为幼儿发放保鲜膜和橡皮筋，请幼儿将一张保鲜膜覆盖在口杯口上，然后用橡皮筋扎紧。

---

[*] 作者：曹月，指导教师：冯月侠，中国人民解放军总医院幼儿园。

教师出示食用盐，提问：如果将食用盐撒在保鲜膜上，然后对着保鲜膜说话，盐会跳舞吗？

幼儿进行猜想，并将猜想结果记录到活动记录单中。完成之后，教师将食用盐和小勺发给幼儿，请幼儿自行实验。

教师注意观察幼儿行为，听取他们的谈话内容，适时提供支持和引导。

教师引导幼儿的提问：

✧ 你看到了什么？

✧ 盐为什么会动？

✧ 如何让盐跳得更高一些？

✧ 说话声音的大小跟盐跳的高度有关系吗？

✧ 我们耳朵是如何听到大小不同的声音的？

待幼儿基本都尝试过，教师请幼儿进行实验演示，并说明自己观察到的结果和原因。

教师总结：声音是由物体振动产生的，人的声音主要是由于声带的振动产生的。声音能使盐粒跳舞，声音大，盐粒跳得高；声音小，盐粒跳得低；没有声音，盐粒就不跳舞了。

活动记录单（示样）：

猜想：盐会跳舞吗？	 会  不会
验证：盐会跳舞吗？	 会  不会
小声说：“啊……” 盐跳舞的样子	
大声说：“啊……” 盐跳舞的样子	

活动评价：

无效果	没有参加活动，对声音的活动内容不感兴趣
初见成效	在教师的指导下参与活动，但不投入，时断时续，以模仿别的幼儿为主
基本掌握	参与活动，完成活动内容，提出自己的问题和意见，对声音有一定的好奇心
完全掌握	积极参与各项声音探索活动，敢于尝试不同的实验方法，提出自己的问题，分享自己的观点，对声音探索充满兴趣，希望探究更多的声音现象

家园共育：

1.鼓励幼儿回家后，亲子动手，用纸盒和皮筋制作一个可以弹出声音的琴，可以是二弦、三弦或四弦，能感受到振动就好，开心就好。

2.鼓励幼儿在同样的玻璃杯中装入不同的水，然后用筷子敲击这些玻璃杯的杯口，听声音。

翩翩起舞的千纸鹤*

活动由来：

科学小实验是幼儿感知世界，获得科学经验的重要途径。幼儿对科学小实验兴趣浓厚，在实验中，幼儿通过试一试、做一做、玩一玩经历了科学探究过程，获得了科学感知，体验了愉悦的科学过程。班级正在进行声音主题的科学探究，为了让孩子直观体验声音的传播，教师设计了此活动。

活动目标：

1.初步感知声音的传播，知道声音传播会产生振动。

2.发展幼儿动手操作能力和观察能力。

3.进行艺术和科学的融合教育，使幼儿体验科学的快乐。

活动准备：

材料准备：纸杯、吸管、彩纸、彩笔、儿童剪刀、棉纸胶带。

经验准备：有一定的折纸基础，最好能折千纸鹤。

活动过程：

一、激情导入，点燃兴趣

教师：小朋友们，老师折了一只千纸鹤，并给它穿上了漂亮的花衣服，神奇的是：当我把千纸鹤放到纸杯上，对它大声说话的时候，它就开始跳舞了！

幼儿好奇地张大了嘴巴，瞪大了双眼！

教师演示实验效果，激发幼儿探究的愿望。

二、准备实验，进行尝试

教师为幼儿分发彩纸，带领幼儿折叠千纸鹤。根据孩子能力，可以在折纸的过程中提到或用到“对称”“相等”“大小一样”等数学概念。折叠完毕，教师鼓励幼儿用彩笔自由创作，为千纸鹤画上漂亮的羽毛，涂上好看的颜色等。

教师提问：现在把折叠好的千纸鹤放在桌面上，对着千纸鹤说话，千纸鹤会跳舞吗？幼儿尽情尝试。

三、继续实验，体验声音的传播

教师为幼儿分发纸杯和儿童剪刀，为幼儿示范纸杯安全开孔的方法。幼儿自己尝试开孔，教师巡视，并适时提供支持和引导。

开孔之后把吸管插进孔中，吸管与孔较为紧密地衔接为好。如果孔开得有些大，可以在吸管头处缠绕一些棉纸胶带；如果孔开得不够大，需要再次扩大开孔。

将纸杯倒扣在桌上，把千纸鹤放在纸杯底上。教师引导幼儿进行猜想：千纸鹤会翩翩起舞吗？幼儿进行自主尝试，教师巡视，注意观察幼儿的行为，听取他们的谈话内容，适时提供支持和引导。

教师引导幼儿的提问和评论：

✧　你是如何对杯子发出声音的？

✧　发出声音的时候，手碰杯子会有什么感觉？

✧　杯子是在动吗？

千纸鹤会翩翩起舞吗？

---

* 作者：朱琳，兴城市第一幼儿园。

✧ 如何让千纸鹤运动得更快或更慢？

对于没有成功的幼儿，教师鼓励幼儿多次尝试，发现问题，解决问题。

四、活动结束，幼儿分享和交流经验

幼儿基本都完成操作后，教师结束活动，请幼儿演示，并交流自己的做法、发现和感受。

活动评价：

无效果	喜欢千纸鹤，但对声音的探究没有兴趣
初见成效	尝试折叠千纸鹤，观看其他同伴探究声音和千纸鹤运动，自己很少动手参与，不主动发言
基本掌握	参与活动，参加交流和讨论，能使自己的千纸鹤动起来，对声音的传播有一定的好奇心，提出一两个声音的问题
完全掌握	参与活动，爱发现问题，提出问题，积极尝试多种方式、方法使千纸鹤运动，发现使千纸鹤运动快慢的方法，乐在其中，希望探究更多声音的奥秘

家园共育：

1.在家中敲击金属类的盆，用手触摸，感受振动。

2.有条件的可以让幼儿感受鼓、铙、镲、三角铁等乐器的发声和振动。

3.尝试制作有线电话（土电话）。

声音的产生*

活动由来：

幼儿喜欢敲击产生声音，也喜欢音乐的美妙。在一次擂鼓表演中，幼儿发现鼓手可以让鼓声荡漾很长的时间，也可以让声音马上终止。好奇心满满的幼儿很想知道这其中的奥秘和如何控制声音的结束。为了满足幼儿的好奇心，教师设计了此活动。

活动目标：

1.感知振动，发现振动能够产生声音，振动停止声音就消失了。

2.激发幼儿探究兴趣，培养幼儿好奇心。

活动准备：

材料准备：桌子（木桌优先）、鼓（鼓面越大越好）、鼓槌、纸盒、橡皮筋、米粒。

经验准备：会制造声音，理解“振动”的意思。

活动过程：

一、节奏大师，感受振动

教师安排幼儿玩游戏，游戏要求：每两个幼儿面对面站到桌子的对面，一边幼儿扮演节奏大师，双手有节奏地敲击桌面，另一边幼儿把双手平放在桌面上，感受节奏大师敲击的节奏，节奏大师敲击桌面 5 次后，幼儿互换角色内容。

教师巡视，注意观察幼儿的行为，听取他们的谈话内容，适时提供支持和引导。

教师引导幼儿的提问：

✧ 节奏大师敲击桌面的时候，你的手有什么感觉？听到了什么？

---

* 作者：郭伟，中国人民解放军总医院幼儿园。

✧ 节奏大师不敲击桌面的时候，你的手感觉到什么了吗？听到什么了吗？

教师引导幼儿交流，引出物体振动产生声音，即敲击桌子的时候，手感觉到了振动，耳朵听到了声音，反之没有。

二、观察鼓面，发现振动

教师为每组分发一面鼓、一个鼓槌和一些米粒，让一个幼儿缓慢、有节奏地敲击鼓面，其他的幼儿观察鼓面。幼儿可以轮换进行该活动。

教师引导幼儿的提问：

✧ 鼓槌敲击鼓面的时候，鼓面有什么变化？

✧ 鼓面停止振动的时候，还能听到鼓声吗？

✧ 把几粒米放到鼓面上，当敲击鼓面时，你看到了什么？

✧ 敲击鼓面之后，用手按住鼓面，还能听到鼓声吗？鼓面还振动吗？

当幼儿基本都完成操作或兴趣减弱的时候，教师结束该活动，并请幼儿交流自己的发现。

教师总结：鼓面振动，听到声音，反之没有。

三、自制竖琴，利用振动

教师为幼儿分发一个纸盒和两根橡皮筋，让幼儿将橡皮筋套在纸盒上，模拟做成竖琴，然后拨弄橡皮筋，听发出的声音。

教师引导幼儿的提问：

✧ 你能使橡皮筋振动吗？

✧ 橡皮筋振动的时候，你能听到声音吗？

✧ 你能使橡皮筋停止振动吗？

✧ 橡皮筋停止振动后还有声音吗？

当幼儿基本都完成操作后，教师请幼儿展示自己的竖琴，控制竖琴的发音、音量和停止，交流自己的做法和发现。

教师总结：橡皮筋振动，听到声音，反之没有。

四、总结分享

物体振动产生声音，没有振动就没有声音。

活动评价：

无效果	没有参加活动，对声音的产生不感兴趣
初见成效	参加“节奏大师”的游戏，感受到声音的产生和振动是有关的，但后继活动只是偶尔参加，不具有探究精神，也不爱发言
基本掌握	参加活动，参与小组交流讨论，探索发现了声音与振动的关系，对声音的振动有一定的好奇心，开始提出一两个声音相关的问题
完全掌握	积极参加活动，主导了小组的交流和讨论，能通过控制振动控制声音的有无、大小等，尝试利用更多物体振动发出不同的声音，喜欢声音的探究活动

家园共育：

1.让幼儿把手放在喉咙处说话，感受喉咙的振动。

2.感受家中乐器，例如吉他、口风琴、笛子等的振动和发音。

3.家长为孩子讲解、介绍“声学之父”恩斯特·克拉德尼。

资源推荐：绘本故事《梨子提琴》。

寻找“红黄蓝”*

活动由来：

我们生活在一个充满颜色的世界，孩子们也喜欢用画笔来描绘世界。年龄较小的幼儿对颜色还不熟悉，不能正确区分颜色的种类，为了让幼儿从生活中发现颜色，进而感知颜色，逐步区分不同的颜色，教师设计了此活动。

活动目标：

1.感知红色、黄色、蓝色，能区分红色、黄色、蓝色。

2.根据颜色给物体分类。

活动准备：

材料准备：已充气红、黄、蓝色的气球，短软绳、笑脸贴纸（红、黄、蓝三色）、活动记录单、彩笔。

经验准备：幼儿接触过颜色。

活动过程：

一、出示气球，使幼儿充分感知红黄蓝

教师出示红、黄、蓝三种颜色的气球，向幼儿说明红色、黄色和蓝色。教师挑选有一些有色差的气球，向幼儿说明这些仍属于红色、黄色和蓝色，使幼儿充分感知红色、黄色和蓝色，感知颜色的丰富性。

二、分发气球，布置探究任务

教师请每个幼儿自选一种颜色的气球，用短软绳将气球系在幼儿手腕上，然后请气球颜色相同的幼儿两两结合，组成一个小组，每组领取一支对应颜色的彩笔，领取一张活动记录单。

教师布置探究任务：每组根据自己气球的颜色，在幼儿园活动区域内寻找 5 个与气球一致颜色的物体，颜色深浅不同的物体视为与气球颜色一致。找到颜色一致的物体后，将该物体记录到活动记录单中。

三、俩俩结伴，寻找与气球一致的颜色

教师在班级门口再次询问幼儿手腕上气球的颜色，幼儿回答正确后放行，开始寻找颜色一致的物体。

教师巡视，注意观察幼儿的行为，听取他们的谈话内容，适时提供支持和引导。

教师引导幼儿的提问和评论：

✧ 你们看到了哪些红色（或黄色、绿色）的物体？

✧ 这些红色（或黄色、绿色）看起来是否一样？

✧ 如果你不确定是否找对颜色，可以看看气球的颜色。

幼儿及时将找到的物品画或贴在活动记录单。

四、发放奖励，互换气球，寻找新的颜色

幼儿完成寻找任务后，教师在幼儿胸前贴一个对应颜色的笑脸贴纸。幼儿与其他气球颜色不同、完成任务的小朋友互换气球和彩笔，继续寻找新的颜色。后继再进行一次这样的互换，使幼儿完成红黄蓝三种颜色的寻找。

五、颜色分类，交流总结

活动结束后，幼儿回到班级，教师鼓励幼儿按照颜色说出自己找到的物体，其他小朋友纠正和补充。

教师按照获得 3 个笑脸贴纸、2 个笑脸贴纸、1 个笑脸贴纸和 0 个笑脸贴纸，将幼儿分组，分别对他们进行表扬、鼓励。

---

* 作者：崔玉萍，吉林省省直机关第二幼儿园。

活动记录单（示样）：

颜色	对应物品 1	对应物品 2	对应物品 3	对应物品 4	对应物品 5
红色					
黄色					
蓝色					

活动评价：

无效果	没有看到或发现指定颜色对应的物体，或不参与活动
初见成效	能够跟随、模仿他人寻找颜色对应的物体，不发表个人意见
基本掌握	找到指定颜色的 3 种以上物体，对其他颜色感到好奇
完全掌握	完成全部探究活动任务，并能准确进行颜色分类，观看并发现很多其他颜色，表现出很大的好奇心和探究欲望

家园共育：

1.鼓励家长带领孩子走进大自然，感受大自然的颜色。

2.让幼儿发现房间内的颜色，并按照颜色进行分类。

资源推荐：科学故事《颜色的秘密》，儿歌《彩虹》。

会变的颜色*

活动由来：

颜色造就了五彩斑斓的世界，是身边的科学。幼儿总是对颜色很好奇，为了使幼儿能更好地感受颜色的变化和神奇，激发幼儿的探索欲望，教师设计了本节活动。

活动目标：

1.使幼儿初步感知颜色的变化。

2.通过对配色的探索，提升幼儿的观察和动手操作能力。

3.使幼儿体验到配色带来的乐趣。

活动准备：

材料准备：红、黄、蓝 3 种颜料，塑料瓶、KT 板、密封塑料袋、活动记录单、彩笔。

经验准备：有使用活动记录单的经验。

活动过程：

一、情景导入，激发幼儿的探究兴趣

教师：小朋友们，今天老师带来了一个神奇的瓶子，瓶子里装的有蓝色液体，但老师只要轻轻摇动瓶子，就能将蓝色变成绿色，你们相信吗？

二、教师演示，幼儿畅玩“颜色变变变”的游戏

教师轻轻摇动瓶子，展示瓶子中液体变色的神奇。教师请幼儿代表轻摇其他瓶子，同样实现瓶子中液体变色的神奇。教师揭晓谜底：瓶盖里有不同的颜料，摇动瓶子使不同的颜色混合。

幼儿自行选择颜料，使用瓶子，畅玩“颜色变变变”的游戏。

---

* 作者：李慧跃，延吉市向阳幼儿园。

三、幼儿进行两种颜色混色的猜想和验证游戏

教师为幼儿分发记录表、KT 板和颜料，幼儿选择两种颜色，记录下这两种颜色，并记录下自己猜想这两种颜色混色之后产生的是什么颜色。

幼儿根据选择的颜色，自取颜料在 KT 板上进行搅拌，观察颜色变化，进行混色实验，验证自己的猜想是否正确，并记录实验结果。

四、幼儿进行三种种颜色混色的猜想和验证游戏

教师为幼儿分发密封塑料袋，鼓励幼儿继续猜想 3 种颜色混合会产生什么颜色，并请幼儿将这 3 种颜色记录下来，将猜想结果也记录下来。

幼儿根据选择的颜色，自取颜料装入密封塑料袋中，在密封塑料袋中进行揉搓观察颜色变化，进行混色实验，验证自己的猜想是否正确，并记录实验结果。

活动记录单（示样）：

颜色一	颜色二	颜色三	猜想混色结果	实际混色结果

活动评价：

无效果	孩子对活动不感兴趣，不参与活动
初见成效	孩子进行一两次混色活动，缺乏主动性和探究精神，对颜色变化有一定的好奇心
基本掌握	孩子进行多次、多种混色活动，探究颜色的变化，提出一两个颜色相关的问题，参与讨论和交流
完全掌握	积极进行混色实验，尝试进行更多的探究，希望出现更多的混色结果，对混色充满好奇心，享受颜色变化的乐趣

家园共育：

1.鼓励孩子在家中进行水彩画的配色活动或者游戏。

2.有条件的家庭为孩子展示牛顿盘，并让幼儿转动牛顿盘，感受颜色的变化。

颜色变变变*

活动由来：

《幼儿园教育指导纲要（试行）》中指出：“科学教育应密切联系幼儿的实际生活进行，利用身边的事物与现象作为科学探索的对象。”艺术课上，一个幼儿将红色的橡皮泥和黄色的橡皮泥捏在了一起，发现橡皮泥变成了橙色，班级小朋友对此都非常好奇，抓住此机遇，教师设计了此活动。

活动目的：

1.感知两种颜色加到一起会变成其他颜色。

2.培养幼儿细心观察，大胆探索的科学品质，体验探究的快乐。

---

* 作者：汤程程，兴城市第一幼儿园。

活动准备：

材料准备：红、黄、蓝儿童颜料，塑料瓶、塑料杯、调色盘、排笔、操作纸、活动记录单、彩笔。

经验准备：幼儿认识红、黄、蓝 3 种颜色。

★安全事项：颜料水洒落在地面时可能导致幼儿滑倒，教师要注意观察和及时处理。

活动过程：

一、魔术导入，激发幼儿好奇心

教师事先在塑料瓶中装入红、黄、蓝 3 色调制好的液体，液体 8 成满即可，在塑料瓶盖中分别涂抹或固定黄、蓝、红 3 色颜料，小心地盖上瓶盖。

教师：小朋友，你们知道这 3 个瓶子中液体的颜色吗？

待幼儿回答后，教师重复、强化 3 种颜色名称。

教师：现在老师要为你们变个魔术，请大家睁大眼睛，注意看。

然后教师上下晃动装红色液体的瓶子，瓶子中液体颜色变为橙色；上下晃动装黄色液体的瓶子，瓶子中液体颜色变为绿色。

教师：发生了什么变化？

教师请一个小朋友来晃动最后一个装蓝色液体的瓶子，瓶子中液体颜色变为紫色。此时，小朋友的好奇心达到了空前的高度。

二、自主探究，感受颜色变化的神奇和快乐

教师为幼儿分发红、黄、蓝儿童颜料，分发塑料杯、调色盘、排笔、操作纸和活动记录单。

幼儿自主选择颜料，自主调制、搭配，观看颜色的变化。

教师巡视，注意观察幼儿的行为，听取他们的谈话内容，适时提供支持和引导。

教师引导幼儿的提问：

✧ 如果把红色涂在黄色上，颜色会有什么变化？

✧ 如果再多涂一些黄色，颜色会有新的变化吗？

教师提醒幼儿随手完成活动记录单中的内容记录。

三、小组比赛，看看谁变得颜色多

在幼儿已经熟悉颜色调制、变化之后，教师鼓励幼儿在小组间开展比赛活动，调动幼儿更多、更深入探究颜色变化的积极性。

教师引导幼儿的提问：

✧ 两种相同的颜料，但剂量不一样，混在一起时颜色时一样的吗？

✧ 三种颜色混在一起，会出现什么颜色？

四、交流总结

教师表扬小组比赛中的胜出者，鼓励幼儿交流自己的做法和发现，鼓励幼儿继续更多、更深入地探究颜色的变化。

活动记录单（示样）：

原始颜色	混合后形成的新颜色

活动评价：

无效果	没有参与或者对混合颜料没有兴趣
初见成效	混合了 1~2 种颜料，但没有细致观察颜色的不同，缺乏主动性
基本掌握	尝试并注意到 2 种颜色的混合会产生新的颜色，参与讨论和交流，对颜色变化有一定的兴趣
完全掌握	发现不同颜色混合会产生新的颜色，并且注意到了颜色的深浅变化，不断尝试不同数量、类型颜色的混合带来的新变化，对颜色变化充满了好奇心

家园共育：

1.家长为幼儿提供调色盘和颜料，鼓励幼儿通过调色画出不同颜色，或者画一幅画。

2.带幼儿观看油画创作，注意画家调色，或者带孩子欣赏油画作品，引导幼儿感受颜色的应用和变化。

光的变化*

活动由来：

有一天班级停电了，班级里的日光灯熄灭了，白色应急灯和绿色“安全出口”指示灯自动点亮，孩子们发现了灯光的不同颜色，“老师，‘安全出口’的灯怎么是绿色的？”“对呀对呀，应急灯是白色的。”“饮水机上面还有红色的灯。”孩子们兴奋地讲着看到的不同灯的颜色。抓住孩子们的兴趣点，教师设计了此活动。

活动目标：

1.感知光和光透过材料后的变化。

2.体验科学与艺术融合的乐趣，激发幼儿探索光的积极性。

活动准备：

材料准备：手电筒、三原色色片、不同材质图案的布、雪花片、标志符号、活动记录单、彩色笔、一段舞台灯光视频、一段节奏感强烈的音乐。

经验准备：会使用手电，认识一些不同的颜色和布料。

活动过程：

一、导入活动：感知手电筒和光

教师为每个幼儿发放一个手电筒，告知幼儿手电筒的用法，鼓励幼儿尝试自主使用手电筒。

教师巡视，注意观察幼儿的行为，听取他们的谈话内容，适时提供支持和引导。

教师引导幼儿的提问：

✧ 手电筒的光是从哪里发出来的？

✧ 手电筒的光是什么颜色的？

✧ 手电筒的光是什么形状的？

二、探索活动：颜色的变化

教师为每组发放一套或多套三原色色片，告诉幼儿物品的名称，请幼儿用手电筒与色片一起玩。

教师引导幼儿的提问和评论：

✧ 色片是什么颜色的？

---

* 作者：马英宁，指导教师：刘晨，吉林省省直机关第二幼儿园。

✧ 用色片挡着手电筒的光，光有什么变化吗？换不同的色片试试看！

✧ 你发现了什么规律吗？

幼儿自由探究，分享自己发现的有趣现象。

教师总结：手电筒光的颜色通过色片后发生了变化，不同的色片显示出不同颜色的光。

三、探索活动：形状的变化

教师为幼儿发放不同材质图案的布、雪花片、标志符号等材料。请幼儿用手电筒与这些材料一起玩，看看有什么新发现。

教师引导幼儿的提问：

✧ 这些材料本身是什么形状和颜色的？

✧ 光通过它们有什么变化？

✧ 你发现光和被照射物体有什么共同之处吗？

幼儿交流，告诉大家自己发现的有趣现象。

教师总结：手电筒光照射到这些材料之后，颜色和形状都发生了变化，光的颜色跟材料的颜色相同，光的形状跟物体的形状相同。

探究光透过心形标志

四、观看舞台灯光视频，师幼即兴表演

教师：我们在剧场、演出等场所会看到形形色色的光，特别艳丽漂亮。下面请小朋友们欣赏一段舞台灯光的视频，看看舞台上彩色的灯光是什么样的。

教师播放舞台灯光的视频，幼儿欣赏、感受光的神奇和在生活中的应用。

教师：哇，好漂亮的灯光秀啊！五颜六色，七彩斑斓！请你们选择一种最喜欢的材料，放在手电筒的前面，我们也一起来一场美丽的灯光秀吧！

教师播放一段节奏感强烈的音乐，幼儿和教师跟随音乐，用手电筒演出灯光秀。

活动记录单（示样）：

<table>
<tr><td>手电筒</td><td>色片颜色</td><td>光的颜色</td></tr>
<tr><td rowspan="8"></td><td></td><td></td></tr>
<tr><td></td><td></td></tr>
<tr><td></td><td></td></tr>
<tr><td>被照射物体颜色和形状</td><td>光的颜色和形状</td></tr>
<tr><td></td><td></td></tr>
<tr><td></td><td></td></tr>
<tr><td></td><td></td></tr>
</table>

活动评价：

无效果	不参加活动，对活动没有兴趣，或者仅仅是玩手电筒
初见成效	尝试探究光的颜色和形状，但探究的积极性较弱
基本掌握	积极进行探究，基本能判断光的颜色和形状
完全掌握	对光的颜色和形状判断都比较好，享受探究光带来的乐趣

家园共育：

1.家长尝试让光透过清澈的水，让幼儿观察光的变化。

2.家长尝试让幼用手电筒光照镜子，发现光的变化。

镜子会“克隆”*

活动由来：

镜子是生活中常见的物品，幼儿在梳洗的时候都会用到镜子。《3—6 岁儿童学习与发展指南》指出：“支持幼儿在游戏过程中探索并感知常见物质、材料的特性和物体的结构特点。”为此，教师设计了此活动。

活动目标：

1.发现镜子成像的特性，发现多片镜子组合可以生成复杂的图像。

2.感受镜子的神奇，激发幼儿的好奇心与探究欲望。

活动准备：

材料准备：爸爸妈妈和宝宝图片、克隆羊多莉图片、平面镜、小铃铛、万花筒。

经验准备：照过镜子。

★安全事项：平面镜不宜使用玻璃镜片，建议使用亚克力圆角镜片。

活动过程：

一、聊聊克隆，激发兴趣

教师出示爸爸妈妈和宝宝图片，询问幼儿：宝宝是从哪里来的？

教师出示克隆羊多莉图片，询问幼儿：这可不是一只普通的羊，你们知道它是从哪里来的吗？

教师为幼儿概述克隆羊多莉的诞生，突出小羊多莉与它的“母亲”一模一样。

二、“克隆”一个自己

教师为幼儿发一面平面镜，请幼儿“克隆”一个自己。

幼儿动手尝试，教师巡视，注意观察幼儿的行为，听取他们的谈话内容，适时提供支持和引导。

教师引导幼儿的提问：

✧ 你的“克隆人”在哪里？

✧ 你是如何做到的？

✧ 你如何确定镜子里面的人跟你一模一样？

✧ 你还能“克隆”出更多的自己吗？

由于本活动比较简单，幼儿完成后即可进入下一个环节。

三、“克隆”很多的小铃铛

教师再为幼儿发一面平面镜，发放一个小铃铛，请幼儿“克隆”出很多的小铃铛。

教师引导幼儿的提问：

✧ 镜子里面小铃铛跟你的小铃铛一模一样吗？

✧ 你可以“克隆”出 4 个小铃铛吗？

✧ 你是如何做到的？

✧ 你可以“克隆”出数不清的小铃铛吗？

幼儿基本都完成操作或兴趣减弱的时候，教师结束该活动，并请幼儿交流自己的做法、发现、碰到的问题和解决办法。

---

* 作者：邢小梅，指导教师：刘晨，吉林省省直机关第二幼儿园。

四、发现万花筒的秘密

教师再为幼儿发一面平面镜，请幼儿继续“克隆”出更多的小铃铛。

教师引导幼儿的提问和评论：

✧ 可以两人合作，一起尝试。

✧ 你们即将成功，加油！

✧ 你是如何做到的？

✧ 镜子中的小铃铛，像万花筒里的图像吗？

教师为制作成功的幼儿发放万花筒，请幼儿观看万花筒里的图像，比较自己“克隆”的图像与万花筒里图像的相似之处。

幼儿基本都完成操作或兴趣减弱的时候，教师结束该活动，并请幼儿交流自己的做法、发现、碰到的问题和解决办法。

活动评价：

无效果	对镜子成像活动没有兴趣，不参加活动
初见成效	在教师的引导下参与活动，成功“克隆”一个自己、两个小铃铛，缺乏探究的主动性，多观看其他幼儿活动，不爱发表意见，有一定的好奇心
基本掌握	参加活动，参与幼儿交流和讨论，成功“克隆”了4个以上的小铃铛，对活动有好奇心，提出一两个相关问题
完全掌握	积极参与活动，积极尝试多种方式“克隆”更多的小铃铛，主动与其他幼儿合作，主动参与交流和讨论，提出问题，对“克隆”和万花筒表现了极大的好奇心，希望探究更多的内容

家园共育：

1.幼儿与爸爸妈妈一起制作简易万花筒，加深对光的反射现象的了解。

2.家长为孩子讲解更多现代生物技术，例如转基因食品，注意使用幼儿能听得懂的方式。

资源推荐：科学故事《猴子捞月》。

会魔法的镜子*

活动由来：

近期，班级科学区域中新投放了一些镜子，幼儿感到特别新奇，总是不断探究镜子的新玩法，对镜子的魔力充满了好奇。平面镜由于结构简单，成像效果单一，并没有吸引幼儿过多的注意，为了发掘平面镜的魔力，教师设计了此活动。

活动目标：

1.发现平面镜的成像特点，发现平面镜组合后的魔力。

2.激发幼儿主动探索的愿望和兴趣，培养幼儿动手操作的能力。

活动准备：

材料准备：平面镜、儿童剪刀、透明胶带、孙悟空人偶（或其他小人偶，长宽高小于平面镜）。

经验准备：幼儿看过《西游记》，接触过镜子。

---

* 作者：陈新培，吉林省省直机关第二幼儿园。

★安全事项：平面镜不宜使用玻璃镜片，建议使用亚克力圆角镜片。

活动过程：

一、神话激趣，导入主题

教师出示孙悟空人偶和镜子，开始讲神话故事导入。

教师：有一天，孙悟空见到了镜子，孙悟空说："我会七十二变。"镜子说："我能变出 72 个孙悟空。"孙悟空不信，于是镜子要证明给他看，镜子需要小朋友的帮助，小朋友该怎么帮助镜子呢？

幼儿自由发言，教师关注幼儿的讲话内容。

二、动手操作，尝试探究

教师为幼儿发放平面镜 2 片、儿童剪刀 1 把、透明胶带 1 卷和孙悟空人偶 1 个。

1.照 1 片镜子。

教师鼓励幼儿拿起 1 片镜子，照照自己，照照旁边的小朋友，再照照孙悟空人偶，并注意观察镜子里的图像和数量。

教师巡视，注意观察幼儿的行为，听取他们的谈话内容，适时提供支持和引导。

教师引导幼儿的提问：

✧ 镜子里有几个自己？你笑的时候，镜子里的人也笑吗？

✧ 举起你的右手（或一只手），镜子里的你举的是哪只手？

✧ 镜子里有几个孙悟空人偶？你能让镜子里的孙悟空人偶翻个跟头吗？

幼儿交流，教师总结：镜子里可以看到大小相同的物体，但是左右相反。

2.照 2 片镜子。

教师鼓励幼儿拿起 2 片镜子，重复上面的活动。

教师引导幼儿的提问：

✧ 你能在两片镜子里各看到 1 个自己吗？

✧ 你能在两片镜子里各看到 1 个孙悟空人偶吗？

✧ 你能在两片镜子里看到 4 个自己吗？

如果有幼儿在 2 片镜子中看到了更多的自己，教师鼓励该幼儿交流做法。

3.连接 2 片镜子。

教师指导幼儿用透明胶带把 2 片平面镜连接在一起，中间留有空隙，使 2 片平面镜可以转动。然后请幼儿将孙悟空放到 2 片平面镜中间。

教师引导幼儿的提问和评论：

✧ 现在你能在两片镜子里各看到几个孙悟空人偶？

✧ 尝试轻轻转动两片镜子，你能看到几个孙悟空人偶？正反都转动一下，看看是否一样。

✧ 你有办法看到更多的孙悟空吗人偶？

教师请幼儿交流自己的做法和看到的孙悟空数量。

教师总结：两片镜子连接在一起，向内调整角度，我们会看到数不清的孙悟空人偶，并且孙悟空人偶都是一样大小的。

三、魔法镜子，魔力继续

教师总结平面镜的成像特点，说明镜子的叠加使用会产生神奇的图像。

教师播放《西游记》中照妖镜片段，告知幼儿镜子还有很多好玩的魔力，鼓励幼儿继续探究。

活动评价：

无效果	对镜子活动不感兴趣，不愿意探索讨论
初见成效	观看别人进行探究活动，自己只是偶尔参加，不回答教师提问，不发表个人意见
基本掌握	参加镜片探究活动，参与讨论交流，成功看到数不清的孙悟空，对活动有一定的好奇心
完全掌握	积极完成探究任务，主动尝试使更多的物体出现很多像，对活动非常有兴趣，主动提出镜子成像的相关问题，对呈现更多的图像充满探究欲望

家园共育：

1.家长为幼儿准备 3 片大小一样的镜子，尝试让幼儿围成一个三棱柱，然后观察三棱柱中间的小物体有多少个像。

2.在生活场景中有意识地带幼儿找镜子，找到后尝试照一照，猜想一下这里镜子的作用。

3.带着孩子参观眼镜店，感知老花镜、近视镜、远视镜等。

资源推荐：儿歌《照镜子》。

神奇的万花筒*

活动由来：

差不多说，每个幼儿都有一个自己的万花筒，每个幼儿都对万花筒很着迷。万花筒的图案为什么那么绚丽？为了让幼儿经历自己组装万花筒的过程，体验万花筒神奇的原因，教师生成了此次活动。

活动目标：

1.动手组装万花筒，提升动手能力，理解万花筒神奇的原因。

2.使幼儿经历 STEM 过程，激发探究兴趣，体验探究过程，发展初步的探究能力。

3.使幼儿体验科学和艺术的融合，感受科学之美。

活动准备：

材料准备：科学启智科学课程资源包（内含纸筒、装饰纸、胶贴、方形镜片、圆形挡片、目视盖、容器、万花包）或自备类似材料，万花筒成像照片（要绚丽多姿、吸引幼儿的）。

经验准备：幼儿有玩镜子或万花筒的经历。

活动过程：

一、导入，激发兴趣

教师播放万花筒成像图片，激发幼儿自己动手制作万花筒的渴望。

教师引导大家回忆之前制作“数不清的小鱼”的科学活动，激发幼儿继续深入探究的兴趣和好奇心。

二、教师引导幼儿制作万花筒

教师分发科学启智科学课程资源包给幼儿，指导幼儿按照《幼儿手册》中的操作流程图制作万花筒。

教师巡视，注意观察幼儿的行为，听取他们的谈话内容，适时提供支持和引导。

教师引导幼儿的提问：

✧ 你装饰的万花筒外观真可爱！

✧ 万花包里哪些是你喜欢的彩色塑料块？

---

* 作者：赵悦，长春市人民政府机关第三幼儿园。

✧ 注意看看，容器内彩色塑料是什么样子的？

✧ 这里有几片长方形镜片？要将它们固定为三棱柱状。

教师提示幼儿观察容器内彩色塑料，并将观察结果记录到活动记录单第 1 栏中。

教师展示部分优秀作品，鼓励幼儿相互参观。

三、科学探究

1.猜想环节。

组装完成后，幼儿一定迫不及待地想看看万花筒里面是什么样子的。教师应鼓励幼儿先积极猜想后观看，这是培养幼儿思考能力的环节。

教师提问：猜想一下，组装完成后，通过目视盖孔向纸筒内观看，你会看到什么？

猜想完成后，教师请幼儿将猜想结果记录到活动记录单第 2 栏中。

2.验证环节。

幼儿开始使用自己的万花筒，通过目视盖孔向纸筒内观看。

教师请幼儿将实验结果记录到活动记录单第 3 栏中。

3.尽情操作和玩耍自己制作的万花筒。

孩子尽情操作，享受自己的实验成果。

教师引导幼儿的提问：

✧ 通过目视盖孔向纸筒内观看，你看到了什么？它们像什么？

✧ 转动纸筒，你又看到了什么？它们像什么？

✧ 转动容器，你又看到了什么？它们像什么？跟转动纸筒看到的一样吗？

教师鼓励孩子观察这其中的变化。

四、拓展探究

在幼儿玩了一段时间后，兴趣有所降低的时候，教师鼓励幼儿拓展探究内容，允许幼儿打开万花筒，在容器中装入自己感兴趣的任何物品，进行新实验。

教师可以重复之前的提问。

活动记录单（示样）：

圆形挡片盖住容器口时，容器内彩色塑料是什么样子的？	
猜想：组装完成后，通过目视盖孔向纸筒内观看，你会看到什么？	
实验结果：	

活动评价：

无效果	对万花筒活动没有兴趣，不参加活动
初见成效	在教师的引导下参与活动，主动性差，很少发表意见，愿意观看万花筒绚丽的景色，对活动有一定的好奇心
基本掌握	参加活动，参与幼儿交流和讨论，组装完成自己的万花筒，提出一两个万花筒相关的问题，对万花筒的景象有好奇心
完全掌握	积极参与活动，惊讶于万花筒内的景象，并不断转动纸筒，尝试发现更多绚丽的景象，提出成像的问题，希望探究更多的成像内容

家园共育：

1.安排幼儿将本次科学启智科学课程资源包带回家，请幼儿和家长继续玩“自制万花筒”的游戏。

2.家长鼓励幼儿在容器中装入自己感兴趣的任何物品，进行新实验。

朵拉带我去寻宝*

活动由来：

《幼儿园教育指导纲要（试行）》中指出：“科学教育应密切联系幼儿的实际生活进行，利用身边的事物与现象作为科学探索的对象。”光是我们生活中随手可得的教育资源，幼儿在区域游戏中已经玩过手电筒，在户外游戏中已经玩过“踩影子”的游戏，为了使幼儿探究更多的光的秘密，教师设计了此活动。

活动目标：

1.在游戏中感知形状，学认数字，体验小孔成像。

2.在游戏中感知光的反射，知道光能产生能量。

3.体验与同伴合作游戏的乐趣。

活动准备：

材料准备：PPT、百宝箱（箱上有暗藏数字小孔的三角形、四边形、菱形等图片）、手电筒、小镜子。

经验准备：玩过手电筒和光影游戏。

★安全事项：小镜子不宜使用玻璃镜片，建议使用亚克力圆角镜片。

活动过程：

一、动画片导入，设置情节，激发兴趣

教师：《爱探险的朵拉》是大家喜欢的动画片，朵拉是一位喜欢探险、喜欢帮助别人的小女孩，今天朵拉来到了我们班级，要跟大家一起去探险，去打开神秘百宝箱，寻找里面的宝贝！在这个探险过程中，需要小朋友们齐心协力，共同打开两道百宝箱的密码，我们才能取得钥匙，获得宝贝！小朋友，准备好啦，让我们跟着朵拉一起出发吧！

PPT 配合出示朵拉画面。

二、尝试发现光斑，获得第 1 道密码

教师为每组分发一个百宝箱，PPT 配合出示金光闪闪的百宝箱。

教师提出情景问题：百宝箱上有 3 个密码锁，密码锁的密码被藏在了百宝箱上的 3 个三角形中，大家

---

* 作者：王鑫，东北师范大学附属实验学校。

需要先找到三角形，然后读出三角形上暗藏的数字就能打开第 1 道密码了。

教师巡视，注意观察幼儿的行为，听取他们的谈话内容，适时提供支持和引导。

教师引导幼儿的提问：

✧ 百宝箱上的图形很多，哪个是三角形？

✧ 什么样子的图形是三角形？

✧ 三角形上的数字太小了，有什么工具可以帮助我们？

✧ 透过数字小孔，你可以看到什么？

✧ 光可以放大数字吗？

幼儿基本完成之后，教师组织幼儿交流和演示自己是如何得到第 1 道密码的。

小结：光从有孔的地方直射到地面或墙面形成光斑，读出光斑组成的数字，就可获得第 1 道密码。

三、尝试聚集光能，获得第 2 道密码

教师为每个幼儿发放一个手电筒，小镜子，出示 PPT，模仿朵拉说出第 2 道难题和获得密码的方法：祝贺小朋友们通过协作通过第 1 关！狡猾的强盗用电子锁将百宝箱锁住了，并且将百宝箱放置在黑暗无光的角落，我们需要聚集 5 道光能，让光给百宝箱的光能电池充电，进而打开第 2 道密码！

幼儿间交流、尝试，教师巡视，注意观察幼儿的行为，听取他们的谈话内容，适时提供支持和引导。

教师引导幼儿的提问：

✧ 什么物体可以改变光的照射方向？

✧ 1 个小镜子可以产生几道光？

✧ 小镜子产生的光照在手上，是凉凉的，还是热热的，还是其他感觉？

✧ 你们是如何将光聚集到一起的？

幼儿基本完成之后，教师组织幼儿交流和演示自己是如何得到第 2 道密码的。

小结：镜子可以反射光，调整镜子角度可以将光反射到不同地方，反射光照射到物体上会产生热能。

四、打开百宝箱，分享合作探究的快乐

教师模仿朵拉说："祝贺小朋友们，合作创造奇迹，我们胜利啦！"然后教师打开百宝箱，从里面取出奖励分发给幼儿，使幼儿享受合作探究的快乐，分享成功的快乐！

教师也可以在百宝箱里放置"羊皮卷"，激励幼儿开始新的科学探究活动。

活动评价：

无效果	不参加活动，或者对活动无兴趣
初见成效	在教师的引导下参与活动，活动中以观看、跟随和模仿其他同伴为主，有好奇心，缺乏探究意识和行动
基本掌握	参与活动，参与讨论和交流，成功与小组同伴一起解锁两道密码，对小孔数字和光的折射有好奇心，提出一两个相关问题
完全掌握	参与活动，一定程度上领导了小组讨论，领导小组同伴成功解锁两道密码，尝试探索更多的小孔数字和光的折射现象，对这些现象充满好奇心，不断提出新问题

家园共育：

1.天气晴朗时，亲子可以一起玩阳光接力的活动，尝试让太阳光在不同镜片之间传递。

2.家长为孩子讲述"凿壁偷光"的故事。

资源推荐：故事《凿壁偷光》。

光的形状*

活动由来：

一次手影游戏中，旁边的幼儿不小心碰到了手电筒，使手电筒的光线照到了墙缝的夹角，幼儿惊喜地发现手电筒的光线变成了心形！霎时幼儿被这奇特的现象吸引，抓住幼儿的好奇心，教师生成了此活动。

活动目标：

1.感知光的反射和反射后光斑的形状。

2.使幼儿感知常见的形状，引导幼儿体验图形之间的转换。

3.科学与艺术结合，激发幼儿科学探究的兴趣。

活动准备：

材料准备：规则几何图形镜片，如长方形镜片、正方形镜片、三角形镜片、圆形镜片、椭圆形镜片等，不规则可反光材料，如勺子、铲子、金属片、不锈钢杯子、不规则镜片等。

经验准备：玩过影子游戏，使用过手电筒。

★安全事项：平面镜不宜使用玻璃镜片，建议使用亚克力圆角镜片。

活动过程：

一、激趣导入

教师指着手电筒的光线在墙缝夹角处形成的心形，告诉大家我们今天还会看到长方形、三角形、椭圆形等光斑，激发幼儿的探究欲望。

二、探究规则几何图形镜片形成的光斑形状

上午 10 点（或下午 3 点）左右，适合户外活动的天气，阳光充足、斜射，有能形成光斑的墙（阴影下最好）。教师带领幼儿到开阔的户外，请每个幼儿自行选择 1~2 个规则几何图形镜片，尝试通过镜片将光反射到墙上，形成光斑。

教师巡视，注意观察幼儿的行为，听取他们的谈话内容，适时提供支持和引导。

教师引导幼儿的提问：

✧ 你拿的是什么形状的镜片？

✧ 墙上的光斑是什么形状的？

✧ 你是如何使太阳光照反射到墙上的？

✧ 你照射到墙上的光斑与你手里拿的镜片的形状一样吗？

✧ 你们能将 2 个三角形（正方形等）光斑拼合到一起吗？

✧ 两个正方形（三角形等）光斑拼合到一起后，形成了什么形状？

当幼儿基本都完成操作或兴趣减弱的时候，教师结束该活动，并请幼儿交流上述问题。

教师总结：镜子可以将阳光反射到墙上，墙上的光斑跟镜子的形状一样，光斑汇合到一起会形成新的形状。

三、探究不规则可反光材料形成的光斑形状

教师出示不规则可反光材料，请幼儿自选 1~2 个，然后重复上面的探究过程。

教师引导幼儿的提问：

✧ 你能将太阳光照反射到墙上吗？

---

* 作者：刘瑶，吉林省延吉市向阳幼儿园。

✧ 墙上的光斑是什么形状的？

✧ 你反射到墙上的光斑与你手里拿的物体形状一样吗？

当幼儿基本都完成操作或兴趣减弱的时候，教师结束该活动，并请幼儿交流上述问题。

教师总结：不规则材料也可以将光反射到墙上，墙上光斑的形状不确定。

四、光斑造型

教师宣布进入游戏时间，鼓励幼儿以小组合作的形式，使用现有的规则和不规则反光材料，通过反光，在墙上形成一个造型，造型可以是一朵花、一个人、一个动物等等。

幼儿自由享受科学活动和创作的乐趣，教师可以为小朋友拍照留存造型成果。

活动结束之后，教师请幼儿完成活动记录单。

活动记录单（示样）：

反光材料或形状	形成光斑的形状
我拼合或参与拼合的形状：	

活动评价：

无效果	对探究光斑不感兴趣，不参加活动，或者不会形成光斑
初见成效	模仿他人，尝试形成光斑，不发表或很少发表个人意见
基本掌握	能形成规则和不规则光斑，尝试与同伴一起进行光斑游戏，对光斑的形成和形状感到好奇
完全掌握	主动探究多种规则和不规则反光材料，并形成光斑，能将光斑组合到一起，参与幼儿交流活动，积极提出自己的问题，并对光具有强烈好奇心，希望继续探究

家园共育：

1.家长尝试与幼儿一起玩光斑游戏，欢迎附近小朋友一起参与游戏。

2.使用科学启智资源包材料或者自己创造材料，玩光的造型游戏。

光影好朋友*

活动由来：

光和影是幼儿生活中常见的科学现象，幼儿对影子的产生和变化总是感觉到好奇和神秘。为了帮助幼儿揭开其中的奥秘，教师设计了此活动。

活动目标：

1.探究影子产生和变化的原因。

2.将语言与科学教育融合，使幼儿体验科学探究的快乐。

* 作者：刘馨蒙，指导教师：刘晨，吉林省省直机关第二幼儿园。

活动准备：

材料准备：手电筒、兔子手偶。

经验准备：在生活中注意到了影子，不怕影子，使用过手电筒。

活动过程：

一、故事导入，激发探究欲望

教师提前选好墙面或板面作为投影位置，请幼儿团坐。

教师绘声绘色地为幼儿讲故事《小兔子的朋友》。故事梗概为：兔妈妈出门找食物，智学兔独自在家，大灰狼想乘机吃掉智学兔。智学兔说家里有一位神秘的兔子朋友，能一口吃掉一只大灰狼。大灰狼不信，智学兔将自己的影子映在窗帘上，影子特别大，嘴巴也张得大大的，像要吃掉大灰狼，大灰狼吓得逃走了。

教师出示兔子手偶，提问：小朋友们，智学兔来到了老师这里，为了帮智学兔赶走大灰狼，你们能帮智学兔展现大大的影子和张得大大的嘴巴吗？

二、动手实验，发现光影的关系

每两位幼儿拿一把手电筒和一个兔子手偶，自主探究如何出现大大的兔子影子和张得大大的嘴巴。教师巡视，注意观察幼儿的行为，听取他们的谈话内容，适时提供支持和引导。

教师引导幼儿的提问：

✧ 打开手电筒照一照，你能在活动室里发现黑黑的影子吗？

✧ 哪些影子大？哪些影子小？

✧ 关闭手电筒，影子还在吗？

✧ 是什么原因使得影子出现（消失）了？

✧ 物体和它影子的形状一样吗？

✧ 手电筒不动，移动一下兔子手偶，手偶的影子有变化吗？

✧ 手电筒不动，让手偶张开嘴巴，你看到影子有什么变化？

✧ 移动一下手电筒，影子有变化吗？

教师请幼儿表演，并说明自己的发现和解决问题的思路。

教师开心地赞扬幼儿的发现，鼓励幼儿继续探究。如果幼儿说明光、影时存在不正确的地方，教师适时纠正，否则尊重幼儿对语言和描绘方式的选择。

三、完成活动记录单，记录科学探究成果

幼儿以绘画的形式记录自己的实验结果，教师提供必要的支持和引导。

活动记录单（示样）：

手电筒 距离 影子 大小	手电筒关闭	距离—近 	距离—中 	距离—远 
兔子手偶				

活动评价：

无效果	对影子活动不感兴趣、不愿意尝试产生影子
初见成效	参加活动，但没有进行多次尝试，没有参加讨论交流，多数时间处于观望状态
基本掌握	探究如何产生大大的影子，参与交流和讨论，发现影子变化与光的关系，对光影有一定的好奇心
完全掌握	积极参加活动，成功探究影子形成和变化的原因，主动发表意见，主动制造更多更大的影子，享受影子表演的乐趣

家园共育：

1.亲子在晚上关闭照明灯，用手电筒或投影仪等一起玩手影游戏。

2.晚上散步时，父母引导孩子注意路灯下人影的变化。

3.家长为孩子讲述日晷，可以尝试自己制作一个简易的日晷，引导幼儿观察、记录影子变化。

影子真有趣*

活动由来：

影子是幼儿日常生活中常见的科学现象，也是天然的教育资源。皮影戏演出让幼儿觉得很神奇，他们很想知道其中的科学道理。为了解开幼儿心中的小问号，弘扬中华优秀传统文化，激发幼儿的民族自豪感，教师设计了此活动。

活动目标：

1.让幼儿探究、了解影子产生的原因。

2.实现科学、健康、艺术、社会的融合教育，使幼儿觉得科学好玩，乐于探究。

3.弘扬中华优秀传统文化，传承人类非物质文化遗产。

活动准备：

材料准备：皮影戏视频片段、手电筒、背景布、小玩具若干、小动物模型卡片若干。

经验准备：知道影子，不怕影子。

活动过程：

一、健康活动，为科学探究热身

天气晴好的上午或下午，户外活动，教师安排幼儿玩“踩影子”游戏。

为了让自己的影子不被踩到，小朋友东奔西跑，转闪腾挪，甚至有的小朋友躲到了大树下、屋檐下，让自己的影子“隐藏”了起来，玩得非常开心、有趣。

二、室内探索，好戏开始

1.皮影戏演出，弘扬中华优秀传统文化，激发幼儿的好奇心和探究欲。

教师：刚才户外活动时，大家开心地玩了“踩影子”游戏，我这里还有一个更高级的影子游戏，它是中华优秀传统文化和人类非物质文化遗产，我们一起看看他们是怎么玩影子的。

教师播放皮影戏视频片段。播放结束后为幼儿介绍皮影戏，使幼儿感受皮影戏的艺术魅力和艺术价值。

2.小试身手，手影游戏上演。

---

* 作者：王惠，山东省烟台市芝罘区区直机关幼儿园。

教师为幼儿分发手电筒和背景布，然后为幼儿表演手影。（幼儿说动物的名字，教师表演。）

教师在表演的时候，有意识地使手接近和远离手电筒，使手影时大时小。

教师表演结束后，教师鼓励幼儿尝试进行手影表演。

教师巡视，注意观察幼儿的行为，听取他们的谈话内容，适时提供支持和引导。

教师引导幼儿的提问和评论：

✧　如何使手影变大变小？

✧　如何使手影变换造型？

✧　关闭手电筒，会有影子吗？

教师请幼儿交流、演示，从而使幼儿发现手影变大变小和改变造型的办法。

3.更丰富的材料，更丰富的探究，更丰富的表演。

教师为幼儿分发小玩具和小动物模型卡片，让幼儿继续玩影子的游戏。

当幼儿熟悉小玩具和小动物模型卡片后，教师提出新的任务：用小玩具和小动物模型卡片进行影子表演，要求设计一定的情节，幼儿可以为表演配音、配乐。

幼儿自行商议角色安排和分工，分组进行表演。

教师给予帮助和支持。表演结束后，教师为优秀表演团队颁发奖品。

三、分享交流

幼儿分享自己对影子的认识，分享表演心得。

教师鼓励幼儿继续进行探究影子的活动，鼓励幼儿更多地关注中华优秀传统文化。

活动评价：

无效果	没兴趣，不愿意参与活动
初见成效	乐于玩“踩影子”游戏，知道变换身体姿势能使影子发生变化，后继活动参与较少，有一定的好奇心
基本掌握	经过探究，知道皮影戏和手影都是由于光的照射产生的，喜欢皮影戏表演和影子游戏
完全掌握	掌握影子变化，主动策划小玩具和小动物模型卡片的表演内容，并协调小组幼儿成功表演

家园共育：

1.亲子玩互踩影子的游戏，增加亲子关系，使孩子感受科学的乐趣和好玩。

2.家长带幼儿观看皮影戏表演，感受皮影戏的光影效果和艺术魅力。

彩色“影子”*

活动由来：

在日常生活和开展的科学探究活动中，幼儿看到的影子都是黑色的，对于是否有彩色的“影子”幼儿并不确定，为了带领幼儿感知更有趣的光影现象，教师设计了此活动。

说明：影子是由于物体遮住了光的传播，导致光不能穿过不透明物体而形成的较暗区域，所以影子是黑色的。彩色“影子”中的“影子”并不是上述所说的影子，故加引号以示区别。幼儿科学学习的核心是激发探究兴趣，体验探究过程，发展初步的探究能力。故此活动目的是带领幼儿感知彩色“影子”这一现

* 作者：关欣，吉大附中力旺实验幼儿园。

象，不探讨光学。

活动目标：

1.感知彩色“影子”及其形成条件。

2.感受彩色“影子”的美与变化，感受科学的乐趣。

3.发展幼儿的探究能力，培养幼儿的好奇心。

活动准备：

材料准备：手电筒、白色背景板、彩色透明积木块、彩色透光纸、不透明积木块、羽毛球、图书、红黄蓝儿童色素、透明塑料瓶（含水）。

经验准备：知道影子或玩过影子游戏。

★安全事项：水可能洒落在地面，可能导致幼儿滑倒，教师要注意观察和及时处理。

活动过程：

一、谈话导入，激发兴趣

教师为幼儿分发手电筒和白色背景板，问小朋友能否制造出影子，鼓励幼儿自由尝试。

待幼儿制造出影子后，教师再次提问：影子是什么颜色的？（等待幼儿回答）你们能制造出彩色“影子”吗？

教师鼓励幼儿交流，提出自己的看法或方案。

二、出示材料，自主探索

教师为幼儿分发白色背景板、彩色透明积木块、彩色透光纸、不透明积木块、羽毛球和图书等材料，请幼儿先猜想能否制造出彩色的“影子”，填写活动记录单，然后自由探究能否制造出彩色的“影子”，再次填写活动记录单，并将上述物品分为两类：能制造出彩色“影子”和不能制造出彩色“影子”。

幼儿自主尝试，教师巡视，注意观察幼儿的行为，听取他们的谈话内容，适时提供支持和引导。

教师引导幼儿的提问：

✧ 这些材料是透明的吗？

✧ 黑色影子的材料具有什么共同点吗？

✧ 彩色“影子”的材料具有什么共同点吗？

✧ 彩色“影子”是什么颜色的？跟物体的颜色一样吗？

✧ 我注意到了你将彩色透光纸叠加在一起使用。

✧ 你能制造出更多颜色丰富的“影子”吗？

三、增加材料，制造彩色“影子”

教师为幼儿分发红、黄、蓝儿童色素和透明塑料瓶，请幼儿探究：能否利用透明塑料瓶和红、黄、蓝儿童色素产生彩色“影子”。

教师引导幼儿的提问和评论：

✧ 往塑料瓶中滴入黄色色素后，瓶中的水变成了什么颜色？瓶中液体是透明的吗？

✧ 往塑料瓶中滴入多种色素，瓶中的水变成了什么颜色？瓶中液体还是透明的吗？

✧ 用手电筒照射塑料瓶，瓶中液体的颜色和瓶后光的颜色有什么关系？

利用色素和透明塑料瓶制造彩色“影子”

✧ 如何使瓶中液体的颜色更丰富多彩？

幼儿基本实验成功后，教师组织幼儿展示自己的创作，介绍自己的做法和心得体会。

活动延伸：

在科学区角中投放手电筒、色素和透明塑料瓶子，鼓励幼儿继续探究彩色“影子”。

在科学区角中投放色彩过滤片，鼓励幼儿发现颜色的变化。

活动记录单（示样）：

彩色“影子”实验记录单

（能否产生彩色“影子”画“√”，反之画“×”）

材料	猜想能否产生彩色“影子”	验证能否产生彩色“影子”

活动评价：

无效果	没有兴趣，不参加活动
初见成效	在教师的引导下参与活动，尝试用手电筒照射不透明和透明物体，主动探究精神欠佳，不爱发言和交流，不提出问题，但对活动有一定的好奇心
基本掌握	参加活动，参与幼儿讨论，发表自己的看法，掌握产生影子和彩色“影子”的方法，开始提出一两个问题，对彩色“影子”表现出好奇心
完全掌握	主动参与，独立探究、观察，积极分享自己的观点，倾听同伴的观点，掌握产生不同影子的方法，对彩色“影子”的探究充满好奇心，不断提出自己好奇的问题

家园共育：

1.在家中，亲子尝试用彩色或有色灯光照射透明和不透明物体，观察“影子”的颜色。

2.家长给幼儿佩戴不同颜色的有色眼镜，请幼儿说说感受。

自制彩虹*

活动由来：

雨过天晴，孩子们突然看到了天上有一道美丽的彩虹，一阵惊喜欢呼后彩虹就不见了。孩子们很失落，还想看到彩虹。为了满足孩子们的愿望，教师设计了此活动。

活动目标：

1.自制彩虹，感受光的变化和神奇。

2.培养幼儿的好奇心和探究欲。

---

* 作者：杨沫，长春市人民政府机关第三幼儿园。

3.提升幼儿的动手操作能力。

活动准备：

材料准备：气压式雾化喷水壶（含水）、小镜子、水盆（含水）、抹布、活动记录单、彩笔。

经验准备：见过彩虹或相关视频、绘画作品。

★安全事项：水洒落在地面可能导致幼儿滑倒，教师要注意观察和及时处理。小镜子不能使用玻璃制品，建议使用亚克圆角镜子。

活动过程：

一、猜谜语，说彩虹，画彩虹

教师说谜语："弯弯一座七彩桥，不用水泥和木料。高高挂在半天腰，雨过天晴出现了。"幼儿猜谜底。然后教师请幼儿说说自己见过的彩虹的样子，为幼儿分发活动记录单，请幼儿在活动记录单上部画一道彩虹。

二、自制彩虹，感知光的变化和神奇

1.小镜子和水盆（含水）制作彩虹。

教师为幼儿分发小镜子和水盆（含水），告知幼儿我们要自己动手制作彩虹。

教师演示用平面镜和水盆制作彩虹的方法：把 1 盆水放在阳光下，然后把 1 面小镜子斜放入水中，不断调试小镜子放置角度，同时注意观看天花板，直到出现彩虹。

幼儿尝试自制彩虹，教师巡视，注意观察幼儿的行为，听取他们的谈话内容，适时提供支持和引导。

教师引导幼儿的提问：

✧ 你是怎么制作出来彩虹的？

✧ 天花板上的彩虹跟你画的彩虹一样吗？

✧ 天花板上的彩虹好像在晃动，是什么原因？

✧ 你能做出更大的彩虹吗？

当幼儿基本都完成操作或兴趣减弱的时候，教师结束该活动，并请幼儿交流自己的制作过程和发现。

2.喷水壶制作彩虹。

教师为幼儿分发喷水壶，告知幼儿我们要用另外一种方法自制彩虹。

教师演示用喷水壶制作彩虹的方法：为喷水壶打压，然后身体背对太阳，压下喷水壶出水开关，观看喷出来的水雾，发现彩虹。

教师为幼儿分发喷水壶，幼儿尝试自制彩虹，教师巡视，并适时提供支持和引导。

教师引导幼儿的提问：

✧ 你是怎么制作出来彩虹的？

✧ 你能做出更大的彩虹吗？

✧ 喷水壶产生的彩虹跟你画的彩虹一样吗？

✧ 喷水壶产生的彩虹跟小镜子和水盆产生的彩虹一样吗？

✧ 没有阳光的地方能产生彩虹吗？

✧ 为什么彩虹消失了？

当幼儿基本都完成操作或兴趣减弱的时候，教师结束该活动，并请幼儿交流自己的制作过程和发现。

三、记录自己制作的彩虹

教师鼓励幼儿将自己制作的彩虹画到活动记录单下部分。

活动记录单（示样）：

我画的彩虹：	
小镜子制作的彩虹：	喷水壶制作的彩虹：

活动评价：

无效果	对自制彩虹活动没有兴趣，不参加活动
初见成效	活动缺乏目的性和持续性，动手尝试几次后即停止，游离于探究活动之外，但对彩虹有一定的好奇心
基本掌握	参加活动，参与幼儿交流和讨论，能自制彩虹，对彩虹的出现很好奇，提出一两个相关问题
完全掌握	积极参与活动，不断尝试，希望制造出更多、更大的彩虹。参与幼儿讨论，提出彩虹相关的问题，对彩虹相关现象充满好奇心

家园共育：

1.亲子“齐上阵”，尝试制作出更大的彩虹，请亲朋好友欣赏并表扬和鼓励小朋友继续科学探究。

2.如果条件允许，家长可以带领幼儿使用三棱镜制造出彩虹，家长可以尝试为幼儿讲讲光的组成。

资源推荐：《天空为什么有彩虹》《彩虹的故事》。

磁铁宝宝找朋友*

活动由来：

幼儿不小心将教师用的曲别针盒打翻了，曲别针洒了一地，大家赶紧帮忙捡。老师从科学区拿起了一块大磁铁，在散落曲别针的地上一扫，曲别针尽数被磁铁吸走，这让幼儿对老师手里的“秘密武器”非常惊讶！抓住幼儿的好奇心，教师生成了本次活动。

活动目标：

1.感知磁铁能吸住一些金属，不能吸住另外的一些金属和非金属物品。

2.引导幼儿在观察和探索的基础上，尝试进行简单的分类、概括。

3.培养幼儿对科学探究的兴趣，支持和鼓励幼儿的探索行为。

活动准备：

材料准备：《好朋友》音乐、磁铁、硬币、钥匙、花布、毛线、积木、纸张、纽扣、发卡、易拉罐、回形针、夹子、挂钩、活动记录单、彩笔。

* 作者：陈琛，齐河县第三幼儿园。

经验准备：熟悉《好朋友》音乐。

活动过程：

一、激趣导入，感知磁铁

教师播放《找朋友》音乐，鼓励幼儿一起边唱儿歌，一边找到自己的好朋友，找到好朋友后抱一抱，然后一起返回座位。

教师：小朋友们都找到了自己的好朋友，真棒！老师这里还有一个叫磁铁的宝宝，它很孤单，也想找到好朋友，小朋友们能帮助它一下吗？

教师为幼儿分发磁铁，请幼儿用看、触、嗅等方式感知磁铁，然后大胆猜想哪些物品是磁铁的好朋友，幼儿说出物品名字后，教师请幼儿拿着磁铁，将磁铁与物体“抱抱”，看磁铁与物体能否“抱”在一起。“抱”在一起时，教师说某某物体与磁铁是好朋友，反之则说某某物体与磁铁不是好朋友。

教师小结：磁铁能吸住好朋友，有些物体是磁铁的好朋友，有些物体不是磁铁的好朋友。

二、大胆猜测，实验探究

教师为幼儿分发实验材料：硬币、钥匙、花布、毛线、积木、纸张、纽扣、发卡、易拉罐、回形针、夹子、挂钩、活动记录单、彩笔等，布置探究任务：请小朋友先感知这些材料，猜想材料中哪些是磁铁的好朋友，哪些不是，并将猜想结果记录在活动记录单中，然后用磁铁验证自己的猜想。

幼儿完成上述任务，教师巡视，注意观察幼儿的行为，听取他们的谈话内容，适时提供支持和引导。

教师引导幼儿的提问：

✧ 你怎么知道它是磁铁的好朋友？

✧ 磁铁能（或不能）吸起来的物体具有什么特征？

✧ 你能把这些材料分为“能吸”和“不能吸”两类吗？

幼儿基本完成之后，教师鼓励幼儿与同伴分享交流，说说自己的探索结果，说说自己判断能吸和不能吸物品的特征，说说自己的分类结果，完成活动记录单的填写。

三、扩大范围，探究更多的秘密

教师鼓励幼儿拿着磁铁在活动室里找一找，探究哪些物品能被磁铁吸住，哪些物品不能被磁铁吸住。

师幼交流：哪些物品可以被磁铁吸住？它们具有什么特征？

四、活动总结

教师积极肯定幼儿的探究行为，表扬幼儿在分享和交流过程中的大胆表现，鼓励幼儿继续发现磁铁更多的小秘密。

活动记录单（示样）：

材料	 猜想 （吸“√”，不吸“×”）	 验证 （吸“√”，不吸“×”）

活动评价：

无效果	没有兴趣或好奇心，没有参与到活动中来
初见成效	拿起磁铁玩，尝试磁铁能否吸住一些物体，或观看同伴做实验，缺乏积极探究精神
基本掌握	参加活动，基本完成教师安排的探究任务，能与同伴一起或单独描述观察到的现象，但科学兴趣不浓
完全掌握	积极参与活动，主动完成教师安排的探究任务，与同伴交流自己的发现和想法，提出一些关于磁性的问题，对磁铁具有好奇心

家园共育：

1.家长为幼儿提供多种样式的磁铁，鼓励幼儿在家继续探究磁铁能吸住哪些物品。

2.家长为幼儿展示更多磁铁的神奇魔力，例如磁力穿透、磁化等，激发幼儿探究的欲望。

尝试穿越*

活动由来：

“堵住啦！”小智大声呼喊，向老师求助。小朋友们都被小智的呼喊吸引住了，纷纷前来一探究竟。原来小智之前玩的一直是直管，今天变成了弯管，他发现玩具通不过了。抓住孩子们的注意力和兴趣点，教师设计了此活动。

活动目标：

1.动手操作验证哪些物体能通过弯管。

2.体验探究过程，发展初步的探究能力。

3.尝试分析问题和解决问题。

活动准备：

材料准备：每组一筐操作材料（内含铅笔、积木块、石子、硬木棍、螺丝帽、软木棍、毛线、橡皮泥、纸张等），直管若干、弯管若干、活动记录单、彩笔。

经验准备：知道橡皮泥可以分合，纸张可以撕开。

★安全事项：长棍可能戳伤幼儿自己或其他幼儿，教师需提醒幼儿安全使用，并注意观察和及时处理。

活动过程：

一、游戏预热，导入活动

教师带领幼儿在户外玩钻管道的游戏，游戏中幼儿能顺利钻过管道，但是老师却由于管道狭窄无法钻入，以此建立幼儿对物体能否穿越管道的简单、直观感知。

二、猜测什么物体能够通过弯管

教师带领幼儿回到活动室，分发实验材料给幼儿，引导幼儿猜想：什么材料可以穿过直管？什么材料可以穿越弯管？幼儿将猜想结果记录到活动记录单中。

三、操作验证

幼儿使用直管和弯管，分别验证自己的猜想，并将实验结果记录到活动记录单中。

教师巡视，注意观察幼儿的行为，听取他们的谈话内容，适时提供支持和引导。

---

* 作者：宋鹏达，指导教师：刘晨，吉林省省直机关第二幼儿园。

教师引导幼儿的提问：

✧ 你是怎么判断材料能否穿过管道的？

✧ 比管口大（或小）的物体能穿过直管（或弯管）吗？

✧ 比管口小的物体都能穿越弯管吗？

四、什么办法能使材料成功穿越弯管？

教师：小朋友尝试了软木棍、毛线、橡皮泥、纸张等，发现它们不能成功穿越弯管，可是它们很着急，它们也想穿越弯管，小朋友能想想办法吗？

幼儿再次尝试分析和解决问题，并将结果记录到活动记录单中。

教师引导幼儿的提问：

✧ 使软木棍弯曲，能通过弯管吗？

✧ 毛线很软，能否跟随其他物体一起穿越弯管？

✧ 把橡皮泥分成很多小块，小块橡皮泥能穿越弯管吗？

✧ 纸张能变成小纸团或纸屑吗？小纸团或纸屑能穿越弯管吗？

尝试穿越弯管

五、总结交流

幼儿分享自己判断物体能否穿过直管、穿越弯管的依据，分享使物体穿越弯管的方法。

教师鼓励幼儿遇到问题要多分析问题，并尝试解决问题。

活动延伸：

在活动区投放手电筒、潜望镜模型、沙子、毛根、加密弹簧等材料，投放更复杂的弯管，引导幼儿进一步深入探究。

活动记录单（示样）：

材料名称	猜想		验证		什么办法使材料成功穿越弯管
	穿过直管	穿越弯管	穿过直管	穿越弯管	
铅笔					
积木块					
石子					
硬木棍					
螺丝帽					
软木棍					
毛线					
橡皮泥					
纸张					

活动评价：

无效果	不参与活动，对活动无兴趣
初见成效	尝试使材料通过直管和弯管，但对弯管的探究较少
基本掌握	能使简单材料通过直管和弯管，但遇到困难后解决方案很少
完全掌握	对活动非常有探究兴趣，能使难度较大的材料通过弯管

家园共育：

家长带孩子去科技馆玩直管、弯管相关的探究游戏。

揭秘干冰*

活动由来：

有一次去饭店吃饭时，饭桌上干冰冒着的白色烟雾吸引了小外甥女的注意，她特别好奇，而且在吃饭的过程中一直在观察烟雾的产生。《3—6 岁儿童学习与发展指南》指出："和幼儿一起发现并分享周围新奇、有趣的事物或现象，一起寻找问题的答案。"受这个事情的启发，教师设计了此活动。

活动目标：

1.探究干冰的物理属性，揭秘有趣的烟雾。

2.使幼儿发现科学的神奇，激发幼儿的好奇心和探究欲。

3.将科学与艺术相融合，使幼儿感受科学的魅力。

活动准备：

材料准备：干冰、防低温手套、温水、小茶壶、玻璃碗、蜡烛、打火机、气球、栅格硬盒、舞蹈音乐。

经验准备：幼儿见过水烧开的样子，教师应提前熟悉干冰的安全操作方法。

★安全事项：干冰的温度是约零下 78℃，接触干冰必须戴专用防低温手套。防止幼儿直接接触干冰。

活动过程：

一、活动导入，展示神奇的现象

教师在活动开始前，事先将干冰放入小茶壶中，准备好温水。

活动开始的时候，教师告诉幼儿自己有点口渴，要先泡壶茶，然后拿出小茶壶，打开茶壶盖，将温水倒入茶壶，盖上茶壶盖。顿时，浓浓的白色雾气从茶壶嘴里喷了出来。此时，幼儿一定惊呆了，"哇"声随之响起。

教师：今天的水有点奇怪，怎么还没有开始烧，就"开"了呢？

教师留出时间给幼儿吃惊、观察、思考、交流。

二、神奇继续——雾气灭蜡烛

在幼儿吃惊、观察、思考、交流期间，教师点燃一根蜡烛，然后将小茶壶的壶嘴对着蜡烛的火焰，蜡烛熄灭。教师再次点燃蜡烛，再次将小茶壶的壶嘴对着蜡烛的火焰，蜡烛再次熄灭。此时，幼儿的好奇心一定再次被点燃。

教师：好奇怪啊？蜡烛怎么熄灭啦？老师可是没有吹蜡烛的啊！你们帮老师找找原因吧！

教师点燃蜡烛，请不同的幼儿来尝试。

三、神奇又发生了——谁吹鼓了气球

教师：老师这里有一个气球，据说给气球口打个结，气球能自己鼓起来，我们试试看。

教师演示，假装跟小朋友们一起期待气球自己鼓起来，结果发现气球不会自己鼓起来。

教师：现在请大家闭上眼睛，我数到 3 的时候你们再睁开眼睛，看看有什么神奇的现象发生。

教师用事先准备好的、内有干冰的气球替换原来的气球，然后数到 3，幼儿睁开眼睛发现气球慢慢鼓起来了，幼儿的小问号又一次膨胀了。

四、揭示谜底，公布答案

教师戴防低温手套，将干冰放到玻璃碗中，揭秘答案。

教师同时说明以下几点：

---

* 作者：黄晓磊，开原市中心幼儿园。

1.干冰的温度非常低，比冰箱的冷冻还低，小朋友千万不能直接用手触碰它。

2.干冰遇到热水，会产生大量的二氧化碳，而二氧化碳是灭火器的一种材料，可以直接灭火。

3.干冰会由固体直接变为气体，气体产生多了，就使气球鼓起来啦！

教师请幼儿近距离观看干冰。

五、干冰舞台，一起跳起来

教师将干冰装入不同的栅格硬盒中（防干冰外溢和幼儿踩踏），分别放到活动室的不同部位，然后倒入适量温水，制作云雾，播放音乐，邀请求小朋友一起“腾云驾雾”，翩翩起舞。

活动评价：

无效果	对干冰不感兴趣，不参加活动
初见成效	感觉干冰很神奇，惊讶于老师设计的活动，但探究缺乏主动性
基本掌握	参与活动，基本认识了干冰的性质，对干冰有好奇心
完全掌握	积极参加活动，对干冰充满好奇心，主动观察、了解干冰的性质，享受在白雾中舞蹈的乐趣

家园共育：

1.家中收生鲜类快递的时候，如果快递箱内有干冰，家长可以为儿童介绍干冰的用途。

2.家长为幼儿讲述干冰的科学知识和用途。

蛋宝宝，站起来*

活动由来：

幼儿年龄小，他们对身边的事物充满了好奇心。在早餐吃鸡蛋的时候，我发现孩子们对鸡蛋很感兴趣，他们会比试着看看谁的鸡蛋能站起来，探索让鸡蛋站起来的方法，因此我设计了此次活动，通过玩鸡蛋，并借助材料，让鸡蛋宝宝站起来，让幼儿感受到让蛋宝宝站起来的快乐。

活动目标：

1.探究使鸡蛋站立的方法和手段。

2.激发探究兴趣，学习发现问题、分析问题和解决问题。

3.发展幼儿语言理解和表达能力。

活动准备：

材料准备：熟鸡蛋、蛋挞盒、瓶盖、太空沙、毛巾、毛线、积木、纸筒、超轻黏土、报纸、背景音乐。

经验准备：知道鸡蛋能滚动。

活动过程：

一、情境导入

展示蛋宝宝到处滚动的情景。

教师提出问题：蛋宝宝也想和小朋友一样站得稳稳地听故事、看动画片，可是它们现在只会滚动，怎样让蛋宝宝站稳呢？

二、幼儿操作材料，探索让蛋宝宝站稳的方法

教师为每组幼儿分发熟鸡蛋、蛋挞盒、瓶盖、太空沙、毛巾、毛线、积木、纸筒、超轻黏土等材料，

---

* 作者：邹丹，长春市人民政府机关第一幼儿园。

幼儿自选一种材料，尝试用这种材料帮蛋宝宝站稳。

幼儿自主探究，教师播放背景音乐、巡视、拍照记录幼儿探究过程，注意观察幼儿的行为，听取他们的谈话内容，适时提供支持和引导。

教师引导幼儿的提问：

✧ 蛋宝宝为什么自己不能站立？

✧ 你用了什么手段使蛋宝宝站稳？

✧ 蛋宝宝为什么能站稳在这个材料上？

✧ 蛋宝宝能站稳的材料有什么共同特点？

幼儿基本完成之后，教师请幼儿相互参观，分享和交流自己的做法。

交流时，教师鼓励幼儿用挡、围、包等关键词描述操作过程，增加幼儿的语言表达和理解能力。

三、探索用报纸让蛋宝宝站稳的方法

教师收回材料，为幼儿发放报纸，请幼儿尝试用报纸帮助蛋宝宝站起来。

教师引导幼儿的提问：

✧ 蛋宝宝站立需要什么条件？

✧ 报纸如何才能满足蛋宝宝站立的条件？

幼儿基本完成之后，教师请幼儿相互参观，分享和交流自己的做法。

交流时，教师鼓励幼儿用撕、揉等关键词描述操作过程，增加幼儿的语言表达和理解能力。

四、拓展探究，丰富经验

教师鼓励幼儿自己找到新的材料和方法，让蛋宝宝站起来。

教师鼓励幼儿尝试不借助材料让蛋宝宝站起来。

教师为幼儿讲述哥伦布让鸡蛋站立来的故事，鼓励幼儿遇到问题后积极分析问题、解决问题。

活动评价：

无效果	玩鸡蛋，但对尝试让蛋宝宝站立起来不感兴趣
初见成效	在教师的引导下尝试让蛋宝宝站起来，但持续性差，不能积极探究
基本掌握	参与性强，知道几种让蛋宝宝站立的方法
完全掌握	兴趣浓厚，主动探究，能够用多种方法让蛋宝宝站立

家园共育：

和爸爸妈妈在家里找一找能够让蛋宝宝站起来的材料、工具，拍照传到班级群里，在晨间谈话活动中，和小朋友分享自己用了什么办法让蛋宝宝站起来。

资源推荐：儿歌《蛋宝宝》。

纸宝宝，站起来*

活动由来：

《3—6 岁儿童学习与发展指南》指出：“支持幼儿在接触自然、生活事物和现象中积累有益的直接经验和感性认识。”纸是日常生活中常见的物品，幼儿也经常用纸画画。为了让幼儿更深入地动手动脑探索

* 作者：寇美艳，德惠市米沙子镇希望小学。

感知纸的特性，感知形状与空间的关系，教师设计了此活动。

活动目标：

1.感知纸的特性，探究使纸站立的方法。

2.感知形状与空间的关系。

3.增强幼儿的动手能力，体验探索的乐趣。

活动准备：

材料准备：A4 纸、积木、发圈、夹子、雪糕棒、橡皮泥、双面胶、固体胶、纸箱。

经验准备：会使用双面胶和固体胶。

活动过程：

一、故事导入，激发兴趣和责任感

教师提前准备两张 A4 纸，一张纸单面画有开心纸宝宝（眼睛、嘴巴、眉毛等简笔画），另一张纸一面画有同样的开心纸宝宝，另一面画有哭泣的纸宝宝。

教师出示两张开心纸宝宝，告诉幼儿这是两个好朋友，一起出门玩雪，玩得正高兴的时候，一个纸宝宝滑倒了（将纸转到画有哭泣纸宝宝一面），站不起来了，正伤心地哭泣呢，请幼儿帮纸宝宝站立起来。

二、探究操作，发现方法

1.探究纸宝宝自己站立的方法。

教师为幼儿发放多张 A4 纸，请幼儿思考、尝试使纸宝宝自己站立。

教师巡视，观察幼儿的行为，听取他们的谈话内容，适时提供支持和引导，鼓励幼儿积极探索。

教师引导幼儿的提问和评论：

✧ 纸可以折叠吗？

✧ 纸可以弯曲吗？

✧ 纸可以撕开吗？能像人的两条腿一样站立吗？

✧ 我注意到你折叠了 3 次使纸宝宝站立了。

✧ 如果我们把纸揉成团，纸团会站立吗？

✧ 你将 A4 纸由长方形变成了四方体。

幼儿基本完成之后，教师请幼儿相互参观，分享和交流自己的做法，说说自己将纸变成了什么形体，发现了纸的什么特性。

2.探究辅助纸宝宝站立的方法。

教师为幼儿发放其他材料，鼓励幼儿开阔思维，借助发放的辅助材料站立起来。

教师引导幼儿的提问：

✧ 你想到了什么办法？

✧ 纸可以像人一样依靠其他物体站立吗？

✧ 纸可以扶着雪糕棒站立吗？

✧ 把纸放到积木中间，会怎么样？

幼儿基本完成之后，教师请幼儿相互参观，分享和交流自己的做法，说说自己是如何利用纸张和物体的特性使纸宝宝站立的。

三、活动总结

教师重点说明纸张的物理属性，说明平面到立体的转换，鼓励幼儿继续探究纸张或其他物体的特性。

活动评价：

无效果	幼儿对纸张不感兴趣，不参加活动
初见成效	探究活动止步于一两种最简单的站立方法，缺乏探究精神
基本掌握	参加活动，参与讨论和交流，发现多种使纸宝宝站立的方法，对活动具有一定的好奇心，能提出一两个相关问题
完全掌握	积极参加活动，不断尝试探索更多的方法使纸宝宝站立，具有锲而不舍的探索精神，不断提出探索中的问题，参与幼儿讨论和分享，具有浓厚的好奇心

家园共育：

1.家长为幼儿提供更丰富的材料，鼓励幼儿发现更多的方法使纸宝宝站立。

2.尝试发现使纸宝宝站立更稳的方法。

纸杯叠叠高*

活动由来：

随着年龄的增长和阅历的丰富，幼儿活动的持久性、目的性和专注性都有了明显的提高。如何为他们设计适合的探究活动呢？孩子们玩的掷骰子游戏和垒高高游戏给了我很大的启发，“纸杯叠高高”活动应运而生。

活动目标：

1.增加幼儿对物体平衡的体验和感知。

2.增加幼儿对数字、图形和方位的感知。

3.培养幼儿耐心、细心、专注的学习品质。

4.使幼儿体验竞争和合作的愉快。

活动准备：

材料准备：用纸板制作的三角形、正方形、圆形图形板，同规格纸杯、骰子（6个面分别是三角形、正方形、圆形，图形内部标有数字）、纸杯叠高视频。

经验准备：幼儿有数字和图形的概念或基础，会投掷骰子玩游戏。

活动过程：

一、视频导入，激发兴趣

教师播放纸杯叠高视频，吸引幼儿的兴趣。

教师：小朋友们，视频里的积木都搭得那么高，却依然平衡不倒。老师这里也为你们准备了纸杯叠高游戏，让我们来看看怎么玩，让我们也比一比谁搭建的纸杯又高又稳吧！

二、规则先行，教师示范

教师为幼儿讲解游戏规则，边讲规则边示范：

1.教师为幼儿讲解骰子上的1~6个数，讲解对应的三角形、正方形、圆形，讲解纸杯涉及的前后左右等方位，使幼儿基本了解或有一定的感知。

2.两名幼儿相对而坐，游戏开始，双方在桌面上轮流掷骰子。掷骰子的一方根据骰子朝上一面的信息

---

* 作者：张金华，指导教师：刘晨，吉林省省直机关第二幼儿园。

提示摆放图形板和纸杯。例如：如果骰子朝上一面显示的是圆形，且圆形内写有数字 2，则选择圆形板，并在圆形板上面放 2 只纸杯；如果骰子朝上一面是示的是三角形，且三角形内写有数字 3，则选择三角形板，并在三角形板上面放 3 只纸杯。

纸杯叠叠高材料

3.叠叠高时要将规定数量的杯子全部放在图形板上，且纸杯不能套叠。

4.两人依次轮流投掷骰子放图形板和纸杯，若一方弄倒了纸杯塔就算输，另一方为胜。若游戏结束或纸杯用完时纸杯塔依然不倒，则双方平局。

三、尽情对垒，探究平衡

1.幼儿组内两两对垒。

幼儿自由选择组内同伴对垒，在对垒中探究保持纸杯平衡的方法，加深对数字、图形和方位的感知。组内对垒产生小组冠军。

在对垒中探究平衡，认知数学

教师巡视并帮助部分幼儿梳理游戏规则，引导幼儿探究保持物体平衡的方法，引导幼儿将纸杯搭建得又稳又高。

2.小组冠军对垒。

小组冠军与另外小组冠军对垒，产生胜利者。

3.班级总决赛。

小组胜利者最终对决，产生班级冠军、亚军。

四、冠军发言，分享秘诀

教师为班级冠军、亚军颁发小礼物，并请他们交流经验，分享做法。

活动评价：

无效果	没有兴趣，不参与游戏
初见成效	能进行丢骰子和纸杯叠叠高游戏，但对数字、图形感知有错误，纸杯稳定性差
基本掌握	基本掌握游戏规则，对数字、图形感知基本正确，能搭建 3 层以上纸杯塔
完全掌握	熟悉游戏规则，对数字、图形感知正确，能搭建 4 层以上纸杯塔

家园共育：

1.在家里亲子一起玩本游戏，或玩单纯的纸杯或积木叠高游戏。

2.如果孩子对上述叠高游戏掌握得比较好，可以玩纸牌叠高游戏。

资源推荐：奇妙的物理系列之《跷跷板的小秘密》。

纸飞机*

活动由来：

国产大飞机研制、试飞的不断进展，吸引着孩子们的关注。孩子们在幼儿园期间也经常谈论飞机，折纸飞机。纸飞机是民间传统游戏，集科学、技术、工程、数学、艺术、健康等多种因素为一体，适合孩子

* 作者：李慧跃，延吉市向阳幼儿园。

去探索发现，为了满足孩子们的好奇心，培养孩子们星辰大海的宏伟志愿，教师设计了本次活动。

活动目标：

1.培养幼儿动手动脑的能力，增加幼儿手指的灵活性。

2.使幼儿接触数学图形，培养幼儿的数学意识。

3.鼓励幼儿积极探索如何让纸飞机飞得更远，培养幼儿不怕挫折，追求成功的意志品质。

活动准备：

材料准备：A4 纸（提倡利用废纸）、彩笔、苏珊飞机、视频《苏珊飞机》。

经验准备：了解飞机的大致结构，有折纸飞机的经验。

★安全事项：放飞纸飞机的过程中，要注意防止幼儿碰撞、跌倒，建议幼儿佩戴护目镜体。

活动过程：

一、制作纸飞机，享受飞行的乐趣

教师为幼儿发放 A4 纸和彩笔，鼓励幼儿自由折叠纸飞机，并为纸飞机打扮漂亮，然后自由放飞纸飞机，感受纸飞机这一民间传统游戏的快乐。

二、飞行比赛——看谁飞得远

幼儿自由放飞之后，教师升级活动规则：比比谁的飞机飞得最远，先小组比赛选出第 1 名，然后让小组的第 1 名再次比赛，选出班级第 1 名。

比赛结束后，教师给予第 1 名的幼儿奖励。

三、交流和改进自己的纸飞机，进行第 2 次比赛

教师请小组和班级第 1 名的幼儿讲述自己如何能取得第 1 名，请幼儿观察小组和班级第 1 名的飞机。

幼儿改进自己飞机的折法和飞法，进行第 2 次比赛。

比赛结束后，教师给予本次第 1 名的幼儿奖励。

四、观看视频《苏珊飞机》，比较自己的飞机与苏珊飞机有什么区别

教师播放视频《苏珊飞机》，带领幼儿感知苏珊飞机折叠和放飞的技巧。之后教师为幼儿发放折叠好的苏珊飞机，请幼儿拆解、观摩。

幼儿模仿和尝试折叠苏珊飞机，试飞自己的苏珊飞机，注意手部放飞时候的力度和方向。

五、幼儿再次折叠和绘画自己的飞机，自由飞翔

教师鼓励孩子根据自己所学、所悟，重新设计、折叠、绘画自己的飞机，并再次自由飞翔。

活动评价：

无效果	不参与活动，不折叠、不绘画自己的飞机
初见成效	尝试折叠、放飞纸飞机
基本掌握	参与折叠纸飞机活动，尝试改进自己的纸飞机，对如何让纸飞机飞得更远有好奇心
完全掌握	喜欢折、飞纸飞机，仔细观摩别人的纸飞机，积极改进自己的纸飞机，对飞行充满好奇心

家园共育：

1.家长带领幼儿折叠不同纸飞机，如：回旋飞机、战斗机等，尝试飞行，并录制视频发到班级群中。

2.家长带领幼儿观看更多飞行器视频，使幼儿领略飞行的魅力。鼓励分享飞行器视频到班级群中。

3.实地或者网络参观航天航空博物馆，感受星辰大海的磅礴。

谁的速度快*

活动由来：

轮胎游戏是幼儿很喜欢的一项户外活动。幼儿喜欢将轮胎滚动地飞快，比较谁是第 1 名，但由于缺少规则而往往不了了之。抓住这个问题，教师生成了此活动。

活动目标：

1.尝试发现评判速度和提升速度的方法。

2.科学和社会、健康融合，培养幼儿公平竞争意识。

活动准备：

材料准备：轮胎、户外跑道。

经验准备：幼儿会滚动轮胎。

活动过程：

一、谁在前面谁快？

户外活动时间，幼儿继续玩着轮胎游戏。小智一阵风似地将轮胎滚了过去，吸引大家一阵惊呼。“小智速度真快！”“我比小智速度还快！”……于是陆陆续续很多幼儿开始滚轮胎，希望证明自己速度更快。

玩了一会儿，幼儿停下来休息。

教师趁机问：“轩轩，小智在你前面，他比你快吗？”

轩轩不同意地说：“小智本来就在我前面，他比我先跑，实际上没有我快。”

其他幼儿纷纷附和：某某在我前面。言下之意，我比对方快。

教师继续问：“那如何确定谁快呢？”

幼儿纷纷说得在同一起跑线。

二、谁先到终点谁快？

教师为幼儿划定了一条起跑线，所有参加比赛的幼儿都在同一起跑线开始比赛。

第 1 次比赛结束后，教师提问：“轩轩，小智这次还在你前面，他比你快吗？”

轩轩不服气地说：“那不一定，跑的过程中浩宇跑到我这边，挡住我了，要不然我比小智先到终点。”

轩轩提议再比赛一次，赛后轩轩说这次是朵朵的轮胎把他的轮胎撞倒了，所以不能算数。

其他幼儿也说碰到了类似情况，跑在后面的幼儿不同意认输。

教师提议大家制定一个规则，幼儿纷纷同意。经过幼儿间的商讨，游戏规则形成了：

1.比赛从起跑线开始，到终点线结束。

2.男孩子一组，女孩子一组，分别进行比赛。

3.比赛过程中，如果轮胎被碰到了，被碰到轮胎的都停止比赛，成绩为零。

三、遵守规则也不算快？

按照幼儿约定的游戏规则，又一次比赛开始了，结果轩轩先到终点。

教师问：“小智，轩轩这次在你前面，他比你快吗？”

小智一脸委屈地说：“我一直比轩轩快，就这次手滑了，没有轩轩快，所以这次不能算数！”

幼儿一阵哗然，议论纷纷，有赞成的，有反对的。

教师提议大家再商议一下，看能否补充一下规则，幼儿纷纷同意。经过幼儿间的商讨，游戏规则增加

---

* 作者：刘翠翠，吉林省延吉市向阳幼儿园。

了一条：三局两胜。

四、谁的速度快？

在新的规则下，幼儿顺畅地完成了比赛，彼此口服心服。

有的幼儿还私下约定：下次继续比赛，我会比你快！

五、如何提升速度？

幼儿休息时间，教师组织幼儿讨论、交流：你是如何使轮胎速度更快的？

教师引导幼儿的提问：

✧ 走直线，是不是可以更快？

✧ 顺风滚，是不是可以更快？

✧ 手在轮胎的哪个部位用力，可以让轮胎跑得更平稳、更快？

✧ 选择不同的轮胎，会不会提升速度？

✧ 两个人合力滚一个轮胎，速度会不会更快？

✧ 提升奔跑速度，会不会让轮胎跑得更快？

教师鼓励幼儿继续探究，继续尝试，不断自我挑战。

活动评价：

无效果	对活动没有兴趣，不参加活动
初见成效	跟随同伴参加游戏，有一定的好奇心，但滚一两次就停止了，没有尝试如何使轮胎速度更快
基本掌握	参加活动，对提升速度有好奇心，有自己的想法，提出自己好奇的问题，并敢于尝试
完全掌握	有合作能力，善于思考并积极参与尝试，遇到困难可以寻找解决方法，有创新意识，对提升速度有强烈的好奇心

家园共育：

1.尝试带领幼儿玩滚铁环、打陀螺等游戏。

2.尝试与其他小朋友开展骑车比赛活动，鼓励幼儿取得好成绩。

好玩的静电*

活动由来：

冬天到了，空气干燥。小朋友们在脱衣服的时候经常听到噼里啪啦的声音，梳头的时候，头发会被梳子吸起来，幼儿对这些现象既好奇又困惑，有些幼儿甚至害怕。抓住幼儿关心的问题，教师设计了此活动。

活动目标：

1.感知静电的产生。

2.在科学探究中感受科学的乐趣，提升幼儿的动手操作能力。

活动准备：

材料准备：A4 纸、塑料直尺、气球、打气筒、塑料梳子、铅笔、木勺、橡胶手套、PPT 课件、活动记录单、彩笔。

经验准备：理解什么是摩擦，经历过静电。

---

* 作者：梁宇，中国人民解放军总医院幼儿园。

活动过程：

一、设疑导入，激发兴趣

教师：小朋友们，你们经历过静电吗？（幼儿发言）静电总是不期而遇，有时候还会把人电得疼疼的，但今天老师有秘密武器，静电可乖了！秘密武器是什么呢？

教师出示直尺，在幼儿怀疑的眼光中开始今天的科学探究活动。

二、游戏：直尺吸纸屑

教师：老师今天带你们做的第 1 个游戏是直尺吸纸屑，老师要让静电给老师干活，让静电把桌子上的纸屑吸起来。小朋友睁大眼睛看，神奇的事情即将发生。

教师表演：教师用直尺在头上摩擦，之后将直尺靠近提前撕好的纸屑，直尺将纸屑吸起。

教师分发 A4 纸和塑料直尺给幼儿，请幼儿尝试，并比比看谁吸起的纸屑数量最多。

教师注意观察幼儿行为，听取他们的谈话内容，适时提供支持和引导。

教师引导幼儿的提问：

✧ 你是如何能让直尺吸起纸屑的？

✧ 纸屑大了容易被吸住，还是小一些容易被吸住？

✧ 直尺摩擦的次数跟吸起纸屑的多少有关系吗？

✧ 你能吸起更多的纸屑吗？

幼儿基本完成实验后，教师请吸起纸屑数量多的幼儿展示，说明操作方法。

三、游戏：气球贴胸跑

教师：静电还想跟大家做一个游戏，大家看老师的演示。

教师演示：教师用气球在毛衣上来回摩擦，然后将气球吸附在毛衣上，带着气球跑，直到气球掉下来。

教师分发气球和打气筒给幼儿，帮助有困难的幼儿吹气球和扎气球口，鼓励幼儿尝试用衣服吸住气球，进行小组比赛，看看谁能吸附着气球跑得最远。幼儿自主探究和游戏。

教师引导幼儿的提问：

✧ 你是如何让气球吸附到衣服上的？

✧ 你还能让气球在衣服上吸附更久吗？

✧ 你能让气球吸附在衣服上跑得更远吗？

幼儿基本完成实验后，教师请各小组第 1 名的幼儿进行比赛，并交流操作方法。

四、自由探究：哪些物体产生静电，哪些物体不产生静电

教师分发塑料梳子、铅笔、木勺、橡胶手套等材料，幼儿动手尝试哪些物体能产生静电，哪些物体不能产生静电，并将探究结果记录到活动记录单中。

五、播放 PPT 课件：静电的益处和弊端

教师播放 PPT 课件，使幼儿了解静电的益处和弊端。

活动记录单（示样）：

物体静电活动记录单

（产生静电画“√”，不产生静电画“×”）

分类	塑料梳子	铅笔	木勺	橡胶手套	……
产生静电					
不产生静电					

活动评价：

无效果	对活动不感兴趣，不参与活动
初见成效	能够动手进行尝试，但活动不连续，不愿意与其他人合作，没有探究欲望
基本掌握	参与游戏探究和交流，对活动有兴趣，能提出一两个相关问题
完全掌握	对探究内容充满了好奇，积极参与游戏探究内容，尝试探究更多、更广的物体，积极提出自己的问题

家园共育：

1.家长带幼儿做更多的静电实验，例如塑料瓶吸引水流、怒发冲冠等。

2.家长带领幼儿观察生活中防止静电的方法，例如油罐车静电导线、加湿等。

资源推荐：绘本《捣乱的静电》。

乒乓球又鼓起来了*

活动由来：

区角活动时，洋洋小朋友突然大声“告状”：“老师，他把乒乓球踩瘪啦！”声音吸引了全班小朋友的目光。随后小朋友不由自主地聚拢到乒乓球前，看看踩瘪了的乒乓球，又看看老师，嘴里嘟哝着：“这可怎么办啊？”抓住幼儿的感知冲突，教师随机生成了本次活动。

活动目标：

1.使幼儿经历利用热胀冷缩原理解决实际问题的过程，感知热胀冷缩。

2.激发幼儿科学探究的兴趣，发现科学与生活密切相关。

活动准备：

材料准备：瘪的乒乓球、透明水杯（含盖）、热水（或热水器）。

经验准备：玩过乒乓球，知道热水会烫伤人体。

★安全事项：教师告知幼儿热水会导致烫伤，并稳妥设计活动方案，安全操作。

活动过程：

一、设疑导入

教师出示被踩瘪的乒乓球，继续将幼儿的兴趣吸引到探究内容上来。

教师：小朋友们，乒乓球被踩瘪了，老师跟你们一样很着急，热水宝宝说它可以让瘪的乒乓球再次鼓起来，你们相信吗？

二、猜想分组

教师出示瘪的乒乓球、透明水杯（含盖）和热水，请幼儿观看。

教师：热水宝宝说把瘪的乒乓球放入水杯中，把它（热水宝宝）倒入水杯中，盖上杯盖，嘴里说“变变变”，乒乓球就会复原了。你觉得可能吗？

幼儿猜想，按照“可能”“不可能”和“不确定”分三人一组，领取实验材料，准备验证猜想。

三、观察验证

幼儿做好观察准备后，每组由一个安全教师往水杯中倒入热水，盖好杯盖。

---

* 作者：宋季杰，中国人民解放军总医院幼儿园。

幼儿观察瘪乒乓球的变化，教师巡视，听取他们的谈话内容，适时提供支持和引导。

教师引导幼儿的提问和评论：

✧ 你看到水蒸气了吗？有水蒸气说明水很烫，要注意安全。

✧ 乒乓球有变化吗？哪个部位最先有变化？

✧ 乒乓球是怎么鼓起来的？你能模拟一下吗？

四、总结交流

幼儿交流自己观察到的现象和验证的结果，教师鼓励幼儿模拟乒乓球鼓起来的过程和样子。

教师总结：水太热啦！乒乓球里的空气也觉得挤在一起挺热的，于是它们就相互推攘，把瘪了的乒乓球又挤得圆鼓鼓了，这叫热胀冷缩。小朋友发烧时候用的体温计，里面的水银柱也是随体温高而“长高”，这也是热胀冷缩。生活中还有很多的现象，都蕴含着热胀冷缩的小秘密，期待着小朋友们继续探究哦！

活动评价：

无效果	对活动无兴趣，不参与活动
初见成效	观察杯中瘪的乒乓球，但观察持续性差，对细节注意较少，有一定的好奇心
基本掌握	观察乒乓球的变化，参与讨论和交流，对瘪的乒乓球恢复原样感到好奇
完全掌握	对活动内容非常感兴趣，仔细观察乒乓球的变化，分享自己观察到乒乓球的变化过程，希望观察和探究更多热胀冷缩现象

家园共育：

1.家长在生活中留意带领幼儿观察热胀冷缩现象，例如胀缩缝、户外电线、热水烫后开罐头瓶等。

2 家长与幼儿一起阅读热胀冷缩相关的绘本、故事。

趣搭扑克牌*

活动由来：

扑克牌是没有具体形象特征的低结构搭建材料，以往师幼对扑克牌的探究多落在数字、图形上，为了让幼儿从扑克牌“躺着玩”，延伸至立体搭建游戏中，教师设计了此活动。

活动目标：

1.探索扑克牌搭建的不同方法，感受搭建的乐趣。

2.科学与艺术融合，激发幼儿创新精神和探究欲望，提升解决问题的能力。

3.培养幼儿专注、细致的学习品质，形成受益终身的学习态度和能力。

活动准备：

材料准备：扑克牌、不同建筑物图片、扑克牌搭建视频、儿童剪刀、透明胶带、活动记录单、彩笔。

经验准备：幼儿会使用透明胶带粘贴，玩过扑克牌。

活动过程：

一、播放视频，感知立体搭建，激发兴趣

教师播放扑克牌搭建视频，幼儿感知扑克牌站立的方法和成功作品，激发参与活动的兴趣。

---

* 作者：刘翠翠，吉林省延吉市向阳幼儿园。

二、尝试让扑克牌“站立”

教师为幼儿分发扑克牌、儿童剪刀和透明胶带，鼓励幼儿尝试让扑克牌“站立”起来。

幼儿自主尝试，教师巡视，注意观察幼儿的行为，听取他们的谈话内容，适时提供支持和引导。

教师引导幼儿的提问：

✧ 将1张扑克牌折叠一下，扑克牌能“站立”吗？

✧ 使用透明胶带，能使2张或多张扑克牌“站立”吗？

✧ 将2张或多张扑克牌拼成三角形或四边形，扑克牌能“站立”吗？

✧ 你能用什么方法让扑克牌“站立”？

✧ 怎样使扑克牌“站立”得比较稳？

幼儿基本完成尝试或者兴趣减弱的时候，教师请幼儿交流，说说自己的方法和结果。

教师总结提示：1张纸牌弯曲或对折，2张纸牌粘贴竖起来，3张纸牌粘贴成三棱柱，4张纸牌拼成长方体等，这些方法可以让扑克牌“站立”。

三、尝试简单搭建

教师鼓励幼儿使用手中材料，搭建出最高的建筑。

教师引导幼儿的提问：

✧ 你是怎么让扑克牌站立体来的？

✧ 你是怎样让扑克牌保持平衡的？

✧ 你能把它搭建得更高一些吗？

✧ （如果搭建倒塌）怎样才能使搭建不倒塌呢？

幼儿基本完成搭建或者兴趣减弱的时候，教师组织幼儿交流，说说搭建的层数、方法和碰到的困难。

教师和其他幼儿对于发言幼儿没解决的困难集思广益，提供帮助。

教师为幼儿展示平铺、围合等搭建方法。

四、挑战复杂搭建

教师鼓励幼儿自选建筑物图片，先在活动记录单上设计，然后尝试搭建，鼓励幼儿2人或多人合作。

活动记录单（示样）：

建构目标	设计方案	我的作品
（粘贴建筑物图片）		（粘贴作品图）

活动评价：

无效果	对扑克牌搭建没有兴趣
初见成效	没有主动性，参照同伴搭建，或仅在小组搭建好的建筑物上放一两张扑克牌
基本掌握	用扑克牌进行搭建，倒塌之后继续重建，进行多次尝试，但搭建结构都是一样的
完全掌握	逐渐熟悉搭建技巧，可以综合使用多种方法，能设计、搭建有主题的造型，具有良好的动手能力和创造力、想象力，能与同伴合作

家园共育：

1.家长为幼儿提供充足的时间和纸牌，鼓励幼儿在家里继续搭建。

2.家长为幼儿提供充足的纸杯，鼓励幼儿进行纸杯搭建。

神奇的不倒翁*

活动由来：

在“地球小卫士”主题活动后期，小朋友都想废物再利用，做个环保小卫士。大多数小朋友想到的都是再利用纸盒、瓶子等东西进行活动开发，但一个小朋友说蛋壳可以做不倒翁。一石激起千层浪，小朋友们对此非常感兴趣，于是教师随机生成了本次活动。

活动目标：

1.探究不倒翁不倒的原因。

2.尝试自己动手制作不倒翁，乐于合作、乐于分享。

3.体验科学与艺术、语言的融合，激发幼儿的科技美感和想象力。

活动准备：

材料准备：不倒翁、有小洞的鸡蛋壳、橡皮泥、小吸管、彩笔等。

经验准备：玩过不倒翁玩具，或看过类似不倒翁的表演。

活动过程：

一、谜语导入，激发兴趣

教师出谜语，引导幼儿竞猜，激发幼儿兴趣。

谜语：一位公公精神好，从小到老不睡觉，身体轻，劲不小，左推右推推不倒。（打一玩具）

二、玩不倒翁，引发幼儿探究

教师出示不倒翁，让幼儿玩耍不倒翁，并提出问题：不倒翁为什么不倒？

幼儿分组，带着问题去操作，探索和发现不倒翁不倒的原因。幼儿根据自己的发现填写活动记录单。

教师巡视，观察幼儿的行为，听取他们的谈话内容，不断提出新的问题，引发幼儿持续深入探究。

教师引导幼儿的提问：

✧ 不倒翁的底部是什么样子？

✧ 不倒翁的顶部是什么样子？

✧ 不倒翁拿在手里沉吗？

✧ 不倒翁是底部比较沉，还是其他部位比较沉？

✧ 不倒翁静止和摇晃起来时，与桌面接触的部位一样吗？

三、小组交流，分享智慧

教师引导幼儿交流小组探究结果，分享收获。

教师小结：不倒翁不倒的原因一是它的身体下重上轻，底部有一块较重的橡皮泥或铁块；二是底面面积较大并且圆滑。

四、幼儿动手制作

教师为幼儿分发有小洞的鸡蛋壳、橡皮泥和小吸管，幼儿根据探究结果、教师小结等，利用材料，开始尝试制作自己的鸡蛋不倒翁。

教师巡回，适时参与幼儿的制作，并通过交流，引导幼儿完成制作。

教师请幼儿完成不倒翁制作后，尝试玩一玩，不满意可以尝试修改，鼓励幼儿在制作过程中相互帮助，彼此合作，分享做法。幼儿完成不倒翁制作后完成活动记录单。

---

* 作者：杨赛，中国人民解放军总医院幼儿园。

五、装饰不倒翁，感受科技的美感

幼儿自行取来彩笔和其他装饰物品，为自己的不倒翁画上图像，梳妆打扮，使不倒翁看起来美美的。

六、展示不倒翁，围绕不倒翁讲故事

教师请幼儿展示自己装饰后的不倒翁，边操作自己的不倒翁，边围绕不倒翁讲一个故事。

教师请两个或多个幼儿，围绕多个不倒翁讲一个故事。

活动记录单（示样）：

观察不倒翁——不倒的原因探究	自制不倒翁——成功或失败的原因

活动评价：

无效果	幼儿对活动无兴趣，不参加活动。
初见成效	喜欢玩不倒翁，偶尔参与其他小朋友的不倒翁制作，观察和动手能力弱，有一定的好奇心。
基本掌握	参与交流和讨论，能基本制作完成自己的不倒翁，且不倒翁能基本不倒，能讲简单的故事。
完全掌握	乐于交流和分享，不断探究、尝试，成功制作自己的不倒翁，能讲述不倒翁的故事。

家园共育：

1.亲子寻找其他可以制作不倒翁的材料，比如瓶盖、乒乓球等，尝试在家里继续制作不倒翁。

2.鼓励幼儿装饰和美化自己的不倒翁，为亲朋讲关于不倒翁的故事。

重心大探秘*

活动由来：

一天，小智带来了一件有趣的玩具——平衡鹰，老鹰尖尖的嘴巴放在圆锥体的锥尖上，身体却可以一直平稳地在空中旋转而不会掉落下去。小朋友们都很好奇：老鹰为什么不会掉下来呢？针对孩子们的疑问，教师设计了本次活动。

活动目标：

1.尝试找到规则和不规则物体的重心。

2.在操作探究中发现任何一个物体都只有一个重心。

3.培养积极探索，不怕困难的科学品质，体验探索成功的快乐。

4.能大胆地用语言表达自己的操作过程和发现。

活动准备：

材料准备：圆形、三角形、梯形硬纸板，书、本、纸盘、球、盆等物品，擀面杖、活动记录单、彩笔、小动物造型硬纸板、《生活中的重心》课件。

经验准备：幼儿观看过杂技表演。

---

* 作者：赵静，延吉市向阳幼儿园。

活动过程：

一、欣赏杂技，引发兴趣

教师为幼儿播放顶缸、铁签转盘子类杂技表演视频，然后与幼儿展开交流，询问幼儿是否看过类似杂技表演？为什么缸、盘子不会掉下来？

教师总结：每个物体都有一个神秘的“重心”，找到了“重心”，就能使物体保持平衡。（教师引出“重心”这个词，使幼儿对这个词建立朴素的感知。）

二、探索规则图形物体的重心

1.猜想环节。

教师为每个幼儿分发圆形、三角形、梯形硬纸板，分发活动记录单，分发红色和黑色记号笔，之后向儿提出问题：圆形、三角形、梯形的硬纸板有重心吗？有几个？

幼儿自行感知硬纸板、思考、猜想，并将猜想结果填写到活动记录单中。

2.验证环节。

幼儿自取硬纸板，尝试用彩笔顶起不同形状的硬纸板，进而发现重心的存在。幼儿发现重心后，用红色彩笔在重心处点点做标记，然后继续尝试能否发现同一物品新的重心。

教师巡视，注意观察幼儿的行为，听取他们的谈话内容，适时提供支持和引导。

教师引导幼儿的提问和评论：

✧ 如何判断是否有重心和重心位置？

✧ 多试几次，尝试不同的位置，看看是否能找到重心。

✧ 你看，小智成功顶起了圆形。

✧ 有不在同一个位置的重心吗？

幼儿验证完毕后，在活动记录单的“验证”栏中填入验证结果。

教师组织幼儿分享和交流自己的操作方法，说明自己的探究结果。

教师总结：规则硬纸板只有一个重心。

三、探索不规则图形物体的重心

1.猜想环节。

教师为幼儿分发小动物造型硬纸板，之后向儿提出问题：形状不同的小动物纸板有重心吗？有几个？

幼儿自行感知硬纸板、思考、猜想，并将猜想结果填写到活动记录单中。

2.验证环节。

幼儿按照上个“验证环节”的操作进行验证，验证后完成活动记录单填写。

教师鼓励幼儿观看其他幼儿标注的重心位置，组织幼儿交流自己的做法和发现。

教师总结：不规则硬纸板只有一个重心。

四、探索生活中物品的重心

1.看课件，深入对“重心”的感知。

教师组织幼儿观看《生活中的重心》课件，使幼儿感知到不仅是类似平面物体有重心，生活中不规则的立体物体也有重心。

2.探究生活中物品的重心。

教师将书、本、纸盘、球、盆等物品发到小组，并给每个幼儿发一根擀面杖，鼓励幼儿尝试用擀面杖找到上述物品的重心。

教师巡回指导、帮助，提醒孩子实验过程中注意安全。

尝试找到生活中物品的重心

教师在幼儿基本探究完成后介绍自己找重心的情况，并总结每一个物品都有重心，且只有一个重心。

活动记录单（示样）：

物体重心探究活动记录单

（有重心画“√”，没有重心画“×”，有多重心填数字）

硬纸板			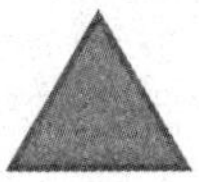				小动物纸板图片	
探究活动	猜想	验证	猜想	验证	猜想	验证	猜想	验证
有重心								
没有重心								
几个重心								

活动评价：

无效果	不参与活动，或者没有能找到任何物体的重心
初见成效	参与活动，并能找到 1~2 个规则或不规则类似平面物体的重心
基本掌握	能找到规则和不规则类似平面物体的重心，能找到立体物品的重心
完全掌握	理解了“重心”的概念，注重寻找物体重心的方法，能较快地找到物体的重心

家园共育：

1.鼓励幼儿在家长的陪伴下，用更多的工具寻找更多物品的重心。

2.家长带领孩子欣赏顶缸、铁签转盘子、走钢丝等杂技表演，或者看相关视频。

资源推荐：绘本《平衡和重心——跷跷板的故事》。

有趣的转动*

活动由来：

生活中，幼儿对能够带来变化的、转动的物品非常感兴趣，例如在玩陀螺时会乐此不疲地玩很久，他们着迷于转动的现象，但对产生转动的原因关注过少，因此教师生成了此次活动。

活动目标：

1.在游戏中感知物体的转动。

2.关注转动在生活中的运用，感受转动给生活带来的益处。

3.激发幼儿科学探究的兴趣。

活动准备：

材料准备：音乐娃娃玩具（可以转动）、伞、风车、陀螺、竹蜻蜓、包装箱纸板、报纸。

经验准备：幼儿有玩转动材料的前期经验。

活动过程：

一、激发兴趣

教师出示音乐娃娃玩具，使音乐娃娃播放音乐、转动，吸引幼儿的注意力，激发幼儿的好奇心。

---

* 作者：李玲，大连理工大学幼儿园。

教师鼓励幼儿模仿音乐娃娃，尽情跳一段优美的舞蹈。教师也一起舞蹈，注意反复使用身体旋转的动作，以引发幼儿的模仿。

二、发现身体的转动

舞蹈结束后，教师提问：我们的身体能转动吗？我们身体的哪些部位可以转动？

幼儿寻找并尝试转动。教师鼓励幼儿尽可能多地找到身体可以转动的部位，并演示这些部位的转动。

三、探索物体的转动

教师出示伞、风车、陀螺、竹蜻蜓等材料，提问：怎样才能让这些玩具转动起来？

幼儿尽情尝试，尝试后教师请幼儿分组介绍、演示方法。

教师小结：物体本身不会转动，外力使它转动。拧、吹、拨、搓、压、转等方法可以使物品转动。

探索让玩具转起来

四、感知表面材料对转动的影响

教师为幼儿提供包装箱纸板、报纸，同时利用活动室的桌面和地板砖，让幼儿尝试在这些表面材质不同的物体上转动陀螺，感受陀螺转动速度和时长的变化。

幼儿进行探究感知，教师巡视，注意观察幼儿的行为，听取他们的谈话内容，适时提供支持和引导。

教师引导幼儿的提问和评论：

✧ 这些材料表面粗糙程度有什么不同？

✧ 陀螺在哪个材料上转动时间最长？

✧ 陀螺在哪个材料上转动速度最快？

✧ 你如何判断材料表面对转动时长和速度的影响？

幼儿基本都完成探究或兴趣减弱的时候，教师结束该活动，并请小组代表发言交流。

教师总结：表面材质不同的物体影响转动的速度和时长，越光滑，转动的速度越快，时间越长。

五、知识迁移：生活中的转动

教师与幼儿交流生活中的转动现象，鼓励幼儿说说生活中有哪些转动现象和对我们生活的影响。

教师鼓励幼儿继续关注转动在生活中的运用，鼓励幼儿发现转动给我们生活带来的便利，鼓励幼儿探索更多转动的秘密。

活动评价：

无效果	没兴趣，不参加活动
初见成效	在教师的引导下参与活动，尝试使一两种简单的物体转动，转动方法单一
基本掌握	参与活动，参与交流讨论，尝试用 2 种以上的方法使物体转动，感知粗糙程度对转动的影响
完全掌握	主动参与探究、观察活动，能够大胆表达观察到的现象和自己的发现，尝试用 4 种以上的方法使物体转动，感知到粗糙表面会降低转速和时长，对生活中的转动非常有探究欲望

家园共育：

1.家长为幼儿提供多种安全的材料让幼儿尝试转动，特别是那些好像不能转动的材料。

2.家长引导幼儿在生活中关注更多的转动现象，并分析转动的利弊。

3.家长可以给孩子讲解摩擦力相关的绘本。

转起来，真有趣*

活动由来：

生活中转动的现象随处可见，这些现象吸引着幼儿，转动的奥秘让孩子产生了浓厚的兴趣和探索愿望。《幼儿园教育指导纲要（试行）》中指出："科学教育应密切联系幼儿的实际生活进行，利用身边的事物与现象作为科学探索的对象。"据此，教师设计了此活动。

活动目标：

1.尝试使不同的物体转动起来，探究使不同物体转动的方法。

2.引导幼儿通过观察、比较、操作、实验等方法，学习发现问题、分析问题和解决问题。

3.感受探究和获得成功的快乐。

活动准备：

材料准备：第 1 份探究材料包：呼啦圈，陀螺，伞，风车，皮球，手绢花，光盘，玩具飞盘，金属碗，金属勺子；第 2 份探究材料包：有水的塑料杯，细绳，空纸杯，筷子，纸板，纸片，薯片桶。轻快的背景音乐、旋转音乐盒。

经验准备：玩过风车，乘坐过旋转木马或转椅。

★安全事项：幼儿转动时应保持足够的距离，防止幅度和力度过大造成磕碰伤害。

活动过程：

一、游戏导入，激发兴趣

教师启动旋转音乐盒，吸引幼儿的注意，请幼儿跟随音乐盒的舞姿，尝试让身体的不同部位转动起来。

二、模拟转动，唤起感知

教师请幼儿讲述自己在生活中见到过的转动现象，并模拟表演。

幼儿模拟表演后，教师请表演者或者其他幼儿说说物体是围绕着什么转动的。（此处意在唤起幼儿对转动的感知，幼儿有转动点的意识即可。）

三、实验探究：简单的转动

教师为每组发放第 1 份探究材料包，鼓励幼儿独自或与其他幼儿合作，尝试让材料包里的每一个都物体转动起来。

探究使物体转动的方法

教师巡视，注意观察幼儿的行为，听取他们的谈话内容，适时提供支持和引导。

教师引导幼儿的提问：

✧　哪些物体容易转动？

✧　哪些物体不容易转动？

✧　你认为它能转动的原因是什么？

✧　你能让它转得快一些吗？

✧　你是如何控制转动的速度的？

✧　你还有什么方法可以让它转动？

幼儿基本探究完成后，教师组织幼儿交流。

教师小结：所有转动的物体都有一个很大的秘密：它们都是围绕一个中心进行运动的。物体围绕着一

---

* 作者：李丹，兴城市第一幼儿园。

个中心进行运动就是转动。

四、实验探究：复杂的转动

教师为每组发放第 2 份探究材料包，鼓励幼儿独自或与其他幼儿合作，尝试让材料包里的每一个都物体转动起来。

教师引导幼儿的提问：

✧ 这些材料跟之前的材料有什么不同吗？

✧ 你是如何让它转动的？

✧ 它转动的中心是哪里？

✧ 你能控制转动的速度吗？

✧ 你还有什么方法可以让它转动？

幼儿基本探究完成后，教师组织幼儿交流。

教师小结：使用多种方式或组合使材料，可以使物体转动起来。

五、回归生活，激励幼儿继续探究

教师请幼儿说说生活中是如何利用物体转动为生活、生产服务的。

教师鼓励幼儿发现和尝试更多的转动现象，保持继续乐于探究的良好品质。

活动评价：

无效果	对活动不感兴趣，不参加活动
初见成效	观看同伴进行的旋转活动，自己仅能使一两种材料旋转，缺乏探究积极性
基本掌握	参与小组探究，尝试使更多的材料转动起来，对探究活动有好奇心，提出自己的问题
完全掌握	乐于参加活动，惊奇于转动现象，享受探究的快乐，能使材料转动起来，并积极探索使更多的材料转动起来

家园共育：

1.请小朋友把探究过程中发现的科学秘密讲述给家长听。

2.亲子一起寻找家里可以转动的物品，感受转动在生活中的应用。

3.家长带领幼儿，尝试使看似不能转动的物品转动起来。

第五部分 化学

化学是一个奇妙的世界！

“神秘天书”是怎么回事？怎么能给妈妈送上奇妙的礼物？颜色怎么就不见了？绿豆能“跳舞”？为什么要刷牙？酸雨有什么危害？这些都可以通过科学活动为幼儿娓娓展开。

化学非常有助于激发幼儿的探究兴趣，使幼儿体验探究过程，发展幼儿初步的探究能力。

化学非常有利于发展幼儿的多感官探究能力和动手操作能力，尤为重要的是化学非常有利于培养幼儿有意观察能力，特别是比较观察和连续观察的意识和能力，发展幼儿简单推理和分析能力。

化学又是一个非常有趣的科学探究领域，化学探究活动可以很容易与艺术、语言、健康、社会等融合开展，使幼儿更好地感受科学之美，感知科学的神奇。

幼儿化学活动的材料大都取材于人们的日常生活用品，甚至于日常食品，确保材料和活动设计的安全性是幼儿化学活动必须首先考虑到的因素。

同样，教师不用担心化学原理、化学公式等，也不要跟幼儿讲化学原理、化学公式，只需要带领幼儿经历奇妙的化学过程，关注幼儿好奇心的培养。

香蕉皮上的艺术*

活动由来：

香蕉是幼儿的日常食物，幼儿也经常会因为香蕉皮上有黑色的划痕而不选择某个香蕉，认为那是坏了和不好的标志，其实这里面藏着好玩的科学探究内容。《3—6 岁儿童学习与发展指南》指出：“和幼儿一起发现并分享周围新奇、有趣的事物或现象，一起寻找问题的答案。”为此，教师设计了此活动。

活动目标：

1.感知香蕉表皮划伤后由无色到褐色、黑色的变化过程。

2.培养幼儿有意观察，特别是持续有意观察的意识和能力。

3.科学与艺术有机融合，激发幼儿的好奇心与探究欲望。

活动准备：

材料准备：新鲜香蕉、儿童剪刀、放大镜、彩笔、香蕉生长过程视频、香蕉皮画图片、活动记录单。

经验准备：使用过儿童剪刀和笔。

活动过程：

一、提出问题，引发猜想

教师提前 1 个小时用儿童剪刀在新鲜香蕉表面划一下（划破表皮，不伤及果肉），1 个小时后香蕉表面会形成褐色或黑色的划痕。

教师出示该香蕉，向幼儿提问：黑色线条是怎么形成的？幼儿猜想作答。

二、动手操作，进行验证

教师为每个幼儿发放 1 根香蕉、1 个放大镜和 1 张活动记录单，请幼儿用儿童剪刀在香蕉皮一侧划上一道或多道线，观察此时的线条的颜色。

教师引导幼儿的提问和评论：

✧ 放大镜是我们观察的好助手，试试看。

✧ 注意观看，你的划线现在是什么颜色？

✧ 你的划线深浅有什么不同吗？

✧ 你的划线宽窄有什么不同吗？

幼儿操作、观察完成后，教师请幼儿将线条颜色和深浅画到活动记录单中。

教师为幼儿播放香蕉生长过程视频，增加幼儿对香蕉的感知。

10 分钟后，教师请幼儿再次观察自己的香蕉皮划痕，说说观察到的变化，并将观察到的变化画在活动记录单中，教师鼓励幼儿观察其他幼儿香蕉的划线。此后，每 10 分钟教师提醒幼儿观察一次自己的香蕉皮划痕，重复上述活动。（此活动后继观察 4 次，续约 40 分钟，期间教师可以自行安排幼儿活动。）

幼儿完成全部观察和记录后，教师组织幼儿讲述自己观察到的变化，鼓励和激发幼儿提出问题。

教师总结：香蕉皮上有划痕后，划痕会由无色变为褐色，然后变为黑色。香蕉皮上的黑色划痕可能是划伤，不一定是香蕉坏了。

三、艺术创作，爱上香蕉皮

教师出示一些香蕉皮画图片，请幼儿欣赏，然后请幼儿尝试在香蕉皮的另外一侧用儿童剪刀自主绘画。（如果条件允许，可以多备用一些香蕉供幼儿选用。）

---

* 作者：王秀丽，德惠市米沙子镇希望小学。

教师巡视，注意观察幼儿的行为，听取他们的谈话内容，适时提供支持和引导。

教师引导幼儿的提问：

✧ 你画的是什么？

✧ 你要画一幅画送给好朋友吗？（或其他人）

✧ 你注意到划痕最终会呈现为褐色或黑色了吗？

✧ 褐色或黑色适合你的画吗？

幼儿绘画完成后，教师请幼儿将香蕉放到不宜被触碰的地方，继续多次观察画痕颜色的变化，直到画痕最后显示为黑色。

活动延伸：

幼儿在香蕉皮上画上自己想表达的内容，在划痕没有变色前作为神秘礼物送给家人。

活动记录单（示样）：

我在香蕉皮上划的线条：	10 分钟后，我观察到的线条：
20 分钟后，我观察到的线条：	30 分钟后，我观察到的线条：
40 分钟后，我观察到的线条：	50 分钟后，我观察到的线条：

活动评价：

无效果	没参加活动，或不喜欢绘画，对此内容不感兴趣。
初见成效	在教师的指导下参与活动，对颜色变化有一定的好奇心，很少动手，不爱发表意见。
基本掌握	完成猜想和验证，参与讨论和交流，对颜色的变化感到好奇，提出一两个颜色变化的问题。
完全掌握	积极参与活动，主动性很强，乐于探索，对香蕉皮颜色的变化充满好奇心和探究的欲望。

家园共育：

1.鼓励亲子在香蕉皮上画画或写字，把这作为礼物送给对方。

2.鼓励亲子尝试在苹果、梨、橘子等水果皮上进行同样的操作，观察颜色变化。

神奇的调色大师*

活动由来：

幼儿园早餐吃的有炒紫甘蓝，小智不小心把一块紫甘蓝掉到桌子上了，他拿起餐巾纸擦拭的时候，发现餐桌和餐巾纸都留下了蓝色，从来没有发现这种现象的他立刻举手报告老师，结果孩子们都被这个奇怪的现象吸引，争相把紫甘蓝“撒落”到桌面或餐巾纸上。抓住幼儿的好奇心，教师生成了此活动。

---

* 作者：刘艳会，长春市人民政府机关第三幼儿园。

活动目标：

1.探索并感知常见物质的特性，感知溶解和稀释。

2.科学和艺术的融合，使幼儿感受科学之美，激发其好奇心与探究欲望。

3.提升幼儿的语言理解能力。

活动准备：

材料准备：新鲜紫甘蓝、餐巾纸、A4 纸、放大镜、榨汁机、纯净水、滤网、透明塑料杯、食用白醋、食用小苏打、小木勺、滴管、活动记录单、彩笔。

经验准备：接触过颜色。

★安全事项：液体洒落在地面可能导致幼儿滑倒，小苏打不可食用，教师应告知幼儿，并注意观察和及时处理。

活动过程：

一、展示调色成果，激发幼儿兴趣

教师在活动开始前，将自己提前制作、调色好的、颜色丰富的溶液展示给幼儿观看，幼儿一定会不由自主地“哇”起来，然后教师告知幼儿这些丰富的颜色都是使用紫甘蓝和其他液体调和而成，教师将带领他们成为调色大师，希望他们调制出比教师还丰富、还漂亮的颜色。

二、感知紫甘蓝，用紫甘蓝创作画

教师为每组分发几片新鲜的紫甘蓝叶子，相应餐巾纸、放大镜、A4 纸、活动记录单和彩笔。

教师告知幼儿叶子状的物体是紫甘蓝，请幼儿感知紫甘蓝叶子，并且鼓励幼儿将紫甘蓝叶子撕开，用餐巾纸和 A4 纸等感受紫甘蓝的颜色，直接使用紫甘蓝作画笔，在活动记录单中画出自己喜欢的画。

幼儿感知紫甘蓝，进行自由绘画。教师巡视，注意观察幼儿的行为，听取他们的谈话内容，适时提供支持和引导。

教师引导幼儿的提问和评论：

✧ 放大镜可以看清细节，试试看。

✧ 紫甘蓝叶子是什么颜色的？

✧ 紫甘蓝的汁液是什么颜色的？

✧ 你画的是什么内容？

当幼儿基本都完成操作后，教师请幼儿相互参观使用紫甘蓝创作的画，并请幼儿介绍分享自己的感知结果，交流自己的做法，说明自己的绘画内容。

三、制作紫甘蓝液体

紫甘蓝液体由教师制作完成，幼儿感知制作过程即可。

教师用榨汁机和纯净水将新鲜紫甘蓝叶子制作成紫甘蓝液体，用滤网过滤掉残渣，倒入透明塑料杯中备用。

四、制作小苏打和白醋溶液，初步感知溶解和稀释

教师再为每组分发 1 袋食用小苏打、1 瓶食用白醋、若干个小木勺、7 个或以上的透明塑料杯，请幼儿在所有杯中倒入半杯纯净水，在 3 个或以上的杯中加入不同剂量的小苏打，在 3 个或以上的杯中加入不同量的白醋，保留 1 个杯中为纯净水。

教师引导幼儿的提问：

✧ 小苏是固体，打加入水中后，还能看到小苏打吗？小苏打去哪里了？（溶解）

✧ 白醋是液体，加入水中后，还能看到白醋吗？（稀释）

幼儿基本完成之后，教师请幼儿分享和交流自己的感知结果，教师引导幼儿用到"溶解""稀释"这两个词，使幼儿接触这两个词，理解大概意思。

五、精心调色，发现颜色大师

教师再为每个幼儿分发 1 个滴管，请幼儿吸取紫甘蓝液体滴入不同的杯中，自主决定滴入量的多少，观察和感受神奇的颜色变化。

教师引导幼儿的提问和评论：

✧　滴入紫甘蓝液体后，杯中液体颜色有什么变化？

✧　你还能调制出更多（或更漂亮）的颜色吗？

✧　我注意到小智调出了桃红色，你也试试吧！

本活动环节，教师尽可能多为幼儿提供杯子和原料，使孩子尽情享受调制颜色的乐趣。

幼儿基本完成或兴趣减弱后，教师请幼儿相互参观，分享和交流自己的做法。幼儿在描述调色结果或师幼交流的时候，教师尽量鼓励幼儿使用更多的颜色词语，例如大红、深红、水红、橘红、杏红、粉红、桃红等。

教师请幼儿将自己调制的颜色各取一滴滴到活动记录单中，记录美好的颜色，强化科学记录的习惯。

活动记录单（示样）：

我用紫甘蓝作画笔，这是我的画作：
我是调色大师，这是我调制的颜色：

活动评价：

无效果	没参加活动，或对此不感兴趣
初见成效	喜欢变化的颜色，调制了一两种颜色，但探究过程不主动，很少动手，不爱发表意见
基本掌握	完成了紫甘蓝作画，调制出了 4 种以上的颜色，能够用语言描述 3 种以上的颜色，参与幼儿间的交流和讨论
完全掌握	积极参与全程活动，尝试用紫甘蓝画画，调制出了 7 种以上的颜色，爱发表意见，能使用 4 种以上的颜色词语，对颜色变化充满好奇，希望继续探究

家园共育：

1.鼓励亲子在家重复该活动，鼓励幼儿探索更多的颜色变化，例如用紫甘蓝液与牙膏、洗涤液、汽水、茶叶等混合。

2.鼓励家长带领幼儿参与馒头、油条等的制作过程，进一步感知小苏打的特性。

食材中的淀粉*

活动由来：

《幼儿园教育指导纲要（试行）》指出："科学教育应密切联系幼儿的实际生活进行，利用身边的事物与现象作为科学探索的对象。"淀粉是孩子们的生活中经常接触的物质之一，是人体必备的营养成分，为了让孩子了解生活中哪些常见的食材里含有淀粉，揭开碘酒遇淀粉变色的秘密，教师设计了此活动。

活动目标：

1.在探索中发现淀粉遇碘酒会变成蓝色的科学现象。

2.通过实验探索出哪些食材中含有淀粉。

3.喜欢操作探索，体验发现的乐趣。

活动准备：

材料准备：碘酒、清水、米汤、滴管、透明塑料杯、活动记录单、含淀粉的食材（米饭、馒头、土豆）、不含淀粉的食材（盐、苹果、白菜）。

经验准备：在生活中接触或使用过碘酒、淀粉。

活动过程：

一、魔术表演，激发兴趣

教师在透明塑料杯中分别装入半杯清水和米汤，然后告诉幼儿教师要和他们玩一个神奇的魔术，请幼儿猜测如果教师把碘酒分别滴进清水杯和米汤杯里会有什么变化？

幼儿讨论、猜想后，教师往两个杯子里分别滴入碘酒，请幼儿观察液体颜色的变化。

在幼儿觉得很神奇的时候，教师揭秘：因为米汤里含有淀粉，碘酒遇到淀粉就会变成深蓝色。

二、实验操作，测试食材

1.猜想。

教师为幼儿发放含淀粉的食材和不含淀粉的食材，告诉幼儿人体所需的大量能量是来源于淀粉，淀粉具有补充能量的作用，在生活中我们经常食用的很多食材都含有淀粉。

请幼儿猜想面前的哪些食材中含有淀粉，并将猜想结果记录到活动记录单中。

2.验证。

教师为幼儿分发碘酒和滴管，请幼儿验证哪些食物中含有淀粉。

教师引导幼儿的提问：

✧ 你是如何判断食材中是否有淀粉的？

✧ 碘酒为什么能检测出食材中含不含淀粉？

✧ 你当初为什么猜想错（对）了？

教师提醒幼儿及时将验证结果记录到活动记录单中。

3.分享交流。

幼儿基本完成验证之后，教师请幼儿分享自己的做法和猜想、验证结果。

幼儿验证猜想和记录实验结果

三、活动总结

淀粉和碘酒是一对非常好的朋友，它们一遇到一起就会发生奇妙的变化，就会变色。

---

* 作者：张立娜，指导教师：张丽，兴城市第一幼儿园。

通过实验，我们找到了遇碘变色的食材，它们含有淀粉；也发现了遇碘不变色的食材，它们不含有淀粉。今天我们测试的食材只是生活中常见食材的一小部分，生活中还有许多食材含有淀粉，小朋友们可以用今天的方法继续去寻找。

活动记录单（示样）：

《食材中的淀粉》活动记录单

（含淀粉画“√”，不含淀粉画“×”）

食材	 米饭	 苹果	 馒头	 土豆	 白菜	 盐
 猜想						
 验证						

活动评价：

无效果	不参与活动，对活动无兴趣。
初见成效	注意到碘酒滴入米汤里颜色发生了变化，后继活动没有动手参与，以观看为主。
基本掌握	参与活动，掌握了用碘酒测量物品中是否含淀粉的方法，觉得方法很神奇。
完全掌握	积极参与活动，能独立检测出含有淀粉和不含淀粉的食材，希望检测更多的食材，希望参加更多类似的神秘探究。

家园共育：

1.家长为幼儿提供更多的物品，鼓励幼儿继续检测物品中是否含有淀粉。

2.家长和幼儿运用淀粉遇碘酒变色这一现象，制作一封神奇的信或一幅神秘的画。

资源推荐：绘本故事《聪明的小猴》。

别出心裁的神秘礼物*

活动由来：

母亲节快到了，幼儿一直在想送什么样的礼物给妈妈最好。为了激发幼儿的探究兴趣，结合幼儿的期盼，教师设计了此活动。

活动目标：

1.通过有趣的小实验，支持和鼓励幼儿的探索行为。

* 作者：刘亚慧，长春市人民政府机关第三幼儿园。

2.揭秘“无字天书”，制作神秘礼物，使幼儿经历科学探究过程。

3.科学与艺术有机融合，激发幼儿的好奇心与探究欲望。

活动准备：

材料准备：新鲜柠檬、A4 纸、棉签、干净小碟、高温电吹风。

经验准备：接触过柠檬，使用过棉签。

★安全事项：禁止幼儿操作电吹风，教师应告知幼儿，并注意观察和及时处理。

活动过程：

一、展示“无字天书”，激发兴趣

在活动开始前，教师提前在 A4 纸上制作好类似“无字天书”的神秘礼物，然后出示 A4 纸，表情严肃地告知幼儿：老师辛辛苦苦给大家制作了好吃的礼物，就藏在纸里，可现在看不到了，怎么办啊？

自己教师将自己的“无字天书”传给幼儿观看，使幼儿发现“天书”上的确没有内容。

在幼儿也一筹莫展、不知所措的时候，教师出示电吹风，告知幼儿试试电吹风，看看是不是什么东西“遮挡”住了“天书”上的礼物，用电吹风尝试把“遮挡物”吹走。教师将电吹风温度调到最高档，对着“无字天书”吹，“无字天书”上画的巧克力礼物出现了。（谜底：柠檬遇热会碳化，碳化的颜色是褐色或棕黄色，教师利用这种本色巧妙地呈现了巧克力画。）

趁着孩子们的兴奋、惊奇，教师询问大家要不要为即将到来的母亲节给妈妈制作一个别出心裁的神秘礼物，调动幼儿参与活动的积极性，然后公布本次活动的内容。

二、小试身手，制作“无字天书”

教师为每组分发 1 个柠檬、1 包棉签、1 个干净小碟和每人 1 张 A4 纸，其中柠檬为教师已经从中间切开。（为了节约材料，1 个柠檬可以分给 2 组幼儿使用。）

教师请（或帮）幼儿把柠檬汁挤到小碟子里，幼儿拿棉签蘸取柠檬汁（可多次蘸汁）在自己的 A4 纸上画画或写字，开始尝试体验制作“无字天书”。

教师巡视，注意观察幼儿的行为，听取他们的谈话内容，并适时提供支持和引导。

教师引导幼儿的提问和评论：

✧ 你想制作什么样的“天书”？

✧ 棉签在纸上留下痕迹了吗？

✧ 我发现你画（或写）的内容不见了！

幼儿制作完成之后，教师使用电吹风使“无字天书”显形，使幼儿获得成功的快乐，获得制作效果的反馈信息。教师鼓励幼儿交流、欣赏，为下一步创作积累经验。

幼儿基本都完成之后，教师请幼儿分享和交流自己的做法，说说自己的成功和不足，共同商议改进和提升的办法。

三、大显身手，设计别出心裁的神秘礼物

教师再为每个幼儿分发 1 张 A4 纸，请幼儿为妈妈设计别出心裁的神秘礼物。

教师引导幼儿的提问：

✧ 你想制作什么样的神秘礼物？

✧ 我们的礼物最终会以褐色或棕黄色出现，你的礼物适合这个颜色吗？

幼儿设计完成后，教师请幼儿注意晾干纸上的液体，然后整齐地收到书包里，回家送给妈妈，请妈妈用电吹风“打开”自己别出心裁的神秘礼物。

活动评价：

无效果	没参加活动，或对此内容不感兴趣
初见成效	对“无字天书”显现内容感兴趣，在教师的指导下参与活动，但没有自制“无字天书”和神秘礼物，很少动手，不爱发表意见
基本掌握	完成了“无字天书”和神秘礼物的制作，参与交流和讨论，对活动内容有好奇心，提出一两个问题
完全掌握	全程积极参与活动，乐于探索，主动交流和发言，对字或画的显现感到非常神奇，尝试设计、制作精美的神秘礼物，充满对类似内容的好奇心和探究欲望

家园共育：

1.鼓励亲子在家里重复该活动，然后尝试用牛奶继续该活动。

2.鼓励家长带领幼儿使用小苏打溶液制作“无字天书”或神秘信件，用橙汁、葡萄汁、洋葱汁等解密“无字天书”或神秘信件。

神奇的画*

活动由来：

午餐时，有幼儿不小心将馒头片掉落到地面了，教师捡起地面上的馒头片，打算“变废为宝”，随机生成了本次活动。

活动目标：

1.带领孩子走进化学世界，感受神奇的化学变化。

2.将艺术世界与科学世界结合，培养幼儿的好奇心和探究欲。

活动准备：

材料准备：废弃馒头片、塑料量杯（含水）、碘酒、碘酒喷壶、滴管、棉签、绘画纸、淀粉、剩米饭、黄瓜、西红柿、土豆和山芋的切片、托盘、活动记录单、彩笔。

经验准备：在日常生活中接触或使用过碘酒或碘伏。

活动过程：

一、兴趣导入，激发幼儿的探究欲望

师幼团坐。教师出示废弃馒头片，告诉小朋友教师将用之前掉落到地面上的馒头片绘制一幅“藏宝图”，“藏宝图”上会写下一个小朋友的名字，这个小朋友可以获得这幅“藏宝图”。吸引幼儿好奇心和注意力之后，教师将废弃馒头片放到塑料量杯（含水）中，用棉签搅拌、蘸取塑料量杯中的液体，在白纸上绘画“藏宝图”，之后将“藏宝图”交给幼儿传阅。

小朋友查而无果之后，教师拿出碘酒喷壶，口中念念有词故作神秘，然后对着“藏宝图”一喷，“藏宝图”和小朋友的名字出现了，教师将“藏宝图”奖励给小朋友，幼儿的好奇心被活动点燃，跃跃欲试。

二、幼儿自由创作，教师揭秘

教师为幼儿分发塑料量杯中的液体和其他材料，请幼儿自由作画，告知他们教师能破解他们绘画的内容。幼儿绘画完毕，教师口中念念有词故作神秘，然后用碘酒喷壶对着幼儿的绘画一喷，显现出绘画内容。

---

* 作者：张飒、李卓，开原市中心幼儿园。

教师揭秘：喷壶中的神秘液体是碘酒，馒头含有淀粉，当碘酒遇到淀粉的时候就会显现出深蓝色。

教师为幼儿分发淀粉，请幼儿通过捏、闻等，感受淀粉的性质。

三、幼儿尝试找寻含有淀粉的物体

教师为幼儿分发活动记录单、碘酒、滴管、托盘、剩米饭和黄瓜、西红柿、土豆、山芋的切片，请幼儿猜想：上述物品中是否含有淀粉？

教师鼓励幼儿将猜想结果记录到活动记录单中，然后自由实验探究，验证猜想结果。

教师巡视，注意观察幼儿的行为，听取他们的谈话内容，适时提供支持和引导。

教师引导幼儿的提问：

✧ 你是如何判断物体中是否有淀粉的？

✧ 你还能判断更多的物体中是否含淀粉吗？

✧ 你当初为什么猜想错（对）了？

✧ 碘酒判断物体是否含淀粉的时候，颜色变化有区别吗？

教师鼓励幼儿及时将实验结果记录在活动记录单中。

四、讨论、交流

幼儿基本完成实验验证之后，教师请幼儿分享和交流自己的做法和结果，以及自己观察到的现象。

活动延伸：

幼儿为母亲画一幅紫罗兰的画，但紫罗兰部分用淀粉水画，回家之后为妈妈表演神奇的魔术：用碘酒涂抹相应空白画面，使画面出现紫罗兰。

活动记录单（示样）：

物体名称	 剩米饭	 黄瓜	 西红柿	 土豆	 山芋
 猜想					
 验证					

活动评价：

无效果	不参加活动，对变色活动无兴趣
初见成效	对活动有一定的好奇心，观看变色现象，但很少动手参与，不主动发言
基本掌握	能使用碘酒测试物体中是否含有淀粉，对活动有好奇心
完全掌握	掌握变色规律，能理解紫罗兰画中用淀粉水的原因，尝试发现碘酒能否使更多物体变色

家园共育：

1.鼓励家长为孩子提供更多探究材料，孩子自主探究材料中是否含有淀粉。

2.有条件的家长可以给孩子提供酸碱指示剂，告知孩子使用方法，或带领孩子进行其他变色实验。

颜色不见了*

活动由来：

艺术课上，小智的彩笔不小心画到了冉冉雪白的运动服上，显得非常刺眼。冉冉一看，马上着急地哭了！老师安慰了他们，告诉冉冉老师有奇妙的魔术，一会儿就能把运动服处理好。老师去到洗衣房，很快处理完并将衣服归还了冉冉，冉冉发现彩笔的划痕不见了，非常高兴，小朋友们也凑过来看，议论着老师是怎么做到的。抓住孩子们的好奇心，教师生成了本次活动。

活动目标：

1.参与化学实验，感知颜色消失的神奇。

2.体验科学过程，激发幼儿的好奇心与探究欲望。

3.培养幼儿有意观察，特别是持续有意观察的意识和能力。

活动准备：

材料准备：透明塑料杯、瓶装水（500ml）、红黄蓝儿童色素、搅拌棒、家用漂白水、滴管、护目镜、番茄酱、酱油、料酒。

经验准备：知道搅拌棒的用途和使用方法。

★安全事项：活动中漂白水的使用方法已做安全设计，教师应告知幼儿漂白水不可饮用，要求佩戴护目镜，漂白水接触皮肤时马上告知教师，教师也应注意观察和及时处理。

活动过程：

一、设疑激趣，引发猜想

教师出示 3 杯清水，分别滴入数滴不同颜色的色素，使用搅拌棒搅拌均匀。然后向幼儿提问：冉冉的衣服被彩笔画了，老师帮助她清洗干净了。现在清水中滴入了不同的颜色，你们能帮我把颜色清除掉吗？

教师鼓励幼儿开动脑筋，猜想作答。

幼儿猜想作答后，教师出示家用漂白水，告诉幼儿这是神奇的液体，可以帮助我们清除水中的颜色，使水恢复原来的清澈。幼儿跃跃欲试，教师导入主题，进行后继的活动。

二、动手操作，进行验证

教师为每个幼儿分发 4 个透明塑料杯、1 瓶瓶装水、红黄蓝 3 种颜色的儿童色素各 1 小瓶、1 个搅拌棒和 1 个护目镜。在为幼儿分发滴管之前，教师告知幼儿要戴上护目镜，滴管要放在 1 个专用的透明塑料杯中，并且幼儿不可以用手直接接触滴管中的液体，也不可以将滴管中的液体沾到皮肤上，如果不小心接触到滴管中的液体，要马上告知教师。（滴管内为教师提前吸好的漂白水，少量漂白水不会造成幼儿皮肤伤害，此设计是为了保护幼儿。）

幼儿戴上护目镜，为 3 个塑料杯各倒入半杯水，然后分别滴入红、黄、蓝色素，用搅拌棒搅拌均匀，然后将滴管中的液体滴几滴到 3 个液体杯中，观察发生的变化。

教师巡视，注意观察幼儿的行为，听取他们的谈话内容，适时提供支持和引导。

教师引导幼儿的提问和评论：

✧ 你看到什么变化了？

✧ 再用滴管滴几滴试试看！

✧ 颜色什么时候消失的？（观察力和注意力）

---

* 作者：郝唯延，指导教师：刘晨，吉林省省直机关第二幼儿园。

✧ 你觉得颜色为什么消失了？（分析和推理能力）

当幼儿滴管中的漂白水用完的时候，教师负责再次为幼儿滴管中吸满漂白水。

当幼儿基本完成实验验证后教师结束该活动，组织幼儿讲述自己的实验过程，描述自己的实验结果，推断发生了什么。

三、更多验证，见证奇迹

教师收集幼儿杯子中用过的实验液体，集中处理，将空杯留下备用。

教师在幼儿的注视下将番茄酱挤到杯中，加水稀释，另取杯倒入酱油、料酒（教师主动告知幼儿液体的名称），然后将上述 3 种液体分发到幼儿的空杯中，请幼儿尝试能否让它们的颜色也消失。

教师巡视，注意观察幼儿的行为，听取他们的谈话内容，适时提供支持和引导，鼓励幼儿相互交流。

当幼儿基本完成实验验证，或兴趣减弱的时候，教师结束该活动，组织幼儿讲述自己的实验过程，描述自己的实验结果，推断发生了什么。

活动评价：

无效果	没有参加活动，或对颜色变化活动没有兴趣
初见成效	在教师的指导下参与活动，对颜色消失的结果有一定的好奇心，偶尔动手操作，不爱发表意见，不参与讨论
基本掌握	完成猜想和验证，参与讨论和交流，对颜色的消失感到好奇，提出一两个颜色消失的问题
完全掌握	积极参加活动，主动探究，乐于提问，对颜色的消失感到好奇，希望探究更多颜色变化的内容

家园共育：

1.家长带领幼儿了解家长中的洗涤、消毒产品，给幼儿介绍这些产品的功效和用法。

2.家长带领幼儿一起洗几件轻薄的小衣物，使幼儿感知洗涤的过程。

保护牙齿我知道*

活动由来：

帮助幼儿养成良好的饮食习惯和个人卫生习惯是教师的教育职责之一。《3—6 岁儿童学习与发展指南》指出：“多喝白开水，少喝饮料。”“早晚刷牙、饭后漱口。”然而幼儿对健康的认识处于萌芽阶段，很多幼儿贪喝饮料，偷懒不愿意刷牙，因此教师创设教育情景，设计了此活动。

活动目标：

1.感知酸性物质对蛋壳的腐蚀。

2.促使幼儿认识到少喝饮料、早晚刷牙等的重要性。

活动准备：

材料准备：新鲜白壳鸡蛋、可乐饮料、柠檬汁饮料、透明含盖塑料杯、牙膏、牙刷、放大镜、活动记录单、彩笔。

经验准备：会使用牙刷。

★安全事项：水、饮料和蛋液洒落在地面可能导致幼儿滑倒，教师要注意观察和及时处理。

---

* 作者：高渊博，德惠市米沙子镇希望小学。

活动过程：

一、徒手捏蛋，激趣导入

教师为每组幼儿分发 2 个新鲜白壳鸡蛋，请幼儿尝试徒手将鸡蛋捏碎。

等幼儿反复尝试，无法捏碎的时候，教师导入：鸡蛋有蛋壳的保护，蛋宝宝就会特别安全。我们吃饭用的是牙齿，牙齿就像蛋壳一样，也特别坚硬，能帮我们咀嚼食物，便于我们消化和吸收食物，但有些小朋友特别爱喝饮料，不喜欢刷牙，今天我们给鸡蛋宝宝也“喝”一些饮料，看看情况会怎么样。你们想看看鸡蛋宝宝“喝”饮料吗？

二、给蛋宝宝“喝”饮料，感受蛋壳的变化

教师再为每组幼儿分发 1 瓶可乐饮料、1 瓶柠檬汁饮料、2 个透明含盖塑料杯、1 盒彩笔、1 个或多个放大镜、每个孩子 1 张活动记录单。

教师请幼儿观看并画下新鲜白壳鸡蛋外表，然后轻轻地将 2 个鸡蛋分别放入 2 个透明含盖塑料杯中，往 2 个杯中分别倒入可乐和柠檬汁，使可乐和柠檬汁淹没鸡蛋，盖上杯盖。1 分钟后，教师请幼儿取出鸡蛋，用清水冲洗干净，然后观察鸡蛋是否有明显的变化。

当幼儿普遍认为鸡蛋没有明显变化后，教师请幼儿将鸡蛋再次分别放入到各自饮料中，盖好杯盖，并与幼儿约定明天（约 10 小时后）继续观察鸡蛋的情况。

三、感知蛋壳的变化，明白“少喝饮料”的原因

时间到了之后，教师请幼儿打开塑料杯，感知两个鸡蛋的变化。教师巡视，注意观察幼儿的行为，听取他们的谈话内容，适时提供支持和引导。

教师引导幼儿的提问和评论：

✧ 蛋壳的颜色有什么变化？

✧ 蛋壳的外表有什么变化？

✧ 放大镜可以看清细节，试试看。

教师请幼儿发言，交流自己感知到的蛋壳变化。

教师总结：“喝”可乐的鸡蛋，蛋壳已经变成了褐色，用手已经无法将褐色层擦除。“喝”柠檬汁的鸡蛋，蛋壳外表长一层气泡状的东西，显得很粗糙，用手搓一搓，就会有不少灰灰的脏东西掉落下来。饮料里含有酸性物质，会腐蚀蛋壳，也会腐蚀我们的牙齿。小朋友们，如果我们的牙齿也变得像现在的蛋壳一样，你们愿意吗？那该怎样做呢？（引发幼儿认识到少喝饮料的必要性。）

教师请幼儿将“喝”饮料后的蛋壳画到活动记录单中。

三、牙刷牙膏，保护牙齿

教师为每组分发牙膏和牙刷，请幼儿给蛋壳“刷牙”，并感知“刷牙”后蛋壳的变化。

教师引导幼儿的提问和评论：

✧ “刷牙”后，蛋壳的颜色有什么变化？

✧ “刷牙”后，蛋壳是光滑了，还是粗糙了？

✧ “刷牙”的时候，把什么刷走了？

✧ 放大镜可以看清细节，试试看。

教师请幼儿发言，交流自己感知到的“刷牙”后蛋壳变化，引发幼儿认识到刷牙、漱口的必要性。

教师请幼儿继续完成活动记录单中“刷牙”后的蛋壳外表变化的记录。

活动延伸：

如果孩子们有兴趣，可以持续将鸡蛋泡在饮料 2 天，观察鸡蛋的后继变化。

活动记录单（示样）：

白壳新鲜鸡蛋外表：	
“喝”可乐的鸡蛋外表：	“刷牙”后的蛋壳外表：
“喝”柠檬汁的鸡蛋外表：	“刷牙”后的蛋壳外表：

活动评价：

无效果	对蛋壳探究活动没有兴趣，不参加活动
初见成效	在教师的引导下参与活动，观看“喝”饮料后蛋壳的变化，整体主动性差，很少发表意见
基本掌握	参加活动，参与交流讨论，感知蛋壳的变化，认识到刷牙、漱口和少喝饮料的必要性
完全掌握	积极参与活动，一定程度上引导了小组的交流和讨论，仔细观察蛋壳的变化，对蛋壳的变化充满好奇心，对后继活动充满期待

家园共育：

1.亲子将脱落的牙齿或吃剩下的骨头泡到白醋里，鼓励幼儿观察其变化，增加感知。

2.家长为幼儿讲解如何保护牙齿。

不用手剥蛋壳的方法*

活动由来：

鸡蛋是幼儿的日常食品，幼儿剥鸡蛋正经历由生疏到熟练的过程，如果告诉幼儿不用手也能剥掉蛋壳，那幼儿一定兴趣高涨，期待知道答案。《3—6 岁儿童学习与发展指南》指出：“给幼儿提供丰富的材料和适宜的工具，支持幼儿在游戏过程中探索并感知常见物质、材料的特性和物体的结构特点。”“引导幼儿在探究中思考，尝试进行简单的推理和分析，发现事物之间明显的关联。”为此，教师设计了此活动。

活动目标：

1.引导幼儿对蛋壳的变化进行比较观察和连续观察，培养观察能力和品质。

2.发展幼儿简单推理和分析能力，知道醋会使鸡蛋壳消失。

3.感知醋、蛋壳的材料特性，激发幼儿的好奇心和科学探究欲望。

活动准备：

材料准备：去壳生鸡蛋、新鲜生鸡蛋、食用白醋、清水、干净小碟、透明含盖塑料杯、医用棉签、放大镜、活动记录单、彩笔。

经验准备：剥或接触过鸡蛋壳，知道鸡蛋壳比较硬，知道醋是一种日常调味品。

★安全事项：水、醋和蛋液洒落在地面可能导致幼儿滑倒，教师要注意观察和及时处理。

---

* 作者：蔡晓娟，德惠市米沙子镇希望小学。

活动过程：

一、以物激趣，导入活动

教师提前 2 天以上，用白醋浸泡生鸡蛋，使生鸡蛋去壳，然后清洗干净。

教师展示剥好壳的生鸡蛋，并将该鸡蛋传给幼儿观看、触摸和感受鸡蛋的弹性，激发幼儿想拥有无壳鸡蛋的愿望。教师故作炫耀和神秘地告诉幼儿：这是一个生鸡蛋，并且老师不用手就把壳剥得干干净净，你们想知道老师的神秘方法吗？在幼儿的欢呼和期待中，教师继续活动内容。

二、感知醋、蛋壳的材料特性

教师为每组分发 3 个生鸡蛋、1 瓶食用白醋、1 杯清水、3 个干净小碟、1 袋医用棉签、1 盒彩笔、1 个或多个放大镜、每个幼儿 1 张活动记录单。

1.对比感知白醋和清水。

教师请幼儿将少许醋倒到碟子中，观察醋，闻醋的味道，然后取出 1 根医用棉签，棉签端蘸上醋，用嘴巴品尝一下棉签上醋的味道，用手触摸棉签端的醋，感觉醋在手上的感觉。

教师再安排幼儿对清水进行同样的操作。

幼儿感知完醋和清水之后，教师请幼儿发言，对比说明醋和清水的不同。

2.感知生鸡蛋。

教师请幼儿拿起生鸡蛋，感受手中的鸡蛋，然后使用放大镜观察生鸡蛋的外表。

教师请幼儿打碎一个生鸡蛋（蛋液保存到干净小碟中），观察蛋壳、蛋壳膜和蛋液，用干净棉签蘸取蛋液，用手感知棉签上的蛋液。

当幼儿基本完成感知后，教师请幼儿交流自己的感知，以绘画的形式完成活动记录单第 1 行的内容。

三、分组探究，连续对比观察，记录过程

教师为每组分发 2 个透明含盖塑料杯，请幼儿轻轻地将 2 个鸡蛋分别放入杯中，然后往 2 个杯中分别倒入白醋和清水，使白醋和清水浸没鸡蛋，拧上杯盖。幼儿观察两个杯中的鸡蛋，教师巡视，注意观察幼儿的行为，听取他们的谈话内容，适时提供支持和引导。

教师引导幼儿的提问和评论：

✧ 放大镜可以看清细节，试试看。

✧ 两个杯中，蛋壳有什么变化？

✧ 两个杯中，鸡蛋的位置有什么变化？

✧ 两个杯中，有新的东西产生吗？

教师请幼儿说出自己观察到的变化，以绘画的形式完成活动记录单第 2 行的内容。

本活动的观察可以持续 3 天，请幼儿在 3 天中的同一时刻，不间断地连续观察和记录。教师持续鼓励幼儿观察、交流和记录自己观察到的结果。这将是一个奇妙的过程。

四、推理和分析，发现醋和鸡蛋壳消失的关系

到第 3 天，白醋中的鸡蛋应该是半透明状态了（醋的浓度不同，时间会有差别），取出两个鸡蛋，清洗干净，请幼儿体验成功的快乐。

教师引导幼儿的提问：

✧ 为什么两个杯中鸡蛋的变化不一样？

✧ 两个杯中，什么是相同的？什么是不同的？

✧ 你觉得是什么导致蛋壳消失的？

教师鼓励幼儿各抒己见，交流和碰撞，引导幼儿进行合理推理和分析，发现醋是蛋壳消失的原因。

活动记录单（示样）：

鸡蛋外表：	打碎的鸡蛋：
第 1 天观察到醋中的鸡蛋：	第 1 天观察到清水中的鸡蛋：
第 2 天观察到醋中的鸡蛋：	第 2 天观察到清水中的鸡蛋：
第 3 天观察到醋中的鸡蛋：	第 3 天观察到清水中的鸡蛋：

活动评价：

无效果	对鸡蛋、蛋壳活动没有兴趣，不参加活动
初见成效	对无壳鸡蛋有兴趣，在教师的引导下参与活动，主动性差，偶尔尝试几次即停止，观看其他幼儿活动，很少发表意见，有一定的好奇心
基本掌握	参加活动，参与幼儿交流和讨论，通过活动能归纳醋对蛋壳的影响，连续性观察和细节观察稍弱，对蛋壳消失有好奇心
完全掌握	积极参与活动，引导交流和讨论，对蛋壳的变化充满兴趣，持续、细致、充满好奇地观察蛋壳的变化，希望做更多类似的实验，或用更多的方法使鸡蛋壳消失

家园共育：

1.为幼儿提供松花蛋，请幼儿自行剥开松花蛋，感知蛋壳、蛋膜、蛋白和蛋黄。

2.家长为幼儿讲解醋的功效和作用。

瓶子吹气球*

活动由来：

元旦联欢会前，孩子们一起用气球装饰环境，有的孩子用打气筒吹气球，有的孩子用嘴巴吹气球，很快小朋友们累了，有小朋友说："还有什么省劲的吹气球的方法吗？""如果气球自己能吹起来就好了。"抓住孩子们的兴趣点，教师生成了此活动。

活动目标：

1.发现小苏打和醋混合会产生气体，气体可以吹起气球。

2.激发幼儿科学探究兴趣，培养好奇心与探究欲望。

活动准备：

材料准备：小苏打、陈醋、气球、透明塑料瓶、小勺、漏斗、抹布。

---

* 作者：路秀花，滨州市滨州经济技术开发区杜店街道中心幼儿园。

经验准备：吹过气球，知道气体可以让气球膨胀，使用过漏斗。

★安全事项：小苏打不可食用，液体洒落在地面可能导致幼儿滑倒，教师要注意观察和及时处理。

活动过程：

一、以疑激趣：魔法实验，激发探索兴趣

教师提前准备好瓶子吹气球的装置，告诉幼儿可以让气球自己鼓起来，问幼儿是否想看神奇魔法。

在幼儿的期待和注视下，教师将气球扶正（使小苏打进入醋瓶），气球自己慢慢变大。

二、以趣促学：教师演示过程，幼儿观察学习

幼儿会觉得很神奇，很惊讶，等待幼儿从惊讶中回过神来之后，教师为幼儿演示实验操作过程。

1.使用漏斗往透明塑料瓶中倒入陈醋（液面高度超过 3 厘米即可）。

2.用小勺、漏斗往气球里装入小苏打（3 小勺以上即可）。

3.将装有小苏打的气球口盖在透明塑料瓶瓶口外（注意不要让气球中的小苏打进入瓶子中）

4.实验开始：将气球扶正，使气球中的小苏打被倒入瓶子中，气球被慢慢“吹”大。

三、学以致用：幼儿动手操作，观察实验现象

教师为幼儿分发所有实验材料，幼儿动手操作。

教师巡视，注意观察幼儿的行为，听取他们的谈话内容，适时提供支持和引导。

教师引导幼儿的提问：

✧ 瓶中红棕色的液体是什么？闻一闻，是什么味道？

✧ 白色晶体（小苏打）倒入醋中，醋有什么变化？

✧ 在醋中，白色晶体（小苏打）有什么变化？

✧ 气球是怎么鼓起来的？你能模仿一下吗？

✧ 如何才能让气球鼓得更大？

学以致用，动手操作

幼儿基本完成实验之后，教师请幼儿交流自己的做法、结果和注意到的现象。

四、以赛助升：幼儿改进实验方法，“吹”出更大的气球

教师组织班级“吹”气球比赛，鼓励幼儿重新实验，想办法将气球“吹”得更大。教师组织评选，为“吹”出气球最大的幼儿颁发奖品，并请幼儿介绍自己的做法。

幼儿每次完成实验后，教师请幼儿及时记录实验方法和结果。

再次实验，我的气球更大了

活动记录单（示样）：

方法	气球大小

活动评价：

无效果	幼儿不感兴趣，不参加活动
初见成效	在教师的指导下尝试动手实验，对实验有一定的好奇心，但往往只做一两步就停止了，更多是观看别人实验，自己很少动手
基本掌握	参加活动，主动完成实验探究过程，参与小组讨论，提出自己的问题，对实验比较有好奇心，偶尔提出问题
完全掌握	积极参与并完成实验，探索兴趣很浓，不断探索、尝试将气球吹得更大的方法，对实验过程非常有好奇心，提出相关问题

家园共育：

1.亲子在家尝试本实验活动，并尝试盐、白糖等能否“吹”起气球。

2.家长为幼儿阅读二氧化碳相关的绘本或故事。

资源推荐：绘本《神奇的呼吸》，童谣《低碳生活小童谣》。

会“跳舞”的绿豆*

活动由来：

班级刚完成了“火山爆发”的实验，孩子们对实验念念不忘，都非常期待下一次实验的开始。结合班级科学主题活动，教师设计了此活动。

活动目标：

1.通过实验产生二氧化碳，使幼儿感受化学的神奇。

2.感知绿豆的翩翩起舞，提高幼儿的观察力和想象力。

3.培养幼儿的动手能力，激发幼儿的探索欲和求知欲。

活动准备：

材料准备：护眼罩、透明塑料杯、水、白醋、小苏打、勺子、搅拌棒、绿豆。

经验准备：对小苏打与白醋相遇产生二氧化碳已有初步的了解。

活动过程：

一、导入，激发兴趣

教师：小朋友们，你们喜欢跳舞吗？上次科学实验，我们跳了“火山爆发”的舞蹈，扭扭身子，让我们再次跳动起来吧！（唤醒幼儿的实验回忆）今天，老师给大家带来了一个“舞蹈家”，它是绿豆，绿豆说它非常喜欢跳舞，但是它需要小朋友的帮助才能跳舞，它需要什么呢？教师把耳朵贴近绿豆，轻轻地说：“绿豆说它需要二氧化碳水溶液。”小朋友们，怎么帮助绿豆跳舞？行动起来吧！

二、示范，教师展示实验过程

1.唤醒回忆：怎么产生二氧化碳水溶液？

教师引导幼儿回忆“火山爆发”的实验，引导幼儿回忆起小苏打与白醋相遇会产生二氧化碳。

2.教师演示，幼儿观看。

第一步，戴护眼罩。

---

* 作者：张丽慧，兴城市第一幼儿园。

第二步，往透明塑料杯内倒入水。

第三步，往透明塑料杯里加入2~3勺小苏打，用搅拌棒搅拌使小苏打充分溶解。

第四步，往透明塑料杯里少量多次加入白醋。

第五步，往透明塑料杯里倒入绿豆。

第六步，绿豆开始“跳舞”。

三、实验，幼儿有序探究

教师为小组分发护眼罩、透明塑料杯、水、白醋、小苏打、勺子、木棍、绿豆等实验材料，向幼儿说明实验安全注意事项，幼儿开始有序探究。

教师巡视，注意观察幼儿的行为，听取他们的谈话内容，适时提供支持和引导。

教师引导幼儿的提问和评论：

✧ 水和醋味道一样吗？可以闻一闻。

✧ 小苏打在搅拌的过程中有什么变化吗？

✧ 往杯子里加入白醋时，你看到了什么变化？

✧ 绿豆的运动状态是怎么样的？

✧ 绿豆为什么升到水面又下沉了呢？（引发幼儿新的好奇心）

幼儿基本都完实验后，教师请幼儿交流自己的实验结果和发现。

四、飞翔，幼儿模仿绿豆翩翩起舞

教师鼓励幼儿仔细观察绿豆的运动状态，然后单人或小组模拟绿豆在液体中的运动状态，翩翩起舞。

活动评价：

无效果	不参加活动，对活动无兴趣
初见成效	观看教师的实验演示，觉得绿豆上上下下很神奇，跟随和模仿同伴进行实验
基本掌握	参加活动，参与讨论交流，完成实验，对绿豆的运动状态有好奇心
完全掌握	积极参加活动，顺利完成实验，细致观察到绿豆上浮下沉的运动状态，对绿豆的运动状态充满好奇心，参与小组和班级交流讨论，提出多个相关问题

家园共育：

1.在雪碧或其他碳酸饮料中加入绿豆，观看绿豆是否会翩翩起舞。

2.尝试将绿豆更换为黄豆、黑豆、蚕豆、葡萄干等，进行同样的实验，看看是否有翩翩起舞的效果。

火山喷发*

活动由来：

小智在绘声绘色地给小朋友们讲解火山爆发，小朋友们惊叹不已，原来小智的爸爸给他买了“火山爆发”的化学实验套装，小智正在给大家描绘他的“火山爆发”实验。看到孩子们羡慕和渴望动手一试的表情，结合班级材料，教师设计了此活动。

活动目标：

1.在游戏过程中探索并感知常见物质的特性。

---

* 作者：赵娜，滨州高新技术产业开发区小营街道中心幼儿园。

2.科学和艺术的融合，使幼儿感受科学之美，感知科学的神奇。

3.提升幼儿的语言表达能力。

活动准备：

材料准备：火山喷发视频、新鲜柠檬、食用小苏打、洗洁精、红黄蓝儿童色素、小木勺、托盘、放大镜、抹布、活动记录单、彩笔。

经验准备：接触或了解柠檬、洗洁精、色素。

★安全事项：小苏打不可食用，液体洒落在地面可能导致幼儿滑倒，教师应注意观察和及时处理。

活动过程：

一、视频预热，谈话导入

教师播放火山喷发的相关视频，使幼儿对火山喷发有初步的感知。

教师询问火山喷发的情形，包括颜色、形状等，请幼儿描绘，或者以肢体展示，然后教师告知幼儿，今天我们也要进行火山喷发实验，大家将亲手制作火山喷发。在幼儿的欢呼和期待中，教师继续活动内容。

二、感知活动主要材料特性

教师为每组分发 1 小袋食用小苏打、半个的新鲜柠檬（尖头切皮置于底部，竖立于托盘中）2 个、1 瓶洗洁精、红黄蓝儿童色素各 1 瓶、1 个或多个放大镜、小木勺每人 1 把和 1 块抹布，请幼儿感知材料的特性。教师告知幼儿小苏打不是糖，不要品尝和触摸。

教师巡视，注意观察幼儿的行为，听取他们的谈话内容，适时提供支持和引导。

教师引导幼儿的提问和评论：

✧ 放大镜可以看清细节，试试看。

✧ 看一看，这些材料是什么颜色、形状？

✧ 闻一闻，这些材料是什么味道的？

幼儿基本完成之后，教师请幼儿分享和交流自己的感知结果。

三、分组实验，制作火山喷发

教师请每组用色素在柠檬切面自由上色，把柠檬切面涂成自己喜欢的颜色或图案。将涂色完毕的柠檬切面印到活动记录单中。

教师请幼儿将洗洁精涂抹到柠檬切面上，用小木勺舀起一勺小苏打撒在柠檬切面上，并用力将小苏打压、戳入柠檬切面里，再使劲将另外一半柠檬的柠檬汁挤到小苏打上面，这时柠檬切面上会形成大量多彩的泡泡，并发出嘶嘶的声音。幼儿可以不断挤压柠檬水到柠檬切面水，并感受科学的神奇，享受科学和艺术融合之美。

四、分享交流，提升语言表达能力

活动结束后，教师请幼儿讲述自己看到的现象，描述泡泡的绚丽。在幼儿描述的过程中，教师辅助幼儿使用描述性语言，并尝试使用一些幼儿之前没有用过的词语。

最后，教师请幼儿将自己最喜欢的实验结果画到活动记录单中。

活动记录单（示样）：

我的柠檬切面图案：	我最喜欢的实验结果：

活动评价：

无效果	对活动没有兴趣，不参加活动
初见成效	在教师的引导下参与活动，感知部分材料特性，观看“火山喷发”，整个活动过程多以观看为主，很少发表意见，有一定的好奇心
基本掌握	参加活动，参与幼儿交流和讨论，完成感知材料和实验活动，对“火山喷发”有好奇心，并提出自己想知道的问题
完全掌握	积极探索材料的特性，不断尝试使“火山”喷发的方法，主动交流和分享，提出材料和实验相关的问题，对实验过程和结果充满好奇心，并希望进一步探究

家园共育：

1.鼓励幼儿在家中为家长演示“火山喷发”的实验，家长提供辅助，并给予奖励。

2.家长为幼儿讲解火山喷发，带领幼儿探索更广阔的地球奥秘。

酸雨的危害*

活动由来：

《3—6 岁儿童学习与发展指南》指出：“引导幼儿关注和了解自然、科技产品与人们生活的密切关系，逐渐懂得热爱、尊重、保护自然。”酸雨是环境危害之一，为了让幼儿了解酸雨的成因和危害，教师设计了此活动。

活动目标：

1.通过实验切实感知到酸雨的危害。

2.培养幼儿有意观察，特别是持续有意观察的意识和能力。

3.激发幼儿保护自然的意识。

活动准备：

材料准备：动物头饰、下雨的音频、酸雨视频、透明带盖塑料杯、食用白醋、瓶装纯净水、小水泥块、树叶、薄铁片、鸡蛋壳、曲别针、放大镜、木镊子、彩笔、活动记录单。

经验准备：知道或接触过食用醋。

活动过程：

一、情景剧导入，激发幼儿共鸣

播放下雨音频，教师和几个幼儿戴着不同的动物头饰，假扮不同的动物，装着病恹恹、难受的样子出现，从不同的地方走到一起，交流这场雨酸酸的味道和给它们带来的不适与伤害。演出结束，“动物们”集体请幼儿了解酸雨，保护环境。

二、播放视频，了解酸雨的成因和危害

教师播放提前准备好的酸雨相关视频，使幼儿了解酸雨的成因和危害，使幼儿直观感知酸雨。

三、动手实验，猜测结果

教师为每组分发 2 个透明带盖塑料杯、1 瓶食用白醋、1 瓶瓶装纯净水、2 块小水泥块、2 片相似的树叶、2 片薄铁片、2 片鸡蛋壳、2 个曲别针、若干个放大镜、1 盒彩笔和 1 张活动记录单。

---

* 作者：丁宁，长春市人民政府机关第三幼儿园。

教师为幼儿介绍实验材料，边介绍边展示材料：酸雨是酸性的，我们用使用白醋代替酸雨；酸雨会使建筑材料出现空洞和裂缝，使建筑物发黑，我们选取了水泥块和鸡蛋壳代表建筑材料和建筑物；酸雨会腐蚀金属材料，我们选取了铁片和曲别针代表金属材料；酸雨会使植物营养不良，甚至中毒、死亡，我们选取了 2 片相似的树叶代表植物。

教师请幼儿将实验材料均等装入 2 个透明带盖塑料杯中，然后将一个杯中加入纯净水，将另外一个杯中加入白醋，液面要浸没杯内实验材料，然后盖紧盖子。教师请幼儿猜测两个瓶子静置 1 天后，瓶子中材料的变化，并画到活动记录单中。

四、定时观察，感知变化

1 天的时间到后，教师提示幼儿进行观察。

教师巡视，注意观察幼儿的行为，听取他们的谈话内容，适时提供支持和引导。

教师引导幼儿的提问和评论：

✧ 放大镜可以看清细节，试试看。

✧ 哪个杯中的树叶更鲜艳、更有活力？

✧ 哪个杯中的曲别针（或其他材料）发生了变化？

✧ 用木镊子将蛋壳夹起，摸摸看有变化吗？（摸后放回原杯中）

教师在幼儿基本完成材料变化的感知后，请幼儿交流自己的发现，说说自己推断变化产生的可能原因和第 2 天可能发生的变化，并完成活动记录单中对应的表格。

第 2 天教师带领幼儿重复第 1 天的观察活动，这次可以取出所有的材料进行亲密观察。观察完成之后，幼儿在活动记录单对应栏中以画的方式记录自己观察到材料状况。

五、环保小卫士，保护环境

教师组织幼儿交流：如何争做环保小卫士，保护环境？

幼儿自由发言，教师总结，最终达到激发幼儿自觉保护自然的目的。

活动记录单（示样）：

猜测静置 1 天后，瓶子中材料的变化：	实际观察到 1 天后，瓶子中材料的变化：
猜测静置 2 天后，瓶子中材料的变化：	实际观察到 2 天后，瓶子中材料的变化：

活动评价：

无效果	没参加活动，或对此内容不感兴趣
初见成效	在教师的指导下参与活动，观察到一两处明显的变化，没有进行持续观察，不爱发表意见
基本掌握	完成猜想、观察和记录，参与讨论和交流，对变化感到好奇，提出一两个变化相关的问题
完全掌握	积极参与活动，主动性很强，乐于探索，通过多种方式感知瓶中材料的变化，对变化的原因充满好奇，提出变化相关的问题，希望继续探究酸雨的相关内容

家园共育：

1.鼓励幼儿在家中观察更多材料在白醋中的变化，加长观察天数和频次。

2.鼓励幼儿积极参加环保宣传教育活动，争做环保宣传员、环保小卫士。

第六部分　生物

生物是一个孩子们非常喜欢且与自身密切相关的领域！

与幼儿探讨人体的秘密，例如指纹的秘密、神奇的关节、我是从哪里来；与幼儿谈论一日三餐中水果、蔬菜的生长过程和自身的奥秘；带幼儿走进奇趣盎然的大自然，倾听大自然的语言，分享大自然的美妙，体验大自然的魅力……这些都会让幼儿觉得科学距离我们是如此的近，又是如此的有趣。

生物活动，不仅发生在活动室，也可以发生在户外种植区（菜园）、活动区，也可以发生在家里，更可以发生在田野、公园等。

开展生物活动的材料也是非常容易获得的，大蒜、土豆、萝卜、豆芽等都可以开展室内种植；鸡蛋、水果、蔬菜等与幼儿一日三餐相伴；活动室内可以饲养小金鱼、小乌龟，很多幼儿家庭养有宠物猫、狗等；大自然中蕴含丰富动植物教育资源库，例如蚯蚓、蚂蚱、天牛、迎春花、蒲公英等等，有心的教师和家长会很容易获得活动材料和活动内容。

生物活动可以较为容易地生成系列活动，例如教师带领幼儿经历完整的花生种植、向日葵种植等活动，这些活动可以持续几周，甚至几个月。

生物活动可以很好地引导幼儿观察事物，学习观察方法和分类方法，可以丰富幼儿的语言和表达能力，可以发展幼儿的归类、判断、推理能力，可以提升幼儿发现问题、分析问题和解决问题的能力……

指纹探秘*

活动由来：

一天，小智掰着手指头跟小朋友聊天，很快许多小朋友都在看自己的手指头，老师一打听，原来小智奶奶告诉小智每个人的指纹都是不一样的，幼儿都好奇地想知道自己的指纹是什么样子的。抓住此教育契机，教师生成了本次活动。

活动目标：

1.用拓印的方法提取指纹，发现指纹不同。

2.引导幼儿通过观察、比较、操作、实验等方法，学习发现问题、分析问题和解决问题。

3.初步尝试归类、判断、推理，逐步发展逻辑思维能力。

活动准备：

材料准备：印泥、放大镜、活动记录单、彩笔。

经验准备：知道每个人的指纹是不一样的。

活动过程：

一、探究——发现不同

教师：小智奶奶说每个人的指纹都不一样，可我怎么觉得手指都是一样的，指纹也没啥区别啊？！小朋友们，今天老师给大家带来了很多工具，我们一起探究一下吧！

1.提取指纹。

教师为幼儿分发印泥和活动记录单，介绍提取指纹的方法：将指腹轻轻、充分地按压在印泥上，然后再用力将指腹按压在活动记录单对应空格中。

教师鼓励、协助幼儿顺序提取自己的 10 个指纹，并将指纹印在活动记录单中。

2.观察指纹。

教师为幼儿发放放大镜，请幼儿观察指纹。教师巡视，注意观察幼儿的行为，听取他们的谈话内容，适时提供支持和引导。

教师引导幼儿的提问和评论：

✧ 放大镜可以让你看得更清楚，用用放大镜吧！

✧ 第 1 个和第 2 个指纹（或左边和右边）的指纹一样吗？

✧ 两个大拇哥（或食指、中指等）的指纹一样吗？

✧ 你发现它们哪里一样？哪里不一样？

✧ 10 个指纹中，你能找到一样的指纹吗？

3.比较指纹。

教师：小朋友比较一下其他小朋友的指纹跟你的指纹一样吗？尽量找出一样的指纹哦！

教师引导幼儿的提问：

✧ 你的左手拇指和别人左手拇指的指纹一样吗？

✧ 你的指纹能和别人的指纹对上吗？

✧ 你的指纹和别人的指纹哪些地方不一样？是大小，还是为纹理，还是粗细，还是其他？

✧ 你多观察、比较几个其他小朋友的指纹，看看有一样的吗？

---

* 作者：马英宁，指导教师：刘晨，吉林省省直机关第二幼儿园。

4.交流总结。

幼儿交流自己的发现，教师鼓励幼儿说出自己看到的指纹细节，鼓励幼儿说出自己的指纹与别人指纹的不同，总结出指纹各不相同。

二、归类——发展逻辑思维能力

教师告知幼儿指纹一般分为3类，请幼儿观察自己拓印的指纹，根据指纹的形状，将10指指纹与对应的指纹图形连线。

教师引导幼儿的提问和评论：

✧　放大镜可以放大图像，显示细节，用用放大镜吧！

✧　3类指纹有什么不一样吗？

✧　你是根据什么把它们两个归为一类的？

幼儿交流，教师总结：归类一定要找到相同的特征，归类可以让我们抓住物体的共同特征。

三、应用——解决实际问题

教师：我们已经知道了指纹各不相同，那么指纹在我们生活中有哪些应用呢？

幼儿自己发言，例如指纹解锁手机、指纹解锁电脑、指纹门锁、指纹保险箱、指纹破案等。

活动记录单（示样）：

<table>
<tr><th>手指</th><th>对应指纹</th><th>归类</th></tr>
<tr><td>左手拇指</td><td></td><td rowspan="10">
箕形纹

弓型纹
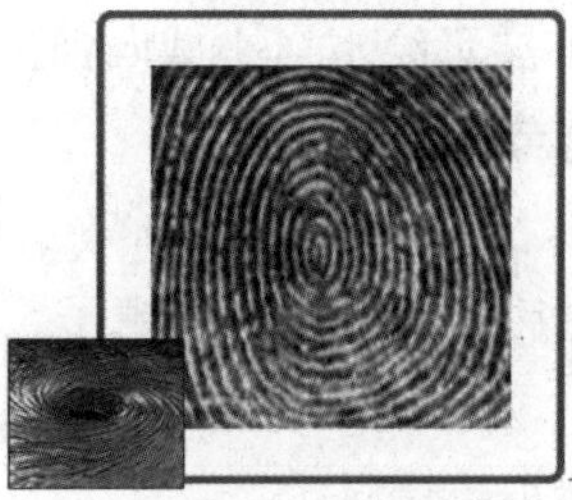
斗形纹</td></tr>
<tr><td>左手食指</td><td></td></tr>
<tr><td>左手中指</td><td></td></tr>
<tr><td>左手无名指</td><td></td></tr>
<tr><td>左手小指</td><td></td></tr>
<tr><td>右手拇指</td><td></td></tr>
<tr><td>右手食指</td><td></td></tr>
<tr><td>右手中指</td><td></td></tr>
<tr><td>右手无名指</td><td></td></tr>
<tr><td>右手小指</td><td></td></tr>
</table>

活动评价：

无效果	对指纹观察不细致，没有发现指纹的不同，或不参与活动
初见成效	参与拓印指纹，能发现明显不同的指纹，归类能力欠缺，不能进行有目的归类
基本掌握	借助工具仔细观察指纹，发现指纹各不相同，能有目的进行归类，准确度一般
完全掌握	积极探究，主动交流，发现指纹各不相同，能基本正确进行归类，能说出指纹的用途

家园共育：

1.幼儿比较自己和家长指纹的异同，并尝试进行归类。

2.家长为幼儿讲述指纹判案的相关故事。

3.家长带孩子体验或为孩子演示指纹解锁手机、电脑、门锁等。

小威向前冲*

活动由来：

幼儿经常会问自己是从哪里来的，家长和教师多数情况是含糊其辞，不知道如何来告诉幼儿。一日偶见绘本《小威向前冲》，故事幽默风趣，轻松阐述了一个关于生命孕育的科学话题，让人不由地感叹生命的奇妙和美好。借助此绘本，教师生成了此活动。

活动目标：

1.感知精子、卵子、人体和生命的由来。

2.感知亲情的美好和亲人的关爱，形成积极稳定的情绪情感。

3.丰富幼儿的语言和表达能力。

活动准备：

材料准备：绘本《小威向前冲》PPT、绘本中精子、卵子、爸爸、妈妈、小生命生长图片、活动记录单、彩笔。

经验准备：幼儿知道自己是妈妈生出来的。

活动过程：

一、提出问题，激发兴趣

教师与幼儿谈话，询问幼儿：你知道自己是从哪里来的吗？你是怎么长大的？人为什么要有一个爸爸和一个妈妈？激发幼儿思考，引起幼儿兴趣，然后切入绘本和主题。

二、绘本阅读，了解生命

教师出示绘本《小威向前冲》，告诉幼儿老师要给他们讲解上述问题的答案。

教师用 PPT 展示绘本《小威向前冲》每一页内容，为幼儿讲解绘本故事。

三、复述情节，记录生命

1.发现不同。

故事讲完之后，教师投影出精子、卵子、爸爸、妈妈图片，然后请小朋友说说精子和卵子、爸爸和妈妈有什么不同。

教师引导幼儿的提问：

---

* 作者：王晴晴，长春市人民政府机关第三幼儿园。

◇　精子和卵子的形状有什么不同？

◇　精子是怎么游泳的？（可以请幼儿模仿）

◇　爸爸和妈妈在身体特征上有什么不同？

之后，教师请幼儿说说精子、卵子、爸爸、妈妈和自己的关系，即生命是如何诞生的，自己是怎么来的。在幼儿述说的过程中，教师适时提供支持和引导。

2.生长过程。

教师投影出小生命生长图片，然后请幼儿说说小生命的成长过程。

教师引导幼儿的提问：

◇　因为什么爸爸妈妈在一起？（因为爱，教师可以引申教师对幼儿的爱，拥抱一下。）

◇　小威为什么不见了？

◇　小生命是怎么不停地长的？

◇　布朗太太的肚子为什么被撑得鼓鼓？

◇　婴儿出生的时候是什么样子？（请幼儿模仿）

◇　小娜是怎么长大的？

在幼儿述说的过程中，教师适时提供支持和引导。

幼儿讲述小生命的成长过程

之后，教师请幼儿说说自己是怎么来长大的，点题突出亲情的美好和亲人的关爱，促进幼儿形成积极稳定的情绪情感。

3.记录生命。

教师为幼儿分发活动记录单和彩笔，请幼儿画下精子、卵子、爸爸和妈妈，画下生命的生长过程。

四、兴趣交流，发现差异

教师组织幼儿交流，说说自己和家长长相、行为、性格、特长等相似的地方，发展幼儿观察、比较、分类和概括能力，增加幼儿交流和表达能力。

活动记录单（示样）：

精子图：	卵子图：
爸爸图：	妈妈图：
生命的生长过程图：	

活动评价：

无效果	对生命孕育内容没有兴趣，不参加活动
初见成效	听绘本故事，复述情节和交流环节基本没有参加，不爱发表意见
基本掌握	参加活动，基本知道生命孕育的过程，参与幼儿交流和讨论，提出一两个相关问题，对生长过程有一定的好奇心
完全掌握	积极参与活动，能基本准确复述生命孕育和生长的过程，积极参与幼儿交流，提出孕育和生长的相关问题，希望探究更多的生命、生长内容

家园共育：

1.亲子共读绘本《小威向前冲》，或请幼儿给家长讲述绘本《小威向前冲》。

2.亲子共同观看全家福照片（含祖父母更好），请幼儿说说自己和父母、父母与祖父母长相、行为、性格、特长等相似的地方。

3.父母为幼儿讲述幼儿孕育和生长的过程，注意流露出父母的爱。

资源推荐：科学故事《我们的身体》，科学小知识“染色体”。

水果里的种子*

活动由来：

幼儿常常吃水果，他们也经常关心美味的水果是从哪里来的。《3—6 岁儿童学习与发展指南》指出：“成人要善于发现和保护幼儿的好奇心，充分利用自然和实际生活机会，引导幼儿通过观察、比较、操作、实验等方法，学习发现问题、分析问题和解决问题”，为此教师设计了此活动。

活动目标：

1.发现和感知水果里的种子。

2.通过观察、比较和分类，发现水果种子的异同。

3.增强幼儿语言理解和表达能力。

活动准备：

材料准备：苹果、葡萄、橘子、甜瓜、梨、水果托盘、纸盘、放大镜、塑料水果刀、餐巾纸、活动记录单、彩笔。（水果和餐具应提前清洗干净，保证卫生。）

经验准备：幼儿吃过上述水果。

活动过程：

一、多感官感知水果

教师将材料中的水果按照每种 1~2 个装入水果托盘，然后分发到每组，请幼儿观看、触摸和闻水果，用多种感官感知水果。

教师请幼儿发言，交流自己感知到的水果特征，增强幼儿的观察、比较和表达能力。

二、尝试发现水果里的种子

教师为幼儿发放纸盘、放大镜、塑料水果刀和餐巾纸，请幼儿挑选一种水果，探究水果里面有什么，允许幼儿用塑料水果刀或手剥、嘴咬等方式打开水果，同时将自己探究的内容分列展示在纸盘中。

---

* 作者：王文晶，德惠市米沙子镇希望小学。

教师巡视，注意观察幼儿的行为，听取他们的谈话内容，适时提供支持和引导。

教师引导幼儿的提问和评论：

✧ 你发现水果里有什么？

✧ 棕红色的（黑黑的、白白的等，根据种子颜色选择）是什么？

✧ 我们怎样才能看得更清晰？

✧ 用手捏一捏，种子是软的还是硬的？

✧ 这些水果里都有种子！

✧ 它们有什么一样和不一样吗？

当幼儿发现和说出水果里有种子的时候，教师应立刻告知班级的其他幼儿水果里有种子，以便于指引幼儿探究对象。

三、感知水果里的种子

当幼儿发现种子之后，教师鼓励幼儿重点通过观察、比较等感知种子。

教师引导幼儿的提问：

✧ 种子在水果的哪个部位？

✧ 种子在水果中是怎么分布排列的？

✧ 种子是什么颜色的？

✧ 种子有多大？

✧ 种子有多少个？

✧ 种子有什么作用？

✧ 你怎么知道种子的作用的？

教师鼓励幼儿将自己的发现记录在活动记录单中。

幼儿基本完成探究后，教师组织幼儿进行交流，请幼儿描述自己感知的种子特征，鼓励幼儿说出种子间的明显不同。

如果时间允许，且幼儿兴趣浓厚，教师可以让幼儿再选择一种水果进行探究，反之可以在第 2 天、第 3 天等继续该活动。

四、用身体模拟种子

教师鼓励幼儿以单人、双人或多人的方式进行表演，模拟水果里种子的分布和样子。

活动延伸：

随着感知的深入，教师提供火龙果、香蕉和草莓等难以辨识种子的水果，引导幼儿探究活动的深入。

在用餐的时候，鼓励幼儿发现食物是哪些植物的种子。

尝试探究西瓜的种子，并将西瓜籽洗净、炒熟后食用。

活动记录单（示样）：

观察对象	
种子特征	

活动评价：

无效果	对寻找、感知种子不感兴趣，不参加活动
初见成效	在教师的帮助下打开一种水果，发现了种子，但没有进行感知，不参与讨论
基本掌握	发现种子，观察种子的特征，提出一两个种子相关的问题，具有一定的好奇心
完全掌握	积极参加活动，发现种子并使用放大镜观察种子，能用较为丰富的语言描述种子的特征，对种子充满好奇，希望继续探究种子内部特征，希望探究更多水果种子的特征

家园共育：

1.家长有意给幼儿吃不同种类的水果，让幼儿寻找水果中的种子，说说种子的特征。如果幼儿有好奇心，可以继续探究种子的内部特征。

2.带领幼儿切开一个南瓜，让幼儿观察南瓜内部特征，取出南瓜籽，炒熟后食用。

3.带领幼儿使用种子进行种植和观察活动。

菜园“双丰收”*

活动由来：

幼儿园菜园中的各类蔬菜长势喜人，在“丰收”前是否可以发挥菜园更大的价值？科学启智培训中植物的分类令人印象深刻，《3—6 岁儿童学习与发展指南》也指出：“有意识地引导幼儿观察周围事物，学习观察的基本方法，培养观察与分类能力。”据此，教师设计了此活动，希望实现菜园收益“双丰收”。

活动目标：

1.知道常见蔬菜的名称、外形特征，能将蔬菜按一定的标准进行分类。

2.有意识地引导幼儿观察事物，学习观察方法和分类方法。

活动准备：

材料准备：幼儿园菜园、放大镜、活动记录单、彩笔。

经验准备：对蔬菜有一些认识。

★安全事项：教师应实地勘察菜园，选择没有没喷洒农药的菜园，了解菜园内的蚊虫、坑洼、尖锐物体和有刺的果蔬，防止可能对幼儿造成伤害。在幼儿活动过程中，教师注意观察和及时处理。

活动过程：

一、参观菜园，感知蔬菜

天气适合的时候，教师交代好安全注意事项，带领幼儿去菜园顺序参观各种蔬菜。幼儿带着放大镜。教师注意观察幼儿的行为，听取他们的谈话内容，适时提供支持和引导。

教师引导幼儿的提问和评论：

✧ 可以轻轻地捏一捏蔬菜的各个部位，看看是什么感觉。

✧ 你可以闻一下蔬菜的味道。

✧ 这种蔬菜叫什么名字？它还有其他名字吗？

✧ 这种蔬菜长的有叶子吗？有多少叶子？叶子是什么颜色的？什么形状的？

✧ 这种蔬菜食用部位是根、茎、叶、花，还是果？食用部位是一处，还是多处？

---

* 作者：李雪，吉林省省直机关第二幼儿园。

✧ 这种蔬菜食用部位长在哪里？（土里、土上、枝头、藤蔓等，水生部分暂不涉及。）

✧ 这种蔬菜食用部位是什么颜色的？什么形状的？

✧ 这种蔬菜长的有刺吗？长在哪个部位？放大镜可以让你看得更清楚。

在菜园管理允许的前提下，可以将每种蔬菜采摘一个带回活动室，展示给幼儿继续观察。这可让幼儿更深入地观察那些看不到、容易被忽视的部分，也可以让幼儿感知蔬菜的重量。

二、蔬菜连连看，发现相同

教师提出问题，幼儿发现相同或相似的蔬菜。

教师引导幼儿的提问：

✧ 哪些蔬菜食用部位是红色的（或绿色的、紫色的、黄色的）？

✧ 哪些蔬菜食用部位是根（或茎、叶、花、果）？

✧ 哪些蔬菜食用部位是长在土里（或土上、枝头、藤蔓）？

幼儿交流作答，教师允许、鼓励幼儿再次实地观察蔬菜后作答。

三、完成活动记录单，完成分类

教师为幼儿发放活动记录单和彩笔，幼儿按照活动记录单，观察蔬菜，完成蔬菜分类。

四、烹饪蔬菜

教师鼓励幼儿将采摘的蔬菜送到幼儿园食堂，请厨师烹饪为菜肴。

幼儿享用菜肴的过程可以延长幼儿对蔬菜的感知和观察。

活动记录单（示样）：

蔬菜食用部分颜色

红色	
绿色	
紫色	
黄色	

蔬菜食用部位

根	
茎	
叶	
花	
果	

蔬菜食用部位生长位置

土里	
土上	
枝头	
藤蔓	

活动评价：

无效果	对活动不感兴趣，不愿意讨论观察
初见成效	参观菜园，跟随大家活动，倾听同伴的发言和描述，缺少自己的观察和分类
基本掌握	认真观察蔬菜，能回答或倾听老师的讲解，明白分类规则，能对蔬菜进行基本正确的分类
完全掌握	积极参加活动，使用放大镜观察蔬菜，主动发表意见，知道蔬菜外形特征和生长方式，正确分类，对蔬菜的不同很是好奇，提出自己想知道的问题

家园共育：

1.家长带孩子一起去买菜，鼓励孩子一起参与择菜、洗菜，孩子观看制作蔬菜的过程。

2.鼓励幼儿对自己的衣物、玩具、图书等进行分类整理。

资源推荐：儿歌《蔬菜分类》。

植物喝水的秘密*

活动由来：

春天到了，幼儿园开展植树活动，幼儿在教师的帮助下打水、运水、为小树浇水。小智突然问："老师，我给小树浇了好几桶水了，它能喝那么多水吗？它喝的水去哪里啦？过一段时间还要浇水吗？"小朋友叽叽喳喳议论开了。抓住孩子们的好奇心，教师生成了此活动。

活动目标：

1.初步感知植物喝水和获得水的方法，了解水在自然界中的循环。

2.引导幼儿通过观察、比较、操作、实验等方法，学习发现问题、分析问题和解决问题。

3.激发小朋友观察、发现、探索自然的兴趣。

活动准备：

材料准备：浇水壶、透明大塑料袋、计时器、课件《小水滴旅行记》。

经验准备：幼儿接触和使用过塑料袋，知道空气。

活动过程：

一、观察和实验：植物喝的水去哪里了

教师：小智问到小树喝的水去哪里了，我发现我们植物角中的植物又要浇水了，那植物喝的水去哪里了？（等待幼儿反馈，激发幼儿探究的欲望）今天让我们都来当当黑猫警长，一起探究一下吧！

教师为每组发一个透明大塑料袋，幼儿自行选择班级植物角的一株多叶植物，将透明大塑料袋套在植物根部以上，并在根部适当封口（室温高的时候封口留大一些，室温低的时候封口留小一些，防止闷死植物）。幼儿封口有困难的时候请教师协助。

教师用计时器设置定时，提醒幼儿每 20 分钟观察一下塑料袋里是否有变化，并记录变化内容。

教师引导幼儿的提问：

✧ 你们猜，塑料袋里会有变化吗？

✧ 你看见什么了？是什么形状的？

✧ 塑料袋里有新的变化吗？

---

* 作者：董璐，中国人民解放军总医院幼儿园。

塑料袋内壁通常在 1 小时后会出现很多水珠，并且随着时间的增加，水珠越来越大。

每组塑料袋内壁都出现水珠后，教师停止幼儿的观察活动，请幼儿讲述自己的观察和发现，并尝试回答“植物喝的水去哪里了”这个问题。

结论：植物喝的水跑到塑料袋里了，跑得挺快，水量挺大。

二、观察和实验：植物喝的水又去哪里了

教师请幼儿轻轻取下塑料袋，使塑料袋敞开口，放置在植物旁边。

教师用计时器定时，提醒幼儿每 10 分钟观察一下塑料袋里是否有变化，并记录变化内容。教师可以重复上面的问题和评论。塑料袋内壁的水珠通常在半小时后会蒸发完毕。

每组塑料袋内壁的水珠都基本蒸发完毕后，教师停止幼儿的观察活动，请幼儿讲述自己的观察和发现，并尝试回答“植物喝的又水去哪里了”这个问题。

结论：塑料袋里的水跑到空气里，看不见啦。

三、感知和提升：观看课件《小水滴旅行记》

通过课件，帮助幼儿进一步理解“为什么会下雨”的科学现象。

四、总结

教师请幼儿回答：植物喝的水去哪里了？

教师最后总结：小朋友浇水——植物喝水——水分蒸发到空气中——空气中的水多了就变成了雨——水有回到地面——水又被植物喝了。

活动记录单（示样）：

观察对象	时间	变化
罩着植物的塑料袋		
敞开口的塑料袋		

活动评价：

无效果	对活动不感兴趣，不参与观察和实验
初见成效	在教师的指导和同伴的帮助下参与观察活动，但观察两次左右就失去兴趣，没有探索欲望
基本掌握	参与活动，参加讨论和交流，能进行持续观察，对水珠的出现和消失有好奇心
完全掌握	积极参与观察和实验活动，记录观察结果，提出相关问题，理解水的变化，对活动具有强烈的好奇心和探究欲望

家园共育：

1.带幼儿参观蔬菜大棚，或去草莓大棚进行采摘，感受大棚内的温度、湿度，观看棚壁是否有水珠。

2.带幼儿观看“水的三态变化”相关的视频。

生鸡蛋的秘密*

活动由来：

鸡蛋是孩子们接触最多的食物之一。一次早餐，孩子们吃着鸡蛋羹，聊起了煮鸡蛋、鸡蛋饼、荷包蛋……这些美食不仅勾起了孩子们美好的回忆，也激发了孩子们对鸡蛋的探索欲望。抓住孩子们的兴趣点，教师抛出了"生鸡蛋是什么样的"这个问题，生成此活动。

活动目标：

1.感知生鸡蛋的外部特征与内部结构。

2.培养幼儿的观察和感知能力，激发其好奇心与探究欲望。

★安全事项：蛋清或蛋黄洒落在地面可能导致幼儿滑倒，教师要注意观察和及时处理。

活动准备：

材料准备：生鸡蛋、竹筐、蛋盒、不锈钢碗、放大镜、塑料直尺、太空泥、活动记录单、彩笔。

经验准备：剥过和吃过熟鸡蛋。

活动过程：

一、感知生鸡蛋外部特征

教师为每组发放一个竹筐，筐内装有生鸡蛋和放大镜。

教师请幼儿通过看一看、摸一摸、闻一闻、捏一捏、掂一掂等，感知生鸡蛋。

教师巡视，注意观察幼儿的行为，听取他们的谈话内容，适时提供支持和引导。

教师引导幼儿的提问和评论：

✧ 放大镜可以帮我们看清楚物体，试试看。

✧ 蛋壳是平滑的，还是凹凸不平的？

✧ 蛋壳是软的，还是硬的？

✧ 鸡蛋比橘子重，还是轻？

✧ 鸡蛋比橘子大，还是小？

✧ 闻闻鸡蛋，有什么味道吗？

✧ 鸡蛋是圆形的吗？

幼儿感知和交流生鸡蛋外部特征

教师在幼儿基本完成探究后，请幼儿交流自己感知到的生鸡蛋外部特征。

燃情体验：教师请幼儿将 4 个鸡蛋竖立放在蛋盒里，安排幼儿站在鸡蛋上，以此说明鸡蛋的硬度，激发幼儿的探究兴趣和好奇心。

二、感知生鸡蛋内部特征

教师为幼儿分发不锈钢碗，请幼儿将鸡蛋完整地打到碗里，保留蛋壳，继续感知鸡蛋内部特征。

教师引导幼儿的提问：

✧ 闻一闻，蛋液是什么味道的？

✧ 用放大镜看一看，蛋液里有什么？

✧ 黄颜色的是蛋黄，跟熟鸡蛋蛋黄的颜色一样吗？

✧ 透明液体部分是蛋清，煮熟了就是蛋白，蛋清跟蛋白有什么不一样吗？

---

* 作者：樊玥，滨州高新技术产业开发区小营街道中心幼儿园。

✧　用手摸一摸蛋清和蛋黄，有什么感觉？

✧　蛋壳里面还有什么？

教师在幼儿基本完成探究后，请幼儿交流自己感知到的蛋液特征。

燃情期待：教师请幼儿把蛋清涂抹在两张纸中间，涂抹在两小块瓷砖中间，蛋清会把它们粘在一起吗？一起期待，明天揭晓答案。

三、STEM 活动：制作等比半剖面的鸡蛋

教师为幼儿分发直尺、太空泥等材料，请幼儿仿照生鸡蛋的构造，使用太空泥等材料制作一个等比半剖面的“鸡蛋”。要求制作的“鸡蛋”与真鸡蛋大小一致、颜色一致、构造一致，比比谁做得精致。

幼儿制作，教师巡回提供帮助。

教师引导幼儿的提问和评论：

✧　直尺是好帮手，你可以用它测量大小是否一样。

✧　你是如何参照鸡蛋制作的？

✧　它们颜色一样吗？

幼儿在制作“鸡蛋”的过程中会多次观看鸡蛋内外部构造，所以前面活动的实验材料请教师保留至活动结束。活动结束后所有鸡蛋收回利用，不浪费。

教师组织幼儿展示和说明自己制作的半剖面“鸡蛋”，其他幼儿点评说明他做的是否像，允许和鼓励幼儿多次修改，不断完善。

活动评价：

无效果	对活动不感兴趣，不参加活动
初见成效	在教师的指导下观察鸡蛋，但观察不细致、不持久，容易人云亦云
基本掌握	参与活动，参加讨论和交流，感知蛋壳和蛋液，提出自己的问题，有好奇心
完全掌握	感知鸡蛋，借助放大镜观察细致，提出问题，发表意见，表现出强烈的好奇心，对“燃情体验”和“燃情期待”充满好奇

家园共育：

1.如果家庭条件许可，家长可以与幼儿一起经历孵化小鸡的过程。

2.亲子一起观看孵化小鸡的相关视频。

资源推荐：故事《爱迪生孵小鸡》。

水果电池*

活动由来：

生活中电的作用随处可见，幼儿也经常对开灯、灯亮感到好奇，为了让幼儿感知生活中电的存在，体验科学活动的趣味性，教师设计了此活动。

活动目标：

1.使幼儿获得电的感性经验。

2.提高幼儿的动手操作能力和探究能力。

* 作者：李阳，哈尔滨市人民政府机关第五幼儿园。

3.使幼儿感知科学探究的乐趣，培养幼儿的好奇心。

活动准备：

材料准备：柠檬、苹果、鸭梨、香蕉、双头鳄鱼夹导线、铜片、锌片、发光二极管、活动记录单、彩笔。

经验准备：有电灯开关的经验。

活动过程：

一、情景导入，设疑激趣

幼儿班级内分组围坐，教师按下照明灯开关，照明灯点亮。教师提问：为什么按下开关，灯就被点亮？幼儿发言，答案落在“有电”上。

教师出示一个水果，抛出问题：有人说水果可以发电，可以点亮灯泡，你们觉得可能吗？

幼儿讨论，教师进入下一个活动环节。

二、教师示范，以趣激学

教师操作实验，为幼儿做演示。

1.取一个柠檬，适当揉搓，使柠檬内部汁水比较多。

2.将铜片和锌片分别插在柠檬的两端。

3.将一根双头鳄鱼夹导线的一端夹在铜片上，另外一端夹在发光二极管的短腿上。

4.将另外一根双头鳄鱼夹导线的一端夹在锌片上，另外一端等待夹在发光二极管的长腿上。

5.关闭班级灯光和窗帘，将鳄鱼夹夹在发光二极管的长腿上，发光二极管被点亮。

打开班级灯光和窗帘，教师请幼儿交流：你看到了什么？你认为发生了什么？

三、幼儿实验，体验过程

教师为幼儿发放其他活动材料，幼儿先进行猜测，将猜测结果填写到活动记录单，然后进行实验验证，完成活动记录单填写。教师巡视，注意观察幼儿的行为，听取他们的谈话内容，适时提供支持和引导。

教师引导幼儿的提问：

✧ 发光二极管的两只脚长短不一，你注意到了吗？

✧ 铜片和锌片的颜色有什么不一样吗？

✧ 这些水果哪个能让发光二极管亮度更大？

✧ 你有什么办法让光二极管亮度更大吗？

幼儿实验完毕后，教师组织幼儿交流，说明实验结果、原因和自己的发现。

三、活动总结

教师说明电是一种自然现象，小朋友们只要动手实验，就可以发现它的影踪，电还有很多很好玩的奥秘，可以继续探究。

教师同时强调：探究电要要使用安全电池，要在教师和家长的看护下进行。

活动记录单（示样）：

水果电池实验活动记录单

（用“√”表示能让二极管发亮，用“×”表示不能让让二极管发亮）

水果	苹果		香蕉		鸭梨	
是否让二极管发亮	猜想	结果	猜想	结果	猜想	结果

活动评价：

无效果	对活动不感兴趣，不参与活动
初见成效	能够跟随活动，注意力不集中，持续性差，有一定的好奇心
基本掌握	参与小组实验探究，基本能完成实验操作，愿意听取教师和小朋友的意见，参与讨论，并提出自己的问题
完全掌握	大胆地提出自己猜想，在实验过程中注意力集中，观察仔细，对水果发电有探索的兴趣，能够自己记录、填写活动记录单，对电充满好奇心，希望发现更多使灯亮的物体

家园共育：

1.亲子在家里继续该实验。

2.家长为幼儿提供 2 节 1.5V 的干电池，鼓励幼儿继续尝试让发光二极管亮起来。

动物嗯嗯我知道*

活动由来：

一天入园后，小智跟同伴聊到他在路上踩了一个长长的便便，不知道是谁的，现在还觉得臭臭的。小朋友七嘴八舌说是小花猫的、小狗的、鸟的……幼儿园近期要组织参观农场活动，抓住这个机遇，教师生成了此活动。

活动目标：

1.了解不同动物便便具有不同的特征。

2.发展幼儿初步的对比、判断和推理能力。

活动准备：

材料准备：《是谁嗯嗯在我的头上》绘本和 PPT、活动记录单、彩笔。

经验准备：认识一些动物，在安全的条件下不惧怕动物。

活动过程：

一、导入活动：调动幼儿积极性

教师：小智讲自己踩到了便便，但大家不能确定是谁的便便，猎人和黑猫警长都可以靠便便分别出动物的种类和大小，小朋友们，你们行吗？老师这里也有一些便便的图片，小朋友们猜一猜，这是谁的便便？

教师用 PPT 出示《是谁嗯嗯在我的头上》绘本中的相应便便图片，请小朋友猜是谁的便便。幼儿猜完之后，教师出示对应动物的图片。

二、绘本阅读：激发幼儿的探究欲望

教师为幼儿讲解《是谁嗯嗯在我的头上》绘本，使幼儿在幽默、有趣、搞笑的故事中初步了解动物的嗯嗯形态各异。

教师铺垫性提问：这周老师要带领大家去参观农场，你们会见到很多故事中的动物，你们能见到嗯嗯就知道是哪类动物的便便吗？请你们注意观察动物的嗯嗯，尝试发现它们的不同。

三、参观农场：实地观察嗯嗯

教师带领幼儿参观农场，交代大家把观察嗯嗯，尝试发现嗯嗯的不同作为一项探究任务。

---

* 作者：邓思怡，中国人民解放军总医院幼儿园。

参观过程中，教师注意观察幼儿行为，听取他们的谈话内容，适时提供支持和引导。

教师引导幼儿的提问：

✧ 奶牛（或其他动物）的嗯嗯是什么形状？多大？

✧ 小兔子（或其他动物）的嗯嗯有什么特征？像什么？

✧ 小猪吃的食物是什么？它的嗯嗯是什么样子的？

✧ 你闻到动物的嗯嗯是什么气味了吗？

✧ 动物嗯嗯的大小跟动物体型的大小有关系吗？

参观完成后，教师组织幼儿交流自己看到的嗯嗯形状、大小和特征等。

教师组织幼儿完成活动记录单。

活动记录单（示样）：

动物	便便

活动评价：

无效果	对动物的嗯嗯不感兴趣，不愿意参与到活动中
初见成效	喜欢听绘本故事，但是不喜欢开口说，不喜欢或偶尔观察动物嗯嗯
基本掌握	参与活动，观察动物嗯嗯，比较动物嗯嗯的不同，有一定的好奇心
完全掌握	主动观察，乐于发现动物嗯嗯的不同，提出与嗯嗯相关的问题，希望像黑猫警长一样能发现嗯嗯背后的原因

家园共育：

1.家长带领幼儿参观鸽子、小猫、小狗或宠物的嗯嗯。

2.家长带孩子去动物园观察动物，家长尝试更多地为幼儿介绍动物的特征，包括嗯嗯。

Hi，向日葵——感知种子*

活动由来：

《3—6 岁儿童学习与发展指南》指出：“支持幼儿在接触自然、生活事物和现象中积累有益的直接经验和感性认识。如：和幼儿一起通过户外活动、参观考察、种植和饲养活动，感知生物的多样性和独特性，以及生长发育、繁殖和死亡的过程。”向日葵是幼儿常见并且非常喜欢的植物，围绕向日葵的种植，教师设计了“Hi，向日葵”系列活动，此活动为第 1 个活动。

活动目标：

1.感知葵花籽的生长位置、形态特征和结构特征。

2.用多种感官去探索物体。

3.科学和艺术融合，增强幼儿肢体和语言表达能力。

活动准备：

材料准备：向日葵演出服饰、向日葵图片、葵花籽、原味葵花子、两种颜色的瓜子盘、放大镜、活动记录单、彩笔。

经验准备：吃过或见过葵花子。

活动过程：

一、激趣导入，发布种植消息

教师自己或安排幼儿身穿向日葵演出服饰，以一段舞蹈闪亮登场。

教师告知幼儿：向日葵向阳而生，每天追逐阳光，带给人们温暖和积极向上的正能量。小朋友们，你们喜欢向日葵吗？今天我们要亲手种植自己的向日葵。播种向日葵的第 1 件事情是选种子，我们先来认识一下向日葵的种子吧！

二、整体感知，发现葵花籽

教师出示向日葵图片，带领幼儿认识向日葵的各个主要部位，例如根、茎、叶、花、果，为幼儿简单介绍各个部分的功能。在介绍果的时候，教师告知幼儿，这就是向日葵的种子。

整体感知完毕，教师请幼儿以绘画的形式完成活动记录单中向日葵结构图。

三、品尝原味葵花子和葵花籽

教师为每组分发两种颜色的瓜子盘，其中一个装有原味葵花子，另外一个装有葵花籽，请幼儿品尝原味葵花子和葵花籽，并说说每种瓜子（籽）的味道。

教师巡视，为不会嗑或剥瓜子的幼儿提供帮助，鼓励幼儿积极参与，注意观察幼儿的行为，听取他们的谈话内容，适时提供支持和引导。

教师引导幼儿的提问：

✧ 哪种瓜子（籽）比较好吃？

✧ 哪种瓜子（籽）吃起来比较香？

✧ 哪种瓜子（籽）吃起来比较脆？

✧ 哪种瓜子（籽）吃起来比较甜？

在幼儿充分品尝瓜子（籽）后，教师请幼儿说说品尝到的两种瓜子（籽）的区别。

---

* 作者：夏伟瑕，武汉市直属机关永红幼儿园。

四、探究葵花籽

教师为幼儿发放放大镜，鼓励幼儿用多种感官去探索葵花籽的形态和结构特征。

教师引导幼儿的提问和评论：

✧ 看一看，葵花籽什么是形状的？形状像什么？

✧ 看一看，葵花籽是什么颜色的？颜色像什么？

✧ 看一看，摸一摸，葵花籽的果皮（壳）有毛毛吗？放大镜是个好帮手！

✧ 捏一捏，葵花籽的果皮（壳）是软的，还是硬的？

✧ 闻一闻，葵花籽是什么味道的？

✧ 葵花籽的种子是什么样子的？打开果皮（壳）看看。

教师以类似的方法，支持和引导幼儿观察果皮（壳）和种子（瓜子仁），提醒他们使用放大镜。

观察完毕后，教师请幼儿交流，引导幼儿描述性语言的使用，并以绘画的形式完成活动记录单中葵花籽形态图、种子图和种子结构图。

五、艺术创意：葵花籽发芽

为了激发幼儿对后继活动的期待，激发幼儿的想象力和创造力，教师安排幼儿以小组的形式，想象并模拟葵花籽发芽、破图成长的过程，以舞蹈或肢体动作的形式展现。

活动记录单（示样）：

<table>
<tr><td rowspan="3">向日葵结构图：</td><td>葵花籽形态图：</td></tr>
<tr><td>葵花籽种子图：</td></tr>
<tr><td>种子结构图：</td></tr>
</table>

活动评价：

无效果	喜欢向日葵，但对感知种子活动没有兴趣，不参加活动
初见成效	品尝原味葵花子和葵花籽，但对其他活动缺乏主动性，偶尔跟随同伴参与，多以观看为主，不爱发表意见，描述性词汇不准确
基本掌握	参与活动，参加交流和讨论，多感官探索葵花籽，偶尔提出问题，观察的细致程度不够
完全掌握	积极参与探究活动，使用多种感官和放大镜感知葵花籽，爱发表意见，爱提出问题，词语表达丰富，准确性高，对小小葵花籽充满好奇和期待

家园共育：

1.家长为幼儿讲解瓜子（籽）的营养价值和健康食用方法。

2.家长为幼儿讲诚信小故事《通过种子选国接班人》。

Hi，向日葵——生长环境*

活动由来：

此活动为“Hi，向日葵”系列活动的第 2 个活动。

活动目标：

1.探究什么环境有利于葵花籽的出苗和生长。

2.支持和鼓励幼儿大胆联想、猜测问题的答案，并设法验证。

3.提升幼儿发现问题、分析问题和解决问题的能力。

活动准备：

材料准备：葵花籽、护目镜、儿童种植铲、耙、花盆、土壤、标签纸、浇水壶、水、彩笔。

经验准备：经历过或见过种植活动。

★安全事项：为了防止泥土进入眼中，建议佩戴护目镜。水或泥浆洒落在地面可能导致幼儿滑倒，教师要注意观察和及时处理。

活动过程：

一、集体讨论，确定种植方案

教师事先请幼儿从家中带来了花盆和土壤，然后出示所有材料，向幼儿提问：如何种植？

幼儿进行交流，形成了相同和不同的观点。幼儿普遍认同葵花籽的种植需要种子、土壤、水分、肥料、阳光，都认为应该选择个大、饱满、硬实和颜色均匀葵花籽作为种子，但部分观点或细节上存在不一样的认识，例如：有幼儿认为葵花籽不能在黄色土壤中生长，因为没有营养；有幼儿认为种子刚播种下不能晒太阳，因为葵花籽在黑暗的土壤里“睡觉”，有阳光会被晒死的；有幼儿认为种植的时候尖头朝上，有的认为尖头朝下或者平躺……

教师鼓励幼儿勇敢践行自己的想法，在实践中验证自己的猜想，完善自己的方案。

二、依照方案，完成种植

教师发放标签纸，请幼儿写姓名，画上相应内容（如下表），贴到自己的花盆上，然后开始种植活动。

姓名	
种植土壤颜色	
葵花籽方向	
阳光	

幼儿完成种植后，适当浇水，使泥土湿润。认为喜欢阳光的幼儿将花盆放到户外种植区，认为不需要阳光的幼儿将花盆放到活动室内无光照的区角，各得其所，静待花开。

三、日常观察，期待发芽

种植完成后，幼儿每天都惦记着去看向日葵，时不时地还会浇浇水，期待能见到种子破土而出。

阳春三月，天气温暖。种下种子后的第 7 天，有幼儿惊喜地发现户外种植区的种子发芽了！一阵喜讯刮过活动室，幼儿纷纷去观望，更多幼儿更关注自己种植的葵花籽什么时候发芽了。

在户外种子陆续发芽后，活动室里的种子也开始发芽了，孩子们都很惊喜，但有些种子依然没有发芽。

教师引导幼儿的提问：

* 作者：夏伟瑕，武汉市直属机关永红幼儿园。

✧ 为什么户外的种子普遍比室内的先发芽？

✧ 黄土壤中的种子也发芽了，说明了什么？

✧ 大家种植时种子放置方向不同，但种子也都发芽了，说明了什么？

✧ 不同方向的葵花籽，生长情况有区别吗？

✧ 户外和室内的种子，黄土壤和黑土壤的种子，哪个看起来长得更强壮？为什么？

经过观察比对，幼儿发现阳光、温度和土壤肥力对种子发芽很重要。

四、发现问题，分析问题，解决问题

又过了几天，有的种子依然没有发芽，该种子的主人急得抓耳挠腮，其他幼儿也有力无处使，幼儿请老师来帮忙。

教师引导幼儿的提问和评论：

✧ 观察、比较一下你花盆里的土壤和已经发芽的花盆中的土壤，松紧度有什么不同吗？

✧ 没有空气，种子能发芽生长吗？

✧ 如果土壤被压得太实，土壤里会有空气吗？种子能呼吸到空气吗？

✧ 种子如果坏了，也不能发芽。刨出种子看看！

✧ 有阳光和没有阳光，哪个种子发芽更快？

得到启示的幼儿去观察自己花盆，有的发现土压得太实了，用耙松了松土，继续期待种子的发芽；有的觉得土壤比较松，就刨出来种子看看，发现种子已经开始腐烂了。找到了问题，幼儿脸上的“乌云”散去，解决好问题继续满心期待种子破土而出。

果然，5~7 天之后，种子发芽了，幼儿一阵欢呼雀跃。

活动评价：

无效果	对种植活动没有兴趣，不参加活动
初见成效	在教师的引导下参加活动，缺乏主动性，偶尔跟随同伴活动，多以观看为主，不爱发表意见
基本掌握	参加活动，参与幼儿交流和讨论，积极观察，自己播种的种子发芽
完全掌握	积极参加活动，主动参与讨论交流，成功实现播种和种子发芽，帮助遇到困难的幼儿想办法，分析问题，提出解决方案，对种子的成长充满好奇和期待

家园共育：

1.家长带领幼儿参加种植活动，使幼儿的种植经验更丰富。

2.家长为幼儿讲解喜阳植物、阴性植物和耐荫植物的区别，带幼儿参观、种植这些植物。

Hi，向日葵——移植向日葵*

活动由来：

此活动为“Hi，向日葵”系列活动的第 3 个活动。

活动目标：

1.尝试向日葵幼苗的移植方法，知道尊重和珍惜生命。

2.支持和鼓励幼儿大胆联想、猜测问题的答案，并设法验证。

* 作者：夏伟瑕，武汉市直属机关永红幼儿园。

3.提升幼儿发现问题、分析问题和解决问题的能力。

活动准备：

材料准备：前期种植的向日葵苗、儿童种植铲、耙、大花盆、浇水壶、水。

经验准备：有拔草或拔某个物品的经验。

★安全事项：水或泥浆洒落在地面可能导致幼儿滑倒，教师要注意观察和及时处理。

活动过程：

一、发现问题

向日葵种子破土而出后，幼儿悉心照料、认真记录着幼苗的生长。

一日，幼儿正在各自照料和欣赏着自己的向日葵幼苗，小智提出了自己的问题：小花盆里面长了好多幼苗，数了数共有 6 棵，它们越长越大，显得有些挤了，如果继续长下去，这个花盆还能盛下吗？

小朋友们看着自己的花盆，里面大多都有好几棵幼苗，有的幼苗还长在一起……于是他们也纷纷赞同小智的提议，觉得这是一个需要解决的问题。

二、分析问题

如何解决问题呢？幼儿向老师咨询。老师根据他们的谈话，适度提供支持和引导。

教师引导幼儿的提问和评论：

- 向日葵逐渐长大，它需要更多的阳光。哪里阳光充足？
- 哪里有闲置或可利用的移植地方？
- 哪里有足够的空间可以让它们生长得更长久？

幼儿自行寻找解决问题的办法，他们不断交流，不断想出方案，不断否定方案。

有幼儿提出将向日葵移植到大花盆中，植物角的花架上正好空置着一个大花盆，植物角阳光充足；有幼儿提出将向日葵移植到户外的种植区，因为那里阳光充足，场地足够大，向日葵喜欢阳光，可以在那里一直生长。这两个方案得到了“室内派”和“户外派”幼儿的拥护，于是开始行动。

三、解决问题

按照既定方案，遵循前面种植经验，幼儿先往花盆里垫一些黑土，将黑土铲得松软，再浇一些水，使黑土湿润，但怎么把原有花盆里的幼苗弄过来呢？看着花盆里弱弱的幼苗，幼儿一时不知道如何下手了。

木子想到了故事《拔萝卜》里的方法，伸出手尝试将幼苗拔出来，结果一用力，幼苗断了，木子看着手中断了的幼苗，伤心地哭了，其他小朋友也为幼苗难过、掉眼泪。

小智拿来一个耙子，告知大家他奶奶种菜就用这个，然后用耙子把土壤耙松，再轻轻一拔，向日葵拔出来了，而且根和茎完好无损，幼儿一阵欢呼。大家小心翼翼地把幼苗放入到新花盆里，轻轻地把它埋了起来，然后浇水，放到了阳光充足的窗台上。

木子模仿小智的做法，也取得了成功。大家照葫芦画瓢，完成了移植向日葵工作。

猜想验证，解决移植问题

四、教师总结

幼儿完成活动后，教师进行总结：肯定大家大胆猜想、尝试和积极解决问题的做法；告知大家尝试的过程中可能犯错误，但犯错误也是为了解决问题，“失败乃成功之母”；肯定大家对生命的尊重和珍惜，鼓励大家照顾好幼苗，使向日葵苗壮成长，以便将来可以结出许多的新种子。

活动评价：

无效果	对移植向日葵没有兴趣，不参加活动
初见成效	在教师的引导下参与活动，以观看为主，帮助幼儿种植，不敢下手拔幼苗
基本掌握	参加活动，与同伴交流和讨论，成功进行拔苗和移植
完全掌握	积极参与活动，参与或领导了话题的讨论和交流，成功完成了移植活动，并且尝试探索更多的移植方法

家园共育：

1.家长带领幼儿做一些为植物松土、浇水、拔草的事情。

2.家长带领幼儿种一些生长周期短的蔬菜，例如小白菜，使幼儿经历更多的种植过程，也能使幼儿更好地理解和丰富种植语言、动作描述等。

Hi，向日葵——向日葵的身高*

活动由来：

此活动为“Hi，向日葵”系列活动的第4个活动。

活动目标：

1.尝试测量植物的高度，感知数学的有用和有趣。

2.丰富幼儿空间方位识别的经验。

3.培养幼儿的合作意识，使之体验合作探究和发现的乐趣。

4.提升幼儿发现问题、分析问题和解决问题的能力。

活动准备：

材料准备：前期种植的向日葵苗、塑料直尺、绳子、儿童剪刀、活动记录单、彩笔。

经验准备：接触过测量和直尺。

活动过程：

一、发现问题

班级长度工具只有塑料直尺，有效刻度20厘米。向日葵经历了幼苗期、现蕾期，到了开花期，向日葵的高度早已经超过了直尺测量的上限，所以幼儿很久没有记录向日葵的高度了。

向日葵长势喜人，每天都在努力地长高，孩子们经常比较谁的向日葵更高，经常因为没有比较标准而相互不服气。幼儿都很想知道向日葵现在多高了，自己的向日葵是不是比其他幼儿的向日葵更高，那么怎么测量呢？教师鼓励幼儿一起商议，看看是否有解决方案。

二、分析问题

幼儿用直尺对着向日葵比了又比，一致认为直尺太短，不能测量和比较向日葵高度。如何解决问题呢？老师注意观察幼儿的行为，听取他们的谈话内容，适度引导性提问。

教师引导幼儿的提问和评论：

✧ 幼儿园体检的时候测量身高用的是什么？在哪里？

✧ 直尺可以测量长绳的长度吗？

✧ 美工区有绳子，绳子可以多次反复折。

* 作者：夏伟瑕，武汉市直属机关永红幼儿园。

✧　可以用自己的身高测量向日葵的高度吗？

幼儿分析将向日葵送到医务室（体检地方）的方案可以直接测量向日葵的高度，但来回搬运会让向日葵来回晃动，可能会把向日葵折腾死了。

幼儿认为用自己的身高比较不同向日葵高度是可以的，但自己身上没有刻度，无法测量向日葵的高度。

幼儿认为用绳子测量向日葵的高度是可行的，一些幼儿见到家长也这么做。绳子可以不断对折，直到对折后绳子的长度小于直尺的长度，然后数数折叠后的根数，就可以计算绳子的长度，但幼儿觉得还是麻烦，因为折叠后他们也不会算总长度。

幼儿一筹莫展，教师请幼儿试试用绳子测量，教师提供帮助。

三、解决问题

按照商定方案，幼儿取来了绳子，3~4 个幼儿合作测量自己的向日葵，一个幼儿拉着绳子一端放到根部，另外一个幼儿拉着绳子找到向日葵顶点，第 3 个幼儿负责调整左右位置，使线保持不歪，然后将最高点捏住，用剪刀把绳子剪断。幼儿一人牵着绳头，一人牵着绳尾，另外一个幼儿用手勾住绳子中间，两端对折，不断找到中点，不断对折，然后找教师用尺寸测量长度。

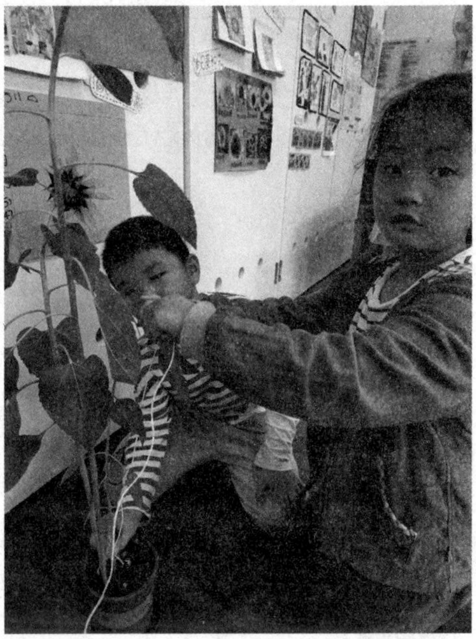

在测高中感知数学的实用和有趣

教师请幼儿数数对折线的根数（例如 8 根），测量一根长度（例如 11 厘米），教师用根数乘以一根的长度，得出绳子的总长度（8*11=88 厘米），幼儿觉得教师很神奇，觉得数学计算很神奇。

很快，有幼儿发现线绳可以不用剪断，只需要用手捏着最高点就可以了，后面幼儿可以重复使用这根绳子。幼儿和教师不断重复上面的过程，幼儿间、幼儿和教师间的合作使测量活动顺利完成，幼儿在测量的过程中强化了上下、左右等空间概念，学会了测量长度，数根数，感受了神奇的计算过程，提升了解决问题的能力。

测量完毕后，教师请幼儿完成小组测量活动记录单，发现小组中最高和最矮的向日葵，继续努力使自己的向日葵长得更快、更高。

后继每隔一周，教师会请幼儿继续同样的方法测量向日葵的高度。几次之后，教师会提供皮尺，促进幼儿探究能力的发展。

活动记录单（示样）：

小组向日葵高度测量记录单

姓名	日期	高度（厘米）	日期	高度（厘米）	日期	高度（厘米）

活动评价：

无效果	对测量没有兴趣，不参加向日葵高度测量活动
初见成效	在教师的引导下参与活动测量活动，在发现问题和分析问题的时候以观看为主，没有个人意见，不参与讨论
基本掌握	参与同伴交流和讨论，参与测量活动，在教师的帮助下测量出自己向日葵的高度，对数学有一定的好奇心
完全掌握	参与活动，积极分析问题，提出解决方案，主导了最后的测量过程。积极出谋划策，试图找出更多的测量方法，对数学充满好奇和向往

家园共育：

1.家长为幼儿提供直尺、卷尺等工具，跟幼儿一起测量家中物体（含植物）的长度（高度）。

2.家长为幼儿讲解现代社会的长度测量工具。如果条件许可，可以展示或请幼儿动手试用。

Hi，向日葵——制作干花*

活动由来：

此活动为“Hi，向日葵”系列活动的第 5 个活动。

活动目标：

1.尝试制作干花，感知干花的制作过程和方法。

2.提升幼儿发现问题、分析问题和解决问题的能力。

3.科学与艺术相融合，使幼儿感受劳动创造美，激发幼儿探究欲望。

活动准备：

材料准备：前期种植的向日葵花、剪刀、鲜花干燥剂、密闭容器。

经验准备：知道花开后会枯萎。

★安全事项：剪刀用于剪断向日葵茎，会比较锋利，干燥剂不可食用，教师要告知、教育幼儿注意安全使用。

活动过程：

一、发现问题

室外第 1 波向日葵开花了，孩子们激动不已！没有开花的孩子日夜期盼自己播种的向日葵也能早日开花。在盼望中，向日葵花陆续开放，也开始有向日葵花开始凋谢。

幼儿对鲜花盛放的喜悦转变为了对花朵凋谢的哀伤，孩子们开始关心能否不让向日葵花凋谢。

教师抓住时机，鼓励幼儿探究花儿为什么要凋谢和能否不让花儿凋谢。

二、分析问题

幼儿查询植物绘本和询问家长后，一致明白：花儿凋谢是为了孕育果实，是为了下一代的生长，是自然界的自然规律。幼儿虽有所释怀，但还是恋恋不舍。

有什么办法能留住盛开的向日葵花呢？幼儿讨论出以下方法：

1.照相和绘画能留住盛开的花，永不凋谢。

---

* 作者：夏伟瑕，武汉市直属机关永红幼儿园。

2.可以用橡皮泥制作向假日葵花。

听取幼儿的谈话内容，教师提出了还可以制作向日葵干花。

孩子们没有接触过干花，听到“干花”这个词，立刻询问干花的意思和做法，教师为其讲解干花是鲜花脱水之后的花，跟真花很像，但可以保存更长的时间。幼儿觉得这个方法能让自己跟心爱的向日葵花在一起，很想尝试这个方案。

三、解决问题

按照商定方案，教师准备好了密闭容器和鲜花干燥剂。在教师的监护下，幼儿将自己的向日葵花剪了下来，在教师的指导下，打开密闭容器盖子，然后在容器底部铺上干燥剂，将向日葵花均匀地铺放在干燥剂上面，然后在花枝上也铺放了干燥剂，最后盖上容器盖子，静待花枝彻底干燥后就可取出。

四天后，在全班幼儿的期待和见证下，幼儿打开了密闭容器的盖子，把向日葵取了出来，幼儿不由自主地发出“哇”的声音，向日葵花还是那么的漂亮，花瓣和叶子一点都没有枯萎，太漂亮啦！我们的向日葵干花制作成功了。

有了第 1 次的成功，接下来有许多幼儿如法炮制了自己的向日葵干花，幼儿还和自己制作的向日葵干花拍照合影，还将干花插在活动室的花瓶里，不仅每天都能看见漂亮的向日葵花，而且美化了环境，让幼儿心情愉快。

一部分幼儿没有剪掉向日葵花，仍旧继续期待着向日葵的后继生长。

剪下向日葵花制作干花

活动评价：

无效果	对保存向日葵花没有兴趣，不参加活动
初见成效	在教师的引导下参与几次交流和讨论，但没有动手制作干花，也没有观察干花的制作过程
基本掌握	参与同伴交流和讨论，参与干花制作活动，对干花制作过程有一定的好奇心
完全掌握	积极参与活动，参与或主导了讨论话题，积极参与干花的制作，并对鲜花如何变成干花的过程充满好奇和疑问

家园共育：

1.家长与幼儿一起利用自然风干、书压风干或微波炉烘干等方法，共同制作干花，并在生活中保存这一美好的记忆。

2.家长为幼儿讲述植物孕育的过程，使幼儿感受母爱和父爱的伟大，增加亲子关系。

3.可以亲子共赏梵高画作《向日葵》，鼓励幼儿将自己种植的向日葵画下来。

黄豆变变变*

活动由来：

孩子们在幼儿园喝豆浆的时候，总有小朋友把豆浆说成牛奶，甚至还有小朋友为此争论。让幼儿把固体的黄豆和液体的豆浆联系为同一个事物，小朋友总是缺个桥梁。《3—6 岁儿童学习与发展指南》指出："给幼儿提供丰富的材料和适宜的工具，支持幼儿在游戏过程中探索并感知常见物质、材料的特性和物体的结构特点。"为此，教师设计了此活动。

活动目标：

1.使幼儿经历豆浆的制作过程，感知黄豆的系列变化。

2.培养幼儿团结合作的意识和能力，增强自我健康管理的意识。

活动准备：

材料准备：干黄豆、湿黄豆、豆浆机、放大镜、水、容器、托盘、水杯、勺子、电源。

经验准备：会使用感官感知物体。

★安全事项：禁止幼儿将干黄豆放入嘴中、鼻孔和耳朵里，禁止幼儿接触刚打好的豆浆，禁止幼儿直接使用和接触电，水和豆浆洒落在地面可能导致幼儿滑倒，豆浆机应在教师的监督指导下完成，危险环节应由教师代劳，教师应对幼儿进行安全说明和教育，并要注意观察和及时处理。

活动过程：

一、感知干黄豆

教师为幼儿分发干黄豆，并告知幼儿这是干黄豆，请幼儿感知干黄豆的特性。

教师巡视，注意观察幼儿的行为，听取他们的谈话内容，适时提供支持和引导。

教师引导幼儿的提问和评论：

✧ 放大镜可以让你看得更清晰。

✧ 黄豆的外部是什么样子的？

✧ 用手摸一摸，感觉如何？

✧ 用手捏一捏，感觉如何？

✧ 用鼻子闻一闻，黄豆有什么味道吗？

教师请幼儿总结感知到的干黄豆的特性，完成活动记录单中对应内容。

二、感知湿黄豆

教师：要打豆浆，硬邦邦的干黄豆可不行，我们需要先把干黄豆放到水里泡 10 个小时，让干黄豆变成湿黄豆。老师这里有泡好的湿黄豆，大家仔细看看干黄豆和湿黄豆有什么区别？

教师为幼儿分发湿黄豆，告知幼儿这是湿黄豆，请幼儿感知湿黄豆的特性。

教师引导幼儿的提问和评论：

✧ 湿黄豆的外部是什么样子的？可以用用放大镜。

✧ 用手摸一摸，感觉如何？

✧ 用手捏一捏，感觉如何？

✧ 用鼻子闻一闻，湿黄豆有什么味道吗？

教师请幼儿总结湿黄豆的特性，完成活动记录单中对应内容。

---

* 作者：姜如纯，开原市中心幼儿园。

三、一起做豆浆

教师为幼儿讲解、演示豆浆机制作豆浆的方法。幼儿按照小组分工洗豆子、放豆子、操作豆浆机，协同完成豆浆的制作。制作完成后由教师将豆浆倒入水杯中，放置在托盘中，请幼儿观察。

教师引导幼儿的提问和评论：

✧ 豆浆里还有黄豆吗？用勺子搅一搅，找一找。

✧ 黄豆去哪里了？

✧ 用用你的放大镜，看看还能找到豆渣吗？

✧ 豆浆是什么味道的？

待豆浆温度降到可以饮用后，教师请幼儿品尝豆浆，感受豆浆入口的感觉，感受团队合作的成果。

教师请幼儿总结豆浆的特性，完成活动记录单中对应内容。

四、豆浆营养多

教师告诉幼儿豆浆营养非常丰富，且易于消化吸收，小朋友可以多喝这种健康饮品。

同时，教师例举一些不健康的饮料，帮助幼儿养成良好的饮食习惯。

活动记录单（示样）：

观察对象	形状	颜色	硬度	味道
干黄豆				
湿黄豆				
豆浆				

活动评价：

无效果	对活动没有兴趣，不参加活动
初见成效	跟随同伴或参照同伴的行为进行活动，缺乏主动性，感知很浅显
基本掌握	参与探究活动，参与交流，能感知到干黄豆、湿黄豆和豆浆的主要区别和特征
完全掌握	参与活动，积极交流，多方面感知干黄豆、湿黄豆和豆浆的区别和特征，乐于探索，在活动中提出自己有兴趣的问题，具有强烈的好奇心

家园共育：

1.亲子感知完整泡发黄豆的过程，请幼儿每隔 1 个小时做一次观察，用照相的方式记录观察过程。

2.家长跟孩子一起种黄豆芽，请幼儿观察，并用照相的方式记录豆芽的生长过程。

黄豆芽生长记*

活动由来：

一天在植物角，欣欣边浇水边对玉玉说："我特别喜欢吃豆芽，我觉得可好吃了。"玉玉问："豆芽是从哪里来的？"欣欣说："我姥姥说是豆子泡在水里就长成了。"旁边的小智说："不对，得浇水！"小兰补充说："得晒太阳。"小朋友七嘴八舌地参与"论战"，都想说明自己的方法是正确的。抓住机会，教师生成了此活动。

活动目标：

1.幼儿自主探索黄豆芽的生长方式，观察黄豆芽的生长过程，增加种植经验。

2.培养幼儿对比观察和持续观察的能力。

3.鼓励幼儿积极与他人合作，培养幼儿的责任心。

活动准备：

材料准备：黄豆、纱布、毛巾、纸巾、喷水壶、盘子、水杯、花盆（含土）、温度计、放大镜、水、标签贴、塑料直尺、活动记录单、彩笔。

经验准备：有花草等植物的种植经验。

★安全事项：水洒落在地面可能导致幼儿滑倒，教师要注意观察和及时处理。

活动过程：

一、开放探究：如何种植？

教师出示新鲜的黄豆芽，问：如何通过种植得到黄豆芽？

幼儿自由发言，教师不评论对错，只为了丰富幼儿的感知，使幼儿知道黄豆芽种植的可能性方法。

幼儿发言结束后，教师鼓励幼儿寻找观点相同或相似的幼儿结伴，共同种植黄豆。

二、自选种植：我的种植我做主

教师为幼儿发放基本一样的黄豆（保证实验的可对比性）和其他活动材料，允许幼儿在室内自行寻找合适的材料，和同伴开始种植活动，并在活动记录单上记录下种植环境和种植方法。

教师巡视，注意观察幼儿的行为，听取他们的谈话内容，适时提供支持和引导。

教师引导幼儿的提问：

✧ 黄豆生长过程中是喜欢阳光，还是不喜欢阳光？

✧ 黄豆生长过程中需要水吗？需要多少水？

✧ 温度对黄豆的生长有影响吗？

教师在幼儿种植黄豆芽的同时，自己也按照最科学的方法种植一些黄豆芽。

教师为幼儿发放标签贴，让幼儿写上名字，贴到自己种植的容器上，便于区分。

三、持续观察：我的黄豆芽怎么样了？

教师鼓励幼儿每天至少观察一次自己和同伴种植的黄豆，记录它们的生长变化。

教师引导幼儿的提问和评论：

✧ 我看到某某的黄豆穿了一层外罩。（黄豆泡水肿胀）

✧ 你的黄豆今天有什么变化？

✧ 你看看老师种植的黄豆芽今天有什么变化？（对比）

---

* 作者：韩文娟，中国人民解放军总医院幼儿园。

✧ 黄豆是从哪个部位发芽的？

✧ 放大镜是一个很好的观察工具，能让我们看得更清晰。

✧ 今天你的黄豆芽又长高了吗？用直尺量一量，记录下来。

✧ 你的黄豆芽为什么死（蔫）了？

✧ 你的黄豆芽为什么长不快？

教师每天组织幼儿进行交流，请幼儿说说自己黄豆的生长情况和原因。

教师鼓励幼儿参观教师种植的黄豆芽生长情况，以便于幼儿对比了解黄豆芽应该呈现的生长状态。

如果有幼儿种植的黄豆没有发芽，或者中途死亡，教师允许幼儿重新制定方案，重新种植，也允许幼儿加入其他小伙伴的种植中。

幼儿持续用放大镜观察黄豆的生长变化

四、学习总结：再次种植

待种植的黄豆长成黄豆芽后，教师带领幼儿全面总结黄豆生长需要的环境和黄豆芽的种植方法，鼓励幼儿再次按照科学的方法种植黄豆，使幼儿再次经历黄豆芽的生长过程，并进行记录。

活动记录单（示样）：

种植环境：	向阳： 避光： 温度：
种植方法：	
黄豆第 1 天变化：	
黄豆第 2 天变化：	
黄豆第 3 天变化：	
黄豆第 4 天变化：	
黄豆第 5 天变化：	

活动评价：

无效果	对活动不感兴趣，不参与活动
初见成效	在教师和同伴的带动下参与活动，跟随或配合同伴进行种植活动，基本不提出问题，不参加讨论
基本掌握	参加种植活动，感知黄豆的生长过程，愿意与同伴交流黄豆的生长变化，对黄豆的变化有好奇心，能提出相关问题
完全掌握	主动参加活动，积极观察黄豆的生长变化，积极与同伴分享、讨论黄豆的变化，对黄豆的生长变化充满好奇心，提出种植相关的问题

家园共育：

1.亲子种植大蒜或其他植物，鼓励幼儿全程参与种植，持续观察、记录植物的生长变化。

2.鼓励幼儿参与养殖鱼类，每日或每周观察、记录鱼的生长变化。

推资源推荐：科学绘本《好吃的蔬菜》《自然科学绘本》《五彩小豆芽》。

自然界中的食物链*

活动由来：

物种灭绝的消息屡见报端，生态保护刻不容缓。《幼儿园教育指导纲要（试行）》指出：“在幼儿生活经验的基础上，帮助幼儿了解自然、环境与人类生活的关系。从身边的小事入手，培养初步的环保意识和行为。”为此，教师设计了此活动。

活动目标：

1.体会人与自然、动植物的依赖关系，初步了解食物链。

2.了解生态平衡的重要性，进一步增强环保意识和行为。

活动准备：

材料准备：野牛、野兔、老虎、松塔、松鼠、绿草地的照片，水藻、虾、小鱼、海豚、鲨鱼的照片，环境破坏、物种灭绝的照片。

经验准备：知道常见动植物的名称以及生活习性。

活动过程：

一、谈话导入，感受生活中的食物链

教师与幼儿交谈，询问幼儿中午吃的是什么？幼儿回答鸡翅。

教师再问鸡吃蝗虫吗？幼儿回答吃蝗虫。

教师再问蝗虫吃什么？幼儿回答吃青草。

教师再问青草吃没有了会发生什么？

利用幼儿熟悉的生活经验，层层深入，引发幼儿思考，使幼儿初步感知食物链，感知自然界的相互依存关系。

二、观看图片，发现食物链

教师为每组分发野牛、野兔、老虎、松塔、松鼠和绿草地的照片，询问幼儿：它们之间谁吃掉谁？它

---

* 作者：陈瑜，长春市人民政府机关第三幼儿园。

们之间有什么关系？

幼儿尝试探究发现，教师巡视，观察幼儿的行为，听取他们的谈话内容，适时提供支持和引导。

教师引导幼儿的提问：

✧ 老虎的食物是谁？

✧ 如果没有老虎，野牛（或野兔）会变多，还是变少？

✧ 谁吃草？如果没有了这个动物，草会变多，还是变少？

✧ 你发现了它们之间有什么关系？

幼儿小组交流完成之后，教师请小组代表发言，交流小组的认识结论。

三、通过食物链，发现依存关系

教师再为每组分发水藻、虾、小鱼、海豚和鲨鱼的照片，询问幼儿：这些动物平时吃什么来维持生命？

幼儿交流讨论，教师巡视，注意观察幼儿的行为，听取他们的谈话内容，适时提供支持和引导。

教师引导幼儿的提问：

✧ 它们之间谁吃谁？

✧ 如果没有水藻了，谁会被饿死？

✧ 大量的化工污水排放到海里，会导致水藻死亡吗？

✧ 人类把虾都捕捞了，会发生什么？

✧ 你发现了什么？

幼儿小组交流完成之后，教师请小组代表发言，交流小组的的认识结论。

教师点题：自然界的动植物相互依存，一种都不能少，如果缺少一种，就会使其他的动植物受到影响，甚至产生不好的后果。人类应该保护自然界生物的多样性，避免破坏环境，防止生态失衡。

四、讨论提升：如何保护环境

教师出示环境破坏、物种灭绝的照片，讲述自然界正遭受的破坏，鼓励幼儿做“环保小卫士”。

幼儿交流讨论：为了保护大自然，保护动物、植物，我们应该怎么做呢？

总结：食物链上的植物、动物一种都不能少。我们的环境正在遭到破坏，失去生态平衡，人们应该行动起来，保护大自然，保护环境。

活动评价：

无效果	对食物链不理解，没有兴趣，不参加活动
初见成效	在教师的引导下参与活动，很少发表意见，能发现一两个食物链，有一定的好奇心
基本掌握	参加活动，参与交流和讨论，能正确发现多种食物链，发现人的食物链，对活动有好奇心，提出一两个相关问题
完全掌握	积极参与活动，带领小组进行交流讨论，提出食物链和环保相关问题，掌握食物链的判定方法，尝试发现更多、更复杂的食物链，理解环保的原因和意义

家园共育：

1.尝试发现周围动物的生物链。

2.亲子阅读食物链相关的绘本，或者家长给孩子讲食物链的相关故事。

落叶树与常绿树*

活动由来：

秋天，有些树木树叶变黄，并逐渐飘落，而有些树木四季常绿，好像没有叶子掉落，这一现象引起了孩子们的注意，他们常会问老师这样的问题，也会期待这些常绿树什么时候开始落叶。抓住孩子们关心的问题，教师设计了此活动。

活动目标：

1.了解常绿树、落叶树的主要特征，能区分常绿树和落叶树。

2.能运用多种感官，发现常绿树与落叶树叶的不同。

3.科学与艺术结合，使幼儿发现植物种类的丰富性，激发幼儿的探究欲望。

活动准备：

材料准备：放大镜、透明胶带、儿童剪刀、彩笔、活动记录单。

经验准备：会使用放大镜。

★安全事项：幼儿贴窗花的时候应选择适合幼儿身高的窗户。如若需要登高，请教师确保幼儿安全，否则请教师帮助完成，以免幼儿发生意外。

活动过程：

一、寻找落叶树和常绿树

深秋初冬时节，天气适合的时候，教师带幼儿到户外欣赏大自然的美景。

教师：这个时节，很多树的树叶都落了，有没有还绿着的树呢？大家分组找找。

幼儿找到后向教师报告，教师鼓励幼儿再找找有没有其他还绿着的树。

寻找完毕后，教师聚拢幼儿，告知大家：冬天落叶的树是落叶树，一年四季树叶都是绿的，冬天不落叶的树是常绿树。

二、发现常绿树和落叶树的不同

1.感知常绿树和落叶树。

教师带领幼儿近距离走进一颗常绿树，请幼儿感知常绿树的特征。

教师注意观察幼儿行为，听取他们的谈话内容，适时提供支持和引导。

教师引导幼儿的提问和评论：

✧ 从外观上看，常绿树是什么颜色的？

✧ 观察一下树干是什么颜色？

✧ 观察叶子是什么颜色的？

✧ 叶子长得象什么？

✧ 叶子的外观特征是什么？放大镜可以让我们看得更清晰。

✧ 摸一摸叶子，有什么感觉？

幼儿基本完成感知后，教师鼓励幼儿到第 2 棵、第 3 棵常绿树前继续感知。

教师请幼儿交流自己感知的结果，尊重他们对表达词汇的选择，最后进行总结。

依照上述环节，教师带领幼儿近距离感知落叶树。

感知活动完毕后，教师鼓励幼儿从树下拾取一些喜欢的落叶，分类存放，带回活动室。

---

* 作者：鲍仲好，中国人民解放军海军第九七一医院幼儿园。

2.填写活动记录单。

教师请幼儿根据观察结果，完成活动记录单的填写。填写过程中，教师允许幼再次观察常绿树和落叶树。

三、贴窗花

幼儿将自己带回来的树叶进行整理、挑选和设计，然后用透明胶带将树叶按照设计的图案、样式粘贴在班级能透进阳光的窗户玻璃上。幼儿如果粘贴到玻璃上有困难，可以请教师帮忙。

活动记录单（示样）：

区别点	常绿树	落叶树

活动评价：

无效果	没有兴趣，不参加活动
初见成效	在教师的引导下能够参与活动，但不发表意见，感知细腻程度不够
基本掌握	参加活动，参与交流和讨论，发表自己的看法，回答老师的提问，能区分落叶树和常绿树
完全掌握	积极参加活动，主动交流看法，喜欢探索树叶的秘密并记录，对植物落叶和不落叶问题具有强烈的好奇心，希望知道这是为什么

家园共育：

1.家长带领幼儿参观植物园或者公园，找寻落叶树和常绿树，捡拾树叶做书签，或进行艺术创作。

2.家长带领幼儿阅读动植物如何过冬的绘本。

种子传播的秘密*

活动由来：

《3—6岁儿童学习与发展指南》指出：“支持幼儿在接触自然、生活事物和现象中积累有益的直接经验和感性认识。”“引导幼儿在探究中思考，尝试进行简单的推理和分析，发现事物之间明显的关联。”植物是幼儿日常生活中常见的事物之一，为了带领幼儿逐步解开植物的秘密，教师设计了此活动。

活动目标：

1.发现植物种子传播的奥秘。

2.激发幼儿探索植物奥秘的好奇心。

3.进行科学和艺术的融合教育，使幼儿感受科学的乐趣。

活动准备：

材料准备：幼儿园长有蒲公英和苍耳的草地、放大镜、《种子的旅行》课件。

经验准备：会使用放大镜。

* 作者：季娟，宁阳县葛石镇石集幼儿园。

★安全事项：教师应提前实地考察户外活动草地，避免潜在风险。

活动过程：

9 月初，适宜的户外天气。

一、谈话导入，引出种子传播

教师："你们去旅行过吗？怎么去的？"等待幼儿回答，激起话题。

教师："前段时间老师也去旅行了，火车把我带到了很远的南方——海南，那里有很多椰子，尤其奇怪的是大海边长着很多椰树，有些椰子还在海里漂。后来老师才知道，椰树是靠大海把椰子漂到其他沙滩安家呢。"（教师可以在讲话过程中适时出示椰子）

教师："老师今天要带大家去幼儿园户外草地，让我们去发现更多植物种子传播的秘密吧！"

二、接触自然，发现种子传播

1.蒲公英种子的传播。

户外草地上，教师引导幼儿发现蒲公英，并采摘、吹成熟后的蒲公英，观赏蒲公英种子飞舞时的婀娜多姿。教师注意观察幼儿的行为，听取他们的谈话内容，适时提供支持和引导。

教师引导幼儿的提问和评论：

✧ 大家注意看，这是成熟的蒲公英，这是蒲公英的种子。

✧ 蒲公英的种子有多少？

✧ 蒲公英的种子为什么能飞？

✧ 放大镜能让你看得更清楚。

✧ 蒲公英的种子飞到哪里去了？

教师请幼儿交流蒲公英种子传播的方法，引出结论：蒲公英种子靠风传播，种子随风飘散，遇到合适的土壤就会生根发芽。

教师鼓励一部分幼儿用嘴吹风，模拟自然界的风，另一部分幼儿模拟蒲公英种子传播的样子翩翩起舞。

2.苍耳种子的传播。

在幼儿采摘和模拟蒲公英种子传播的过程中，草地有苍耳种子粘在了幼儿的衣服上。如果没有教师可以采摘几个，悄悄地粘在幼儿的衣服上。

幼儿或教师惊讶地提问："你身上粘了一个什么东西？"将幼儿注意力吸引到新探究内容上来。也许其他幼儿会发现另外一些幼儿和自己衣服上也粘有苍耳种子。幼儿试图将苍耳种子从衣服上取下来的时候，会发现苍耳种子长有钩状的硬刺，非常难以取下。

教师引导幼儿的提问和评论：

✧ 这种淡黄绿色或有时带红褐色的果实就是苍耳的种子。

✧ 苍耳种子是什么样子的？

✧ 苍耳种子为什么能粘在衣服上？用放大镜看看。

✧ 苍耳种子可以粘在毛发上吗？小朋友轻轻试试。

✧ 苍耳种子是怎么传播的呢？

教师请幼儿交流苍耳种子传播的方法，引出结论：苍耳种子能粘附于动物身上，靠动物的运动传播。

教师鼓励一部分幼儿模拟动物，一部分幼儿模拟苍耳种子，共同模仿苍耳种子的传播过程。

三、观看课件，发现更多种子传播的秘密

教师带领幼儿回到活动室，播放《种子的旅行》课件，使幼儿更全面地了解种子的传播方法。

播放完毕之后，教师鼓励幼儿自由发言，讲述自己知道和亲身经历的种子传播。

活动评价：

无效果	对活动不感兴趣，不参与活动
初见成效	在教师的引导下，能够较为认真地观察种子，观看课件
基本掌握	感知种子的生长结构和特征，参与讨论交流，对种子生长结构和传播方式有好奇心
完全掌握	参加活动，参与讨论交流，积极感知种子的生长结构和特征，发现种子的生长结构与传播方式之间的关联，提出种子传播的问题，希望探究更多种子传播的秘密

家园共育：

1.家长带领幼儿观察和体验更多种子的传播方式，例如豌豆、黄豆种子的传播。

2.鼓励家长带领幼儿到公园、植物园或森林中旅游、行走，发现大自然中更多的秘密。

资源推荐：绘本《一粒种子的旅行》《植物的旅行》。

美丽的迎春花*

活动由来：

冬去春来，猫冬的孩子们非常想感受春天的气息，感受万物复苏的勃勃生机。《3—6 岁儿童学习与发展指南》指出："和幼儿一起通过户外活动、参观考察、种植和饲养活动，感知生物的多样性和独特性，以及生长发育、繁殖和死亡的过程。"春天到来，幼儿园内的迎春花已经开始开放，大自然的教育资源自然不能错过。为此，教师设计了此活动。

活动目标：

1.感知迎春花的特性，增加对植物的了解。

2.引导幼儿思考迎春花的习性对其生存的意义。

3.萌发幼儿对美的感受和体验，丰富其想象力和创造力。

活动准备：

材料准备：幼儿园内种植、开始开放的迎春花，剪刀、活动记录单、彩笔。

经验准备：知道植物的根、叶、花等。

活动过程：

一、户外感知迎春花

教师提前观察幼儿园内迎春花的开放情况，在迎春花开始开放初期，在适宜的天气下，安排本活动，带领幼儿户外参观迎春花。

教师：小朋友们，冬去春来，开花最早的花是什么花？（迎春花）迎春花开花后，我们就将迎来百花齐放的春天。今天，我们一起去看迎春花吧！

在赏花的过程中，教师通过提问引导幼儿观察的方向和重点。

教师引导幼儿的提问：

✧ 迎春花是什么颜色的？

✧ 迎春花是什么形状的？像什么？

✧ 花瓣是几片？

---

* 作者：刘亚慧，长春市人民政府机关第三幼儿园。

✧ 花瓣是什么形状的？像什么？

✧ 迎春花是一朵、几朵开放，还是一片一片地开放？

✧ 迎春花长叶子吗？所有枝条都长叶子了吗？

✧ 迎春花的叶子是怎么生长的？

✧ 迎春花的根部有什么特点吗？

✧ 你觉得迎春花美在哪里？

幼儿通过观察和讨论尝试回答上述问题，教师适时提供支持和引导。

二、模拟迎春花盛开

观察完毕之后，教师带领幼儿到开阔场地做创意游戏：根据观察到的迎春花，小朋友自行用人体造型，用自己的美模拟美丽的迎春花，鼓励小朋友都参与，可以自选模拟花、叶等不同部位，可以全班共同模拟，也可以分组模拟，也可以互换角色模拟。

三、思考和引申

教师提出下列问题，引发幼儿思考，并在课后每组负责一个问题，询问家长，或与家长一起查阅资料，然后分享答案：

✧ 迎春花为什么在春天第 1 个开放？

✧ 迎春花的花为什么是黄色，而不是红色、紫色？

✧ 迎春花为什么是一大片一大片地开放？

✧ 迎春花为什么先开花后长叶子？

上述问题的探究会激发幼儿的好奇心，使幼儿进入新的探究领域。

四、完成活动记录单

师幼返回活动室，幼儿完成活动记录单。

活动延伸：

在师幼返回活动室之前，教师可以剪取部分枝条，进行迎春花扦插繁殖，培养幼儿的观察力，感受生命的成长。

扦插繁殖方法：选取呈半木质化的迎春花枝条，剪为 12~15 厘米一截，插入沙土中，鼓励幼儿每 3 天左右来浇水、观察一次，保持湿润，约 15 天可以发现扦插枝条生根。

活动评价：

无效果	对活动没有兴趣，不参加活动
初见成效	参与感知和模拟迎春花和活动，但主动性和持续性差，更多的时候是观看其他幼儿活动，很少发表意见，对老师提出的问题有一定的好奇心
基本掌握	参加活动，感知迎春花的特征，乐于模拟迎春花的盛开，参与幼儿交流和讨论，对老师提出的问题有好奇心，提出一两个相关问题
完全掌握	积极参与活动，多感官详细地感知迎春花，喜欢模拟迎春花的盛开，且乐此不疲。积极讨论和交流，经常提出问题，对老师提出的问题充满好奇心，对扦插活动充满期待

家园共育：

1.和爸爸妈妈一起查阅资料，寻找老师留下问题的答案。

2.请家长为孩子讲述兰花、荷花、菊花、梅花蕴含的品质。

资源推荐：绘本故事《花婆婆》。

土豆成长记*

活动由来：

冬去春来，班级户外种植区也需要重新种植，重新焕发生机了。种植些什么呢？《3—6 岁儿童学习与发展指南》指出：“和幼儿一起通过户外活动、参观考察、种植和饲养活动，感知生物的多样性和独特性，以及生长发育、繁殖和死亡的过程。”为此，我们想到了孩子们常吃的土豆，土豆种植活动由此拉开序幕。

活动目标：

1.探究和认识土豆的生长发育过程。

2.培养幼儿的爱心和责任心，培养幼儿持续性观察的能力和有始有终的探究品质。

3.使幼儿体验劳动和科学探究的快乐。

活动准备：

材料准备：薯种、有机肥料、处理好的种植区（光照充足）、5L 及以上洗净透明塑料壶（上部切开，底部扎眼）、铲子、塑料直尺、皮尺、电子秤、活动记录单、彩笔。

经验准备：幼儿认识土豆，接触过土壤，见过或参与过种植活动。

★安全事项：建议幼儿佩戴护目镜进行种植活动，防止泥土入眼。手上有泥土的时候不要揉搓眼睛、鼻子，种植工具使用的时候不要碰到、伤到自己和其他人，教师要教育幼儿，并注意观察和及时处理。

活动过程：

一、谜语激趣，导入主题

教师：今天老师给大家带来一个谜语，大家猜猜谜底是什么？

谜语：有一豆，真奇怪，土里种，土里长，想吃把它挖出来。（谜底：土豆）

教师：我们经常吃土豆，土豆也特别好吃，可是土豆是从哪里来的？让我们一起展开土豆的探究活动，好吗？这个活动持续的时间比较长，小朋友们有信心坚持从头到尾吗？

二、前期功课，有序铺垫

1.土豆的生长需要什么？

教师提前给孩子们布置了这个问题，请孩子们向家长、互联网等寻求答案。有了提前的功课，孩子们一致说土豆的生长需要阳光、空气、土壤（肥料）和水，有的孩子还说到了适宜的温度和充足光照，这说明孩子们具备了科学种植的基础。

2.土豆的生长周期是多长？

教师告知幼儿土豆的生长需要 2~3 个月左右，即一般种植条件下，3 月种植，土豆到“六一”儿童节前夕才会成熟。告知幼儿活动持续的时间，使幼儿有合理的时间期待，否则会导致种植活动半途而废。

3.介绍薯种，介绍种植方法。

教师前期处理好薯种，为幼儿介绍薯种，使幼儿知道土豆种植的开端。介绍土豆生成发育过程中的典型变化，使幼儿对土豆的生长发育有一个粗略感知。

4.强调种植、养护过程中的安全事项。

三、种植活动，有序展开

教师带领幼儿有序地开展种植活动。为了便于幼儿观察土豆根部变化，教师在透明塑料壶贴边部分单独种植 2 个薯种。

---

* 作者：宋亚慧，齐河县机关第二幼儿园。

教师引导幼儿的提问和评论：

✧ 摸一摸、捏一捏土壤，有什么感觉？

✧ 数一数，薯种上有几个小芽芽？

✧ 薯种要埋到多深的土壤里？用直尺量一量吧！

✧ 浇水后，土壤有什么变化？记住土壤的变化，下次浇水保持这个样子。

四、日常照护，每周展开

由于土豆生长周期比较长，教师安排幼儿每周来种植区照护一次，并记录土豆的生长变化，填写活动记录单。教师尤其注意坚持提醒孩子进行种植活动，注重培养幼儿的爱心和责任心，培养幼儿持续性观察的能力和有始有终的学习品质。

教师引导幼儿的提问和评论：

✧ 主茎是什么颜色的？有多粗了？用皮尺量一量吧！

✧ 叶子有几片了？是什么颜色的？有多大？用直尺量一量吧！

✧ 你觉得土豆地下部分发生了什么？可以观察透明塑料壶中的土豆或刨开一株土豆看看。

✧ 土壤变成什么颜色了？要浇水吗？

✧ 开花了吗？什么颜色的？有几朵？有多大？用直尺量一量吧！

✧ 结果了吗？果是什么颜色的？有几个？有多大？用皮尺量一量吧！

五、收获土豆，体验快乐

待土豆成熟后，教师组织幼儿集体收土豆。

教师引导幼儿的提问和评论：

✧ 你收获了多少个新土豆？

✧ 单个土豆的最大重量是多少？电子秤可以帮助我们知道重量。

✧ 下次种土豆，如何提高产量？

✧ 你感觉到了劳动的快乐吗？

幼儿交流心得，教师进行总结提升。

收获的土豆可以送到厨房做幼儿的食材，也可以让幼儿带回家分享。

活动记录单（示样）：

周数	根		茎		叶		花		果	
第 1 周（__月__日—__月__日）	大小	形状	大小	形状	大小	形状	大小	形状	大小	形状
第 2 周（__月__日—__月__日）	大小	形状	大小	形状	大小	形状	大小	形状	大小	形状
……										

活动评价：

无效果	没有兴趣，不参与种植活动
初见成效	主动获得土豆种植知识，跟随其他幼儿参与土豆种植活动，主动性和持续性差，不发表意见
基本掌握	学习土豆种植知识，参与交流和讨论，基本完成种植活动，对土豆的成长有好奇心
完全掌握	参与全程种植活动，主动分享自己的发现和问题，具有较好的责任心和持续观察的能力，活动记录单完成较好，对土豆的生长变化充满了好奇和期待

家园共育：

1.在家庭中种植大蒜、萝卜、蘑菇等，培养幼儿的爱心、责任心、持续性观察的能力和有始有终的探究品质。

2.为幼儿讲述“粒粒皆辛苦”“劳动最光荣”之类的绘本、故事。

食物的旅行*

活动由来：

阅读时间，小智的肚子发出了咕噜咕噜的声音，吸引了小朋友们的注意力。有小朋友说：“小智饿了。”小智说：“早上吃得很饱，吃的东西都在肚子里，怎么饿了？”抓住孩子们的兴趣点，教师打算带孩子们了解人体的消化系统，生成了本次活动。

活动目标：

1.初步了解食物在人体消化、吸收的过程，感知人体的消化器官。

2.自觉养成良好的饮食习惯。

活动准备：

材料准备：绘本《小苹果的故事》、课件《食物冒险旅行》、相关动画、人体消化系统图、即时贴消化系统卡片图。

经验准备：有看图的能力。

活动过程：

一、提出问题，设定探究目标

教师直接提出问题，激发幼儿思考：小智肚子咕噜咕噜叫，可他早上的确吃得饱饱的，你们说他吃掉的食物去哪里了？他早上吃的鸡蛋还是“鸡蛋”吗？

孩子们七嘴八舌开始议论，教师将孩子们的注意力引导到对消化系统的探究上来。

二、自主阅读，主动寻找答案

教师为幼儿分发绘本《小苹果的故事》，请小朋友边阅读，边寻找答案。

教师引导幼儿的提问和评论：

✧ 吃东西的时候，你能感知到东西在口腔里、在食管里吗？摸一摸，试试看。

✧ 绘本里的“迷宫”指的是哪里？为什么说它像迷宫一样？

✧ 小朋友为什么要上厕所？

✧ 绘本里有不明白的内容吗？我们一起看看。

---

* 作者：孟丽丽，滨州高新技术产业开发区小营街道中心幼儿园。

三、观看课件和动画，梳理消化过程

教师借助课件《食物冒险旅行》中的情景图片，通过浅显易懂、富有童趣的儿童语言，总结梳理出“食物的旅行”的过程，把看不见、摸不着、深奥的科学知识，浅显易懂地传递给幼儿。

随后，教师借助动画，把人体消化食物的 5 个主要器官展示出来，使幼儿直观、完整地感受食物进入口腔后的一系列变化。

最后，教师请幼儿结合消化系统图，采取小组合作的方式，讲述食物在人体内的消化过程。

四、互动游戏，提升对消化系统的感知

教师为幼儿发放即时贴消化系统卡片图，开展“智慧大比拼”游戏。

游戏规则：第 1 关，幼儿小组合作将一些零散的卡片拼成一幅完整的消化系统图；第 2 关，小组抢答，当教师说出消化系统的第几站后，幼儿快速说出第几站的名称及消化器官的作用。

五、观看视频，交流讨论，达成共识

教师播放小朋友不注意保护消化系统而产生问题的视频，引导幼儿讨论：应该养成什么样的饮食习惯？

经过幼儿交流讨论，最终和孩子达成共识：不能吃不干净的东西，饭前便后要洗手，吃饭时要细嚼慢咽，不能吃过冷、过硬或过烫的食物，多吃瓜果蔬菜，吃完饭不能剧烈运动。

活动评价：

无效果	对活动不感兴趣，不参与活动
初见成效	参与活动，尝试感知消化系统，但不积极，不主动
基本掌握	参与活动，参加交流，感知人体的消化器官，初步了解食物在人体消化的过程
完全掌握	参与活动，积极讨论，主动探究，熟悉了人体消化系统，知道什么样的习惯会有利于消化系统的健康，对食物在人体的旅行充满好奇心

家园共育：

1.家长与幼儿一起阅读关于食物消化的绘本图书，探索人体消化器官的秘密。

2.带领幼儿结合人体探索运动系统、神经系统、呼吸系统等。

资源推荐：科学绘本《吃进肚子里的东西到哪儿去了》《肚子里有个火车站》。

第七部分　数学认知

数学与幼儿的生活紧密联系，生活中的数学无处不在。

1个勺子、2根筷子、3位老师、4组桌子、5辆小车、6只彩笔……

圆圆的苹果、椭圆的柠檬、长方形的桌面、正方形的地板砖、五边形的五角星……

天坛、水立方、鸟巢、东方明珠广播电视塔、金字塔、比萨斜塔……

拍球、跳绳、页数、气温、价格、时间、车速、停车位数……

幼儿阶段的数学学习是数学的启蒙阶段，是幼儿感知生活中数学的有用和有趣，感知和理解数、量及数量关系，感知形状与空间关系的阶段。

幼儿阶段数学认知的发展，可以发展幼儿的排列、归类、比较、判断和推理能力，有助于幼儿发现问题、分析问题和解决问题能力的提升。

幼儿阶段数学认知的发展应把握幼儿以具体形象思维为主的思维特点，数学活动的设计应注重趣味性、操作性和生活化，不应为追求知识和技能的掌握，对幼儿进行灌输和强化训练。

送小动物回家*

活动由来：

《3—6 岁儿童学习与发展指南》指出：“用多种方法帮助幼儿在物体与几何形体之间建立联系。”幼儿园的小朋友已经在生活中接触了很多图形，如何帮助幼儿抓住形状的特征，引导幼儿按照一定规律排列形状？教师抓住幼儿对有趣、离奇的故事非常感兴趣的特点设计了本次活动。

活动目标：

1.感知圆形、三角形、正方形的基本特征，能够正确区分它们。

2.引导幼儿按照一定规律排列形状。

活动准备：

材料准备：青蛙、松鼠、小猫、兔子头饰，大小各异的圆形、三角形和正方形地垫，圆形、三角形和正方形对应的积木，背景音乐《森林狂想曲》、课件。

经验准备：幼儿对圆形、三角形、正方形有初步的感知。

活动过程：

一、感知圆形、三角形和正方形

教师通过课件出示圆形、三角形和正方形，告知幼儿圆形、三角形和正方形的特征。

教师出示圆形、三角形和正方形对应的积木，指着相应的面，再次告知幼儿圆形、三角形和正方形的特征，然后将积木发给幼儿，请幼儿感知。

二、建立图形与生活中的物体之间的联系

教师提问：你们知道的物体中，哪些是圆形？哪些是三角形？哪些是正方形？幼儿交流回答。

教师鼓励幼儿在班级内寻找、指认圆形、三角形和正方形。

教师引导幼儿的提问：

✧ 你为什么认为那个图形是圆形（或三角形、正方形）呢？

✧ 还可以找到更多吗？

✧ 你能按照圆形、三角形和正方形，为积木分类吗？

教师用儿歌小结，并领幼儿一起唱：圆形圆溜溜，滚来滚去真能跑；三角形三条边，像座小山立得牢；正方形四条边一样长，方方正正本领高。

三、模拟故事表演，激发幼儿的兴趣，强化幼儿的感知

三个小朋友假装是妈妈，在幕后呼唤孩子回家。三个小朋友头戴青蛙、松鼠、小猫头饰，假装是孩子，贪玩不回家。另外一个小朋友假装是魔鬼，生气地断了孩子们回家的路。三个孩子哭着寻求智学兔的帮助。

老师戴兔子头饰，扮演足智多谋的智学兔。智学兔教育了青蛙、松鼠和小猫，说明不及时回家是不对的，然后假装在地上找到了回家的“天书”，“天书”对如何回家提出了两个条件：

第 1 关：每人在百宝箱里各摸出一个地垫，然后摸出相同形状的地垫往前铺 2 块。

第 2 关：每人在百宝箱各摸出 2 个圆形、三角形和正方形的地垫，然后按照圆形、圆形、三角形、三角形、正方形、正方形的顺序排列。

如果通过，则可以回家，场外小朋友替换上场；如果通不过，则不能回家，需要坐在旁边专设的小凳子上，等待其他通不过的小朋友换他，他则获得第 2 次尝试通过的机会，直至所有小朋友通过、回家。

---

* 作者：方美彤，吉林省政府机关第二幼儿园。

活动评价：

无效果	不认识圆形、三角形和正方形中的一种或多种，不参加活动
初见成效	能基本准确地认识圆形、三角形和正方形，活动主动性不强
基本掌握	能准确地认识圆形、三角形和正方形，能将一些物体与图形正确地联系起来
完全掌握	积极性很高，兴趣很浓，能够正确区分圆形、三角形和正方形，能够按照一定规律排列形状，能够说出生活中的物体是什么形状

家园共育：

1.鼓励幼儿寻找家里的圆形、三角形和正方形物体。

2.鼓励幼儿按照圆形、三角形和正方形为自己的玩具分类。

3.在外出的时候，家长有意识地带着幼儿指认更多生活中的图形。

种花生的游戏和快乐*

活动由来：

“春种一粒粟，秋收万颗子。”春天是播种的季节，也是孩子们期待的种植季节。为了培养孩子们在生活中学数学、用数学的能力和兴趣，教师选择了种花生活动，并力图将劳动和数学有机融合。

活动目标：

1.在劳动中学数学、用数学，感知和理解数字 6，复习数字 1~5。

2.在游戏中体会劳动的快乐，体会数学的有用和有趣。

活动准备：

材料准备：花生若干、数字卡片 1~6、幼儿每人自带 2 个种植器皿（如花盆、泡沫盒、水盆等）、幼儿自带 1 把玩具铲子、泥土、水杯每人 1 个、筷子 6 双、塑料直尺每人 1 个。

经验准备：幼儿认识花生，有种植植物的经验。

★安全事项：幼儿不应吃花生米，手上有泥土的时候不要揉搓眼睛、鼻子，建议幼儿佩戴护目镜进行种植活动，教师应教育幼儿，并注意观察和及时处理。

活动过程：

一、儿歌导入，游戏激趣

教师为幼儿唱儿歌《花生妈妈》，歌词为：花生妈妈，田野安家，地上开花，地下结果，小小房子，睡着娃娃。唱完后，教师请幼儿猜猜歌词中的“娃娃”是什么。

教师：老师今天要带领大家种花生，在种花生之前会玩 2 个有意思的游戏，下面我们开始吧！

二、剥花生比赛，感知 1~6 及其数量关系

教师：下面请小朋友每 6 人 1 组（教师出示数字卡片 6 和 1），每组 6 个人一起上来，每人各取 6 个花生，我们要来玩剥花生比赛！

幼儿自愿点数或者报数分组，教师检查人数的正确性。

比赛规则：6 个小朋友一组比赛，看看谁最先剥完 6 个花生，第 1 个完成任务的为小组第 1 名，每小组第 1 名的幼儿再进行同样的比赛，产生班级第 1 名，班级第 1 名奖励 6 个花生，第 2 名奖励 5 个花生，

---

* 作者：宋亚慧，齐河县机关第二幼儿园。

以此类推。

教师在发奖品的时候出示对应数字卡片，引导幼儿认读，并请幼儿集体鼓掌 6 至 1 次。

三、夹花生米比赛，强化幼儿感知 1~6 及其数量关系

教师：下面请小朋友每 6 个人分成 1 组（教师出示数字卡片 6 和 1），每组 6 个人一起上来，我们要玩夹花生米比赛。

幼儿自愿点数或者报数分组，确保幼儿分组人数为 6，教师检查人数的正确性。

比赛规则：6 个小朋友一组比赛，看看谁能最先用筷子夹 6 个花生米到自己的水杯中，第 1 个完成任务的为小组第 1 名，每小组第 1 名的幼儿再进行同样的比赛，产生班级第 1 名，班级第 1 名奖励数字卡片 6，第 2 名奖励数字卡片 5，以此类推。

教师在发奖品的时候出示对应数字卡片，引导幼儿认读，并请幼儿集体鼓掌 6 至 1 次。

四、种花生，强化数字 1~6 在劳动中的应用

教师说明花生种植的 6 步（说到每个数字的时候出示对应数字卡片）：第 1 步是剥花生米，第 2 步是整地，第 3 步是挖坑，第 4 步是下种，第 5 步是填土，第 6 步是浇水。强调每组 6 人合作，每人 2 个器皿、1 把玩具铲子和 1 个装有 6 颗花生米的水杯，挖坑的深度为 5 厘米，每坑放入 3 颗花生米，填土之后每个器皿浇水 1 杯。

幼儿再次自愿点数或者报数分组，确保幼儿分组人数为 6，教师检查人数的正确性。

教师巡回为幼儿提供帮助，并在与幼儿的交谈中注重数字 1~6 的使用。

五、活动结束，交流总结

种植完成后，请幼儿交流数字的作用和劳动的快乐，渗透尊重劳动者，珍惜劳动成果的思想。

活动评价：

无效果	对活动不感兴趣，不参与游戏和种植活动
初见成效	在活动中，1 次或多次参与数字 1~6 的活动，对数字 6 有感知
基本掌握	理解数字 6 的意义，参与比赛活动，体会到数字和劳动的快乐
完全掌握	积极参加活动，熟练使用数字 1~6 的意义，明白数量关系，体会到数学的有用和劳动的快乐

家园共育：

1.家长在家庭生活中为孩子创设数字 6 的使用环境，鼓励幼儿使用数字 1~6。

2.家长鼓励幼儿参与相关家庭劳动，并在劳动中尝试更多数学的应用。

猫捉老鼠*

活动由来：

《幼儿园教育指导纲要（试行）》中提出了“能从生活和游戏中感受事物的数量关系并体验到数学的重要和有趣”的科学教育目标。为了推进数字 8 的学习，教师以幼儿熟悉的动画片《黑猫警长》中的动物形象为载体，设置了丰富的游戏情境，引导幼儿在情境和游戏中理解数的意义，感知数字和数量的关系。

活动目标：

1.认识数字 8，感知和理解 8 以内数、量及数量关系。

---

* 作者：田晴，指导教师：黄晶、王欣，中国人民解放军总医院幼儿园。

2.健康与数学趣味融合，激发幼儿数学学习的兴趣。

活动准备：

材料准备：8 把玩具手枪、8 个幼儿头盔、1~8 的数字卡片若干、画有 1~8 只老鼠的靶子 1 套、《黑猫警长》主题音乐、写有数字 1~8 的胸牌每人 1 个、幼儿园户外林木或草地内放老鼠卡片若干张。

经验准备：幼儿看过动画片《黑猫警长》。

活动过程：

一、角色分配，调动幼儿参与和学习的积极性

晴好舒适的天气，教师将幼儿带到幼儿园户外活动场地。教师将 8 把玩具手枪、8 个幼儿头盔分别排开，播放《黑猫警长》主题音乐。

教师：今天我是黑猫警长，你们是白猫警士，我们要一起抓老鼠。我要为大家分发武器和头盔，训练大家掌握抓老鼠的本领。小朋友们有信心参加训练，抓到老鼠吗？

二、创设情景，引导幼儿认识数字 8

教师在摆开的玩具手枪和头盔下面，分别放置 1~8 的数字卡片。

教师引导幼儿的提问：

✧ 谁能帮我数一数，我们共有几把枪？

✧ 谁能帮我数一数，我们共有几个头盔？

✧ 哪个数字是 8？8 像什么？

✧ 还有什么物体的数量可以用 8 表示？

教师小结：8 表示 8 个物品。

三、任务驱动，强化数字感知

教师：为了抓到老鼠，我们需要过硬的本领。下面我们要开展队伍训练，请小朋友们认真学习！

1.看谁眼睛亮。（认读 1~8 的数字）

教师设置 1~8 个隐蔽区，并用数字卡片 1~8 标明，为每个警士佩戴数字 1~8 的胸牌。

教师：我们要练的第 1 个本领叫作“看谁眼睛亮”。我们在执行任务的时候，常常要按照警长的分配，隐蔽在相应的地区。现在我拿出数字卡片，卡片上是几，胸牌是几的警士就到几号隐蔽区隐蔽，看谁的眼睛亮，能又快又好地说出自己是几号隐蔽区，并快速到隐蔽区隐蔽。

2.看暗号。（默数或点数 8 以内的数）

教师：我们在执行任务的时候，必须有联络暗号。现在我们开始练习第 2 个本领，叫作“看暗号”。我们的暗号是摇小旗，我摇几下，就表示有几只老鼠。看懂暗号的白猫警士把答案藏在小嘴巴里，然后悄悄地告诉我。

3.打靶练习。（感知数字和数量的关系）

教师：接下来我们来练习第 3 个本领，叫作“打靶练习”。我先拿出一张数字卡片，再拿出一张老鼠靶子，如果卡片上的数字和老鼠靶子上的数量一样多，你们就朝老鼠开枪；如果不一样多，你们就不能开枪。一只老鼠开一枪，开枪时嘴里要发出“啪”的声音。

教师提醒幼儿可以在心里面数好靶子上老鼠的数量，看看和卡片上的数字是不是一样多，然后再决定要不要开枪，开几枪。

三、模拟实战，应运数字

电话铃响，教师接电话，布置任务。

教师：刚才村民打来电话，说最近树林里经常有老鼠在活动，严重破坏了庄稼的生长，请白猫警士去帮忙捕捉老鼠。现在命令白猫警士们拿起桌子上写有数字 1~8 的胸牌，挂在胸前，每 1~8 个数字组成一组，并且分别隐藏到 1~8 号隐蔽区。快速集合，紧急出发！

执行任务：1 号隐蔽区的白猫警士分别、对应拿好 1~8 的数字卡片对应的手枪，戴上头盔，前往树林，在 1 分钟内执行抓老鼠任务，时间到后教师摇小旗，白猫警士马上归队。然后 2~8 号隐蔽区的白猫警士执行相同任务。

四、再次强化数字概念，理解数字应用

每组把自己组抓到的老鼠放在一起，看看能分成几个 8 组，教师给抓到最多老鼠的组颁发奖品。

活动评价：

无效果	不参加活动，对数字没有感觉或不理解
初见成效	参与游戏，能在简单游戏环节理解物体和对应的数字
基本掌握	能基本正确说出 8 对应的物体，基本准确参与教师设置的游戏
完全掌握	积极参加活动，准确理解数字 8 和 8 以内数、量及数量关系，享受游戏的快乐

家园共育：

1.家长在家里创设生活情景，加深幼儿对 8 或者 8 以上数字的理解、应用。

2.家长在更宽泛的日常生活中，引导幼儿学习数、量和数量。

数的乐趣和奥秘*

活动由来：

幼儿在生活中已经开始接触和使用到数字，但他们对数字的应用往往是孤立的，如何将抽象的数字有机地穿起来，让孩子乐在其中，并能发现更多数的乐趣和奥秘？教师偶遇一本书，设计了本次活动案例。

活动目标：

1.感知数字 1~10 代表的意义，有意识地点数 1~10。

2.与数字 1~7 亲密接触，体会游戏中的数学，实现艺术与科学融合教学。

3.学习有规律地排序，初步理解阶梯排序，尝试理解数与数之间的关系。

活动准备：

材料准备：绘本《首先有一个苹果》、PPT 课件《首先有一个苹果》。

经验准备：能手口一致地点数 5 个以内的物体。

活动过程：

一、与幼儿共同观看绘本，引发幼儿兴趣

教师：今天老师带来了一本有趣的绘本，里面藏了一些神秘的朋友，他们经历了一些有趣的事情，你们想不想知道到底是什么故事呢？

教师为幼儿讲解绘本《首先有一个苹果》，通过播放对应 PPT 课件，使幼儿看到绘本彩图，在讲解的过程中刻意突出 1~10 个数字，引起幼儿对数字的注意。根据孩子基础，教师可以带领孩子适当进行点数。

二、教师提问，加深数字印象

教师请幼儿说说绘本的图片上都有什么，特别是对应数量，锻炼幼儿的记忆力。

---

* 作者：张滕轩，指导教师：黄晶、王欣，解放军总医院幼儿园。

如果幼儿能够说出绘本内容，特别是数量关系，教师缩短幼儿复述的时间，提升难度。

三、角色游戏，在游戏中欢乐学数学

教师宣布角色游戏玩法：读到1的时候，1个小朋友扮演1的内容；读到2的时候，2个小朋友扮演2的内容……以此类推，扮演相同角色的小朋友排成一列，并根据教师讲解的故事内容进行相应的活动。

教师讲解到1的时候，1个穿红色衣服的小朋友站起来扮演红苹果。

教师讲解到2的时候，2个穿白色衣服的小朋友从红苹果肚子里钻出来。

教师讲解到3的时候，3个小朋友扮演小鸟，叼走了2只虫子和1个红苹果。

以此类推。最后使班级所有小朋友都参与到角色扮演活动中，享受活动的乐趣。

注意：

1.教师要使所有的小朋友都参与活动。

2.教师可以多做几次，使幼儿有机会更换角色。

3.考虑到班级人数和场地限制，通常加到7即可，人数多的班级可以继续加。

四、学习有规律地排序，初步理解阶梯排序，尝试理解数与数之间的关系

1.阶梯排序。

教师请幼儿保持队列，记下自己的位置。

然后教师请多个个幼儿逐个出队观察：每个队列是不是人数在逐步增加？所有队列像一个什么图形？进而引出阶梯排序的概念。

2.数与数之间的关系。

教师请幼儿继续保持队列，记下自己的位置。

教师提问：第2列比第1列多几个小朋友？第3列比第2列多几个小朋友？……

从第1列开始，如果第2列给第1列1个小朋友，两列的小朋友数量是否相等？如果第4列给第3列1个小朋友，两列的小朋友数量是否相等？……

鼓励小组幼儿移动，确定答案。

五、回归故事，结束活动

教师再次讲述故事，复习上述学习内容。教师注重突出数字，有意引导孩子注意数与数之间的关系。例如：2只虫子如果每只虫子吃一个苹果，需要有几只苹果？还差几只苹果？3个小鸟，如果每个小鸟吃一只虫子，需要有几只虫子，还差几只虫子？以此类推。

活动延伸：

健康活动的时候，可以合并2个左右的班级，增加幼儿数，共同开展1~10个数的本活动。

活动评价：

无效果	对绘本和数字都没有兴趣
初见成效	听故事，对故事中的数字很有兴趣
基本掌握	参与数学游戏，能准确区分1~10个小朋友
完全掌握	能发现数字的阶梯排序，基本理解了数与数的关系

家园共育：

1.家长在日常生活中有意识使孩子与数字发生关系，例如：吃12个饺子，电影院座位是23号，妈妈的生日是7月17日等。

2.家长在日常生活中有意识使孩子参与数学计算，例如：家里4个人吃饭，只有3只碗，还差几只？

资源推荐：律动《小猴爬上苹果树》，手工《红彤彤的大苹果》，益智《记忆小游戏》。

美丽的螺旋*

活动由来：

“观察蜗牛”的活动中，有幼儿发现了蜗牛壳上面一圈一圈的线条，并尝试用手比着画，更多的幼儿也被这一细节吸引。《3—6 岁儿童学习与发展指南》指出：“和幼儿一起发现并分享周围新奇、有趣的事物或现象，一起寻找问题的答案。”抓住机遇，教师设计了此活动。

活动目标：

1.感知自然界普遍存在的螺旋形状，感知螺旋的美丽与神奇。

2.感知事物的多少、粗细、长短、宽窄等量的特征，提升语言表达能力。

3.帮助幼儿在物体、几何形和几何体之间建立联系。

4.培养幼儿的专注力、耐心和细心，提高动手能力。

活动准备：

材料准备：含螺旋物体照片（圆蛛的网、蜷缩的刺猬、猴子蜷曲的尾巴、漩涡、海浪、龙卷风、马蹄莲花等），A4 纸裁切的最大圆形纸片、三角形纸片、正方形纸片和长方形纸片，儿童剪刀、蜗牛壳、放大镜、玫瑰花蕾、向日葵花盘、黄金螺旋线图、活动记录单、彩笔。

经验准备：会使用剪刀剪纸。

活动过程：

一、感知自然界中的螺旋形

教师为幼儿分发蜗牛壳和放大镜，请大家观看蜗牛壳，感知蜗牛壳上的线条，交流和分享自己的发现，然后把自己看到的线条画到活动记录单中。

教师出示黄金螺旋线图，并为幼儿说明线的名称和线条结构，请幼儿感知螺旋线。随后，教师出示含螺旋线物体的照片，与幼儿一起分享自然界普遍存在的螺旋形状，使幼儿感知螺旋的美丽与神奇。

教师再为幼儿分发玫瑰花蕾和向日葵花盘，请幼儿尝试发现其中蕴含的螺旋线，并记录到活动记录单中。教师巡视，并适时提供支持和帮助。

二、画圆形螺旋线，剪螺旋纸条

教师为幼儿分发剪刀和大圆形纸片，告知幼儿要进行剪纸游戏。

游戏规则：幼儿在纸上画出类似圆形的螺纹线，然后用剪刀沿着螺纹线剪开，剪的过程中纸条不能断，剪出纸条最长者获胜。

幼儿专注画线和剪纸，教师巡视，注意观察幼儿的行为，听取他们的谈话内容，适时提供支持和引导。

教师引导幼儿的提问和评论：

✧ 螺旋线有交叉点吗？（对看到将螺旋线画交叉的幼儿提问）

✧ 你拿到的纸是什么形状？你正在画什么形状？

✧ 慢慢画，画线越多，将来能剪出的纸条越长。

✧ 你画的线很多（或少），跟你同伴比一比。

✧ 线与线之间是粗（宽）还是细（窄）？

✧ 你剪得真细！继续加油。

✧ 剪完后，捏住中心位置轻轻提起，你看到了什么形状？像什么？（半球体）

---

* 作者：刘瑶，延吉市向阳幼儿园。

✧　将纸条平铺在地上，比一部，谁剪的纸条长？谁剪的纸条短？

幼儿基本都完成操作后，教师组织幼儿进行评比，为最长的前三名颁发奖品，并请他们和部分自愿发言的幼儿介绍做法，鼓励幼儿使用多少、粗细、长短、宽窄等量的描述，增强幼儿语言表达能力。

三、画三角形形螺旋线，剪螺旋纸条

教师为幼儿分发三角形纸片，告知幼儿要进行另外一种不同的剪纸游戏。

游戏规则：幼儿在纸上画出类似三角形的螺纹线，然后用剪刀沿着螺纹线剪开，剪的过程中纸条不能断，剪出纸条最长者获胜。

教师引导幼儿的提问和评论：

✧　你拿到的纸是什么形状？你正在画什么形状？

✧　你画的线很多（或少），跟你同伴比一比。

✧　画（剪）得宽窄，跟纸条长度有什么关系？

✧　剪完后，捏住中心位置轻轻提起，你看到了什么形状？像什么？（三棱锥，金字塔）

✧　将纸条平铺在地上，比一部，谁剪出来的纸条长？谁剪出来的纸条短？

幼儿基本都完成操作后，教师组织幼儿进行评比，为最长的前三名颁发奖品，并请剪得最长和较短的幼儿发言，介绍自己成功或不足的地方，强化幼儿对量的描述，锻炼幼儿语言表达能力。

活动延伸：

教师将正方形纸片和长方形纸片投放到科学区角中，鼓励幼儿继续剪对应形状的螺旋纸条。

活动记录单（示样）：

蜗牛壳上的线条：	玫瑰花蕾螺旋线：	向日葵花盘螺旋线：

活动评价：

无效果	不参与螺旋体探究和剪纸活动，没有兴趣。
初见成效	观看螺旋线和螺旋图片，观看其他幼儿剪螺旋纸条，自己偶尔动手，对螺旋有一定的好奇心。
基本掌握	观看螺旋，参与同伴交流讨论，完成剪纸游戏，剪螺旋纸条长度还可以提升，有好奇心。
完全掌握	积极参加活动，主动交流和分享，发现螺旋的魅力，感知螺旋的神奇，不断尝试剪出更长、更细的纸条，希望发现更多自然界中的螺旋。

家园共育：

1.家长带领幼儿尝试发现身边动植物身上的螺旋。

2.为幼儿讲解绘本《美丽的螺旋》

资源推荐：绘本《美丽的螺旋》（作者：乔伊斯·西德曼）。

图形变变变*

活动由来：

幼儿已经认识基本图形，对图形拼搭建构有着浓厚的兴趣。《3—6 岁儿童学习与发展指南》指出：“鼓励和支持幼儿用积木、纸盒、拼板等各种形状材料进行建构游戏或制作活动。”抓住孩子们的兴趣点，教师生成了此活动。

活动目标：

1.引导幼儿积极与形体材料互动，学习用各种形体材料拼搭建构物品。

2.帮助幼儿在物体与几何形体之间建立联系，发展幼儿空间想象力和创造力。

活动准备：

材料准备：几何形状认知拼板、机器人等形体拼搭图形、形体拼搭图形课件、音乐《机器人》、活动记录单、彩笔。

经验准备：知道常规图形的形体结构特征。

活动过程：

一、出示作品，激发幼儿创作的兴趣

教师播放音乐《机器人》，实体展示机器人等形体拼搭图形，电子屏展示形体拼搭图形，激发幼儿创作的兴趣。

二、分发拼板，鼓励幼儿进行形体拼搭建构

教师为幼儿小组分发充足的几何形状认知拼板，分发活动记录单和彩笔，鼓励幼儿以小组合作的形式自由进行形体拼搭建构创作。

教师引导幼儿的提问和评论：

✧ 你们是怎么想到这个图案的？

✧ 你们这个图案有哪些几何图形？

✧ 你们还能拼出更多图案吗？

✧ 你们使用了三角形做眼睛，非常有创造性！

✧ 你们能拼出一个智学兔吗？

教师提醒幼儿将拼搭建构的作品记录在活动记录单中。

三、展示作品，交流创作心得

幼儿小组代表展示自己组的作品，介绍自己小组创作过程和使用到的几何图形。

活动记录单（示样）：

拼搭数量	拼搭图案	图案中的几何图形
1		
2		

* 作者：崔玉萍，吉林省省直机关第二幼儿园。

活动评价：

无效果	对活动没有兴趣，不参与活动
初见成效	看同伴拼搭，自己偶尔添加一两块拼板
基本掌握	使用几何形状认知拼板拼搭出一幅以上的图案作品，但拼搭图形单一
完全掌握	使用几何形状认知拼板拼搭出多幅图案作品，尝试使用多种形状进行创作，积极思考，大胆表述自己的想法

家园共育：

1.家长带领幼儿在家中继续进行自由形体拼搭建构创作。

2.家长带领幼儿了解生活中的形体，发现各种形体的作用和价值。

资源推荐：故事《形状夫妇和孩子们》，儿歌《形状变变变》。

哪个大，哪个小*

活动由来：

幼儿会经常在一起比较大小，例如：我的鞋子比你的大，我的衣服比你的宽，我画的太阳比你的大等等，因为比较方法的缺失或者不科学，所以比较的过程总爱起争执。为了让幼儿感知科学的比较方法，教师设计了此活动。

活动目标：

1.引导幼儿通过观察、比较、操作等方法，科学比较物体面积的大小。

2.发展幼儿数学认知，感受数学的用途和有趣。

3.保护幼儿的好奇心，激发探究兴趣，发展初步的探究能力。

活动准备：

材料准备：同宽不同长的书、盒子和积木，面积不等的瓶盖，板砖地面或墙砖墙面，彩纸剪出的相同长方形（长 3 厘米，宽 2 厘米）10 个、正方形（边长 2 厘米）10 个、直角等边三角形（直角边 2 厘米）20 个，活动记录单、记号笔每人 1 套。

经验准备：会简单拼图，知道地板砖（或墙砖、地板）是一块一块铺就的。

活动过程：

一、直接比较法

教师为每组发放同宽不同长的书、盒子和积木，面积不等的瓶盖，请幼儿观察、比较同类物体的大小。教师巡视，注意观察幼儿的行为，听取他们的谈话内容，适时提供支持和引导。

教师引导幼儿的提问：

✧ 你能直接比较出谁大谁小吗？

✧ 把两个物体重合在一起，看看谁大谁小！

✧ 你用什么方法判断大小？

当幼儿基本完成或掌握方法后，教师请幼儿交流自己判断的方法，教师更正、补充或肯定。

教师补充提问：这种方法适合什么样的物体间的比较？请幼儿思考、交流、回答。

---

* 作者：张艳，长春市人民政府机关第三幼儿园。

教师总结：当两个物体可以重叠在一起的时候，可以采取直接比较法。

二、计数比较法

教师提前在地面（瓷砖或地板铺砌）或墙面（瓷砖铺砌）划定多个面积相似的区域，请幼儿小组商议如何比较它们面积的大小。

教师引导幼儿的提问：

✧ 能用直接比较法吗？

✧ 地面（或墙面）每块瓷砖（地板）的大小一样吗？

✧ 每块区域有多少块瓷砖？

✧ 你们想到了什么比较方法？

当幼儿基本完成或掌握方法后，教师请幼儿交流自己判断的方法，教师更正、补充或肯定。

教师补充提问：这种方法适合什么样的物体间的比较？请幼儿思考、交流、回答。

教师总结：当物体是有多个相同大小的小物体组成的时候，可以采取计数比较法。

三、间接测量法

教师为每个幼儿发放活动记录单和记号笔，分发彩纸剪出的、相同大小的长方形、正方形和直角等边三角形，请幼儿小组商议如何比较活动记录单中两幅图面积的大小。

教师引导幼儿的提问和评论：

✧ 能用直接比较法和计数比较法吗？

✧ 能在每幅图上铺上长方形、正方形或三角形吗？就像铺地砖一样。

✧ 试试看，怎么才能尽量铺满？

✧ 将铺的长方形、正方形或三角形数量记录在对应表格中。

当幼儿基本完成或掌握方法后，教师请幼儿交流自己判断的方法，教师更正、补充或肯定。

教师补充提问：这种方法适合什么样的物体间的比较？请幼儿思考、交流、回答。

教师总结：对于不好比较的物体，可以在物体上贴适当的图形，数贴图形的数量，进而比较大小。

活动记录单（示样）：

图形		

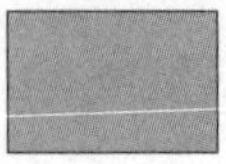		
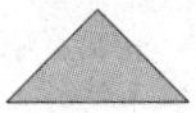		

活动评价：

无效果	对比较活动没有兴趣，不参加活动
初见成效	在教师的引导下参与活动，只参加了直接比较，后继活动基本没有参加，主动性差，以观看其他幼儿活动为主，很少发表意见，有一定的好奇心
基本掌握	参加活动，参与讨论，能使用 3 种方法比较物体的大小，对活动有一定好奇心，提出一两个相关问题
完全掌握	积极参与活动，主动交流和讨论，掌握 3 种比较方法，积极尝试多种比较方法，提出面积大小的问题，对比较面积大小的方法充满探究欲

家园共育：

1.猜测并比较爸爸和妈妈正面的面积，为家长讲述比较的方法。

2.家长请幼儿比较 1.5 升和 1.8 升瓶子容积的大小。

资源推荐：科学绘本《一寸虫》。

数字王国运动会——认识“0”*

活动由来：

幼儿在生活中已经对数字“0”有了一定的接触。为了让幼儿对数字“0”有更全面的感知，教师以游戏的形式设计了“数字王国运动会”，引导幼儿感知数字“0”的意义。

活动目标：

1.使幼儿感知“0”可以表示“没有”“起点”和“界限”的含义。

2.利用生活和游戏中的实际情境，引导幼儿理解数概念。

3.健康和科学融合教育，使幼儿感知生活和游戏中数学的有用和有趣。

活动准备：

材料准备：青蛙头饰 8 个、荷叶道具 3 个、《数字歌》MV、《小跳蛙》音乐、PPT、红胶带（粘跳远起点）、米尺 2 条、数字挂卡若干、拔河绳 1 条。

经验准备：熟练认读 10 以内的数字，理解数量关系。

活动过程：

一、激趣导入

天气晴好的户外，教师播放《数字歌》MV，带领幼儿参加“数字王国运动会”。

教师：数字王国真热闹啊！原来数字宝宝们正在进行趣味运动会，还邀请我们一起参加呢！

二、游戏探索

1. 小跳蛙比赛。

规则：参赛选手 8 人一组，共同合作，根据 PPT 提示，分别跳到左、中、右三片荷叶上，并且每片荷叶上的人数与 PPT 提示相符，速度最快、最准确的一组获胜。

8 位幼儿戴好头饰，伴着《小跳蛙》音乐，围着池塘蹦跳，音乐停止时根据 PPT 图片中荷叶上的数字提示，跳入对应的荷叶上。第 3 组图片中，最右边荷叶上数字为“0”，教师观察幼儿游戏过程和结果。

---

* 作者：宋晓静、梁雅菲，指导教师：李卓，开原市中心幼儿园。

一轮游戏结束时，教师与幼儿交流：你们为什么没跳到数字为“0”的荷叶上呢？

小结：数字“0”则表示“没有”。

幼儿可以继续小跳蛙比赛，强化感知数字“0”的“没有”作用。

2.跳远比赛。

规则：教师用红胶带粘地面作为跳远起点，幼儿依次参加跳远比赛，每次由 2 个幼儿当裁判员（由跳远过的小朋友依次担任），用各自的米尺测量跳远距离。如每次测量结果相同，则教师肯定他们的测量方法；如测量结果不同，则教师指导幼儿注意米尺上的“0”的位置。

一轮游戏结束时，教师与幼儿交流：怎样才能使测量的结果准确呢？米尺上的“0”起到什么作用？谁是跳远小冠军？

小结：米尺上的数字“0”不代表“没有”，而是起到了“起点”的作用！

幼儿可以继续跳远比赛，再次感知数字“0”的“起点”作用。

3.拔河比赛。

规则：挂单数 1、3、5、7、9 的小朋友组成单数队，挂双数 2、4、6、8、10 的小朋友组成双数队，单数队和双数队进行拔河比赛。

教师：精彩的拔河比赛就要开始了！咦，哪里传来了哭声？原来，数字“0”既不是单数，又不是双数，它因为无法参加比赛，所以着急地哭了起来。小朋友们有什么好办法呢？

教师：好主意！我们可以选“0”当裁判，把“0”放在单数队和双数队的正中间。当单数队距离“0”越来也近，表示单数队即将输了；当双数队距离“0”越来越近，表示双数队即将输了。

教师：小朋友们，按照我们的解决方案，开始比赛吧！

一轮游戏结束时，教师与幼儿交流：拔河比赛中的“0”起到什么作用？

小结：拔河比赛上的“0”的作用是“界限”。

幼儿可以继续拔河比赛，再次感知数字“0”的“界限”作用。

三、总结归纳

教师：参加完“数字王国运动会”，小朋友们都了解到哪些关于“0”的小秘密呢？

幼儿交流，教师总结。

活动评价：

无效果	对游戏环节感兴趣，但对“0”的含义不理解
初见成效	对活动内容有兴趣，可以理解“0”表示“没有”的含义，不理解“0”表示的其他含义
基本掌握	积极参与各环节活动，懂得“0”的不同含义
完全掌握	能准确表述和理解“0”的不同含义，并在活动中应用“0”

家园共育：

1. 亲子在家中寻找有数字“0”的物体，如：直尺、三角板、温度计、燃气表、电表、秒表等，探究物体上数字“0”的意义，在适合幼儿使用的前提下，尽量让幼儿尝试使用这个物体。

2. 在亲子外出的过程中，有意发现含有“0”的标注，例如高速公路含“0”的指示牌，跑步计步器的“0”，电子秤没有称量物体时候的“0”，红绿灯倒计时的“0”等。

资源推荐：儿歌《数字歌》。

超市进货一览表*

活动由来：

班级角色区“美好超市”是孩子们非常喜欢的区域，孩子们在“美好超市”里进行了许多数学游戏。《3—6 岁儿童学习与发展指南》指出：5~6 岁“能用简单的记录表、统计图等表示简单的数量关系。”为了实现这一目标，教师利用“美好超市”设计了此活动。

活动目标：

1.尝试通过不同的方法来统计物品的种类和数量，了解条形图对应的数量关系。

2.感受记录表、统计图在实际生活中的应用，体会数学的用处。

活动准备：

材料准备：不同种类商品（数量不大于 10）、商品图片、统计表、数字条、彩笔、胶棒、黑板。

经验准备：能手口一致地点数 10 个以内的物体，并能说出总数，认识数字 0~10。

活动过程：

一、任务导入

教师布置任务：国庆节将至，“美好超市”要准备过节商品，请小朋友们清点超市中每种商品还剩下多少？哪些物品需要进货了？幼儿自由分组，每组负责一个货架的清点。

二、发现问题

在幼儿清点的过程中，教师注意观察幼儿行为，听取他们的谈话内容，适时提供支持和引导。

教师引导幼儿的提问：

✧　你们清点的某某商品数量是多少？

✧　没有记录，忘记了清点的数量怎么办？

✧　你的记录可以让大家清楚看到需要进货的商品吗？

清点一段时间幼儿感觉疲惫后，教师请大家停止清点，并请幼儿说说自己清点的情况和碰到的问题。

当大家说到记不住清点的数量时，教师引入统计表。

三、记录表统计

教师出示统计表，讲解用法。之后每组安排一个记录员，负责记录清点商品的数量，幼儿使用统计表再次清点商品数量。

商品库存统计表

商品 （可粘贴对应的商品图片）	数量

教师引导幼儿的提问和评论：

✧　如何马上知道商品库存数量？

✧　如果有很多商品，记录表也能清楚告诉你商品库存数量吗？

---

* 作者：崔青，中国人民解放军总医院幼儿园。

✧ 你们记录得很清晰，继续加油！

✧ 你们知道哪些商品需要进货了吗？

幼儿基本完成商品库存之后，教师组织幼儿交流使用库存统计表的情况。

教师适时提出：能否通过记录表直观地看出哪些商品需要进货了？如何做到呢？

四、统计图统计

教师提前在黑板上画多个醒目的坐标轴，坐标轴上不用标注数字，保证每组有一个坐标轴，坐标轴底部高度一致。

教师出示黑板、商品图片和数字条，告知幼儿改为用数字条表示商品数量，有多少数量就保留到对应数字，然后按照清点顺序将数字条贴在黑板的横线（x 轴）上，数字条与数字条中间保持固定的间距。相应的商品图片贴在横线（x 轴）和数字条下。

教师示范之后，幼儿再次清点商品数量，并将商品图片和数字条贴在相应位置，教师提供辅助和指导。

幼儿基本完成商品图片和数字条粘贴之后，教师组织幼儿交流使用库存统计图的情况。

教师总结：统计表可以让我们看到所有商品的数量情况，统计图可以让我们快速、清晰地比较每种商品的多少。

活动评价：

无效果	对活动不感兴趣，不参加活动
初见成效	在教师引导下尝试两种统计方法，但浅尝辄止，不深入，不持续，没有目标性
基本掌握	参与清点活动，参与小组讨论和交流，完成两种统计，提出一两个问题
完全掌握	主动参与清点活动，正确完成两种统计，乐于探索不同统计的方法和区别，提出清点、统计相关的问题，对数学统计和展示方法有很大的兴趣

家园共育：

1.家长指导幼儿清点家中水果的数量和种类，制作记录表和统计图。

2.幼儿调查家人喜欢吃的水果的种类和数量，制作记录表和统计图。

马路上的数字*

活动由来：

幼儿园新进了一套儿童模拟交通积木，幼儿特别喜欢模拟驾驶员，“驾驶”着各种车辆在模拟道路上跑来跑去。问题随之而来：幼儿各玩各的，没有设置交通标识和指示，车辆经常碰撞，幼儿屡屡向教师“告状”。《3—6 岁儿童学习与发展指南》指出：“引导幼儿感知和体会生活中很多地方都用到数，关注周围与自己生活密切相关的数的信息，体会数可以代表不同的意义。”为此，教师设计了此活动。

活动目标：

1.感知道路交通上的数字，了解不同数字表示的不同意义。

2.初步感知生活中数学的有用和有趣。

3.提升发现问题、分析问题和解决问题的能力，提升交通安全意识和生活能力。

---

* 作者：张冉，齐河县第三幼儿园雍景湾分园。

活动准备：

材料准备：儿童模拟交通积木（内含交通场景图、车辆、信号灯、指示牌等）、活动记录单、彩笔。

经验准备：知道马路上的一些指示标识。

活动过程：

一、谈话导入，发现问题

师幼团坐。教师询问儿童模拟交通积木使用情况。

幼儿反映：有小朋友不急刹急停，有小朋友闯红灯，有小朋友超速行驶，有小朋友随处停车，有小朋友开货车不遵守限高规定……幼儿罗列了很多他们希望解决的问题，一致认为：交通状况不好，经常堵车和出事故。

二、集体讨论，分析问题

问题出在哪里呢？教师请幼儿分析问题，请经常“被投诉”的幼儿发表自己的意见。

问题原因归结为：

1.超速。原因是不知道规定速度是多少，不知道路途有多远，所以随意开车，加速开车。

2.乱停车。原因是不知道停车场在哪里，不知道是否还有停车位，也不知道停车场距离还有多远。

3.不遵守限高。原因是没限高指示，车开到立交桥下就卡住了，结果造成堵车。

4.闯红灯。原因是不知道什么时候变灯，通过的时候交通信号灯就变成了红色。

三、感知数字，解决问题

通过分析问题，幼儿得出了应该设置一些标志标识的一致意见。

教师从儿童模拟交通积木中取出含有数字的标志标识，带领幼儿感知这些数字的意义。

1.表示时间。交通信号灯上倒计时数字表示时间，数字会不断变小，数字越小，表示剩余时间越短。

2.表示速度。道路边红圈白底黑字的牌子表示速度限制。数字是多少，就表示限速多少。数字越大，允许开车速度越大；数字越小，允许开车速度越慢。

3.表示高度。马路上黄黑相间的横杆表示高度限制。数字是几，就表示最高允许车辆通过的高度。

4.表示长度或距离。绿（蓝）底白字方形牌子上的数字表示到某个地方还有多远，数字越大，路程越远；数字越小，路程越近。

5.表示剩余停车位。停车场下面的数字表示剩余停车位，数字越大，剩余停车位越多；数字越小，剩余停车位越少。

教师小结：在马路上有各种各样的数字，不同地方的数字表示的意义也各不相同，这些数字为我们提供信息，使我们生活更方便。

认识了马路上的数字后，幼儿开始动手为模拟交通的路面上设置指示标识牌，从而使交通更顺畅。

四、日积月累，丰富数字

教师为幼儿发放活动记录单，请幼儿将本次活动接触到的数字分类记录到活动记录单中，并在后继生活中不断补充新接触到的数字。

活动延伸：

使用数字指示标识一定程度上解决了交通问题后，幼儿还会碰到新的问题。幼儿是交通的参与者，马路贴近幼儿生活，具有丰富的教育资源。本活动还可以延伸出以下活动：

1.感知马路上的形状。

2.感知马路上的箭头指向、运动方向和空间方位。

3.马路上的车辆分类、形状分类。

活动记录单（示样）：

马路上的数字分类

1.表示时间：
2.表示速度：
3.表示高度：
4.表示长度或距离：
5.表示剩余停车位：

活动评价：

无效果	对数字或马路上的数字没有兴趣，不参加活动
初见成效	在教师的引导下参与活动，认识个别独立的数字，不爱发表意见
基本掌握	参与幼儿交流和讨论，提出解决问题方案，认识多种马路上的数字，知道其表示的意义
完全掌握	认识很多马路上的数字，知道数字对应的意义，主动发现问题、分析问题和解决问题，喜欢车，喜欢交通，希望探究更多马路上的相关内容

家园共育：

1.亲子外出的时候，家长有意识地跟幼儿交流马路上的指示标识，谈论这些指示标识的意义，协助幼儿对它们进行记录和分类。

2.家长有意识地带幼儿了解更多生活中的数字，告知幼儿这些数字的意义，激发幼儿学、用数学的兴趣和积极性。

资源推荐：儿歌《数字歌》《手指歌》，小游戏《找朋友》。

健康活动中的减法*

活动由来：

《3—6 岁儿童学习与发展指南》指出："通过实物操作引导幼儿理解数与数之间的关系，并用'加'或'减'的办法来解决问题。"教师通过儿童剧、儿歌等，结合幼儿的日常生活，设计了此活动。

活动目标：

1.理解数与数之间的关系，学习 5 以内数的减法，认识和理解"－"（减号）。

2.将科学融入到健康活动中，使幼儿在生活中感知数学。

活动准备：

材料准备：猴子头饰、鳄鱼头饰、幼儿园脚踏车、皮球、可移动黑板、马克笔、板擦。

经验准备：会唱儿歌《鳄鱼来了》，能点数 5 个以内的物体，认识数字 1~5。

---

* 作者：杜航，吉林省省直机关第二幼儿园。

活动过程：

一、儿童剧激发幼儿兴趣，复习数与数之间的关系

在合适的天气，教师带领幼儿来到户外进行健康活动，幼儿同向排坐，5 个小朋友戴猴子头饰扮演猴子，坐在前面，教师在前面放置移动黑板，1 个小朋友戴鳄鱼头饰扮演鳄鱼，立在边缘。

师幼一起唱儿歌《鳄鱼来了》，鳄鱼和猴子的扮演者对应表演剧情。当幼儿唱到对应数字的时候，教师在黑板上大大地写下：

$$5-1=4 \quad 5-2=3 \quad 5-3=2 \quad 5-4=1 \quad 5-5=0$$

如果幼儿兴趣很高，可以换不同的幼儿多表演几遍，每次表演教师都在黑板上重新写下计算过程。

二、感受健康活动中的数学，学习 5 的减法

1.游戏：5 人正步走。

幼儿每 5 人排成一排，站在直线跑道的开端。教师说走后，第 1 个幼儿先走，边走边喊：5－1，等于几？剩余的幼儿回答；然后第 2 个幼儿走，边走边喊：5－2，等于几？剩余的幼儿回答，以此类推。

教师将前面活动中写有计算过程的黑板置于队列对面，在幼儿说到数字的时候，指点对应的数字，并在幼儿回答错误的时候纠正。

后面师幼重复此活动。如果幼儿兴趣度很高，可以重新排队，多进行几次。

2.游戏：骑脚踏车。

幼儿分别站在 30 米跑道的两端，每 5 人一组，共 5 辆脚踏车，进行轮流骑脚踏车活动。第 1 组幼儿每人骑一辆脚踏车，教师说开始后，第 1 辆脚踏车先走，边走边喊："5－1，等于几？"剩余的幼儿回答；然后第 2 个幼儿骑行，边走边喊："5－2，等于几？"剩余的幼儿回答，以此类推。

教师重复上面"游戏：5 人正步走"活动内容。

3.游戏：滚球游戏。

幼儿每 5 人一组，参与游戏的幼儿分别蹲在 5 米间距的两端，一端的 5 个幼儿每人拿一个皮球，当老师说开始后，第 1 个幼儿将自己手中的球滚给另外一端对应的幼儿，边滚边喊："5－1，等于几？"剩余的幼儿回答；然后第 2 个幼儿滚球，边滚边喊："5－2，等于几？"剩余的幼儿回答，以此类推。球到对方后，对方的小朋友照样操作。

教师重复上面"游戏：5 人正步走"活动内容。

三、总结交流

师幼面向黑板，教师提问：你们知道"－"（减号）表示什么意思吗？你们知道"5－1=4"是什么意思吗？谁能举个生活中的例子？师幼交流，促进幼儿的进一步理解。

活动评价：

无效果	对活动不感兴趣，不参加活动
初见成效	参与部分数字、减法的学习和活动，但不主动，旁观居多
基本掌握	能理解数与数之间的关系，基本会 5 以内数的减法
完全掌握	积极参加活动，理解数与数之间的关系，知道"－"（减号）的意义，掌握 5 以内数的减法，并尝试学习更大数的减法

家园共育：

家长在生活中有意为幼儿设置更多数的减法，鼓励幼儿在生活中理解和学习。

有趣的跳舞毯*

活动由来：

《3—6 岁儿童学习与发展指南》中指出："丰富幼儿空间方位识别的经验，引导幼儿运用空间方位经验解决问题。"最近孩子们迷上了跳舞毯，抓住此教育契机，教师设计了游戏"有趣的跳舞毯"，意图通过舞蹈，引导幼儿感受空间方位和运动方向。

活动目标：

1.在健康、音乐和舞蹈活动中，感受空间方位和运动方向。

2.依据口令、箭头标识等区分前、后、左、右，并能说出相应方位词。

活动准备：

材料准备：音体室（或宽敞空间）、音乐《兔子舞》、跳舞毯（带有圆点和箭头标志的地垫）。

经验准备：认识箭头标志，知道其意义。

活动过程：

一、在健康活动中进行经验铺垫——模拟飞行棋

1.教师驾驶员：形成感知，难度递增。

教师带领幼儿来到宽阔户外，幼儿成 1 队纵列站开。

教师：今天老师要带领你们玩飞行棋游戏，老师模拟飞机驾驶员，你们跟着老师，按照老师的口令集体行动，在行动的时候重复老师说过的口令。

老师说"前进 3 步""后退 2 步""左转弯前进 5 步""右转弯前进 6 步"等口令，引导幼儿充分接触前、后、左、右等方位词，并熟悉数字。

待幼儿能基本跟随口令进行相应行为后，教师将 1 纵队变成 2 纵队、3 纵队等，逐步增加难度。

2.幼儿驾驶员：在游戏中强化，增加幼儿参与性。

幼儿扮演驾驶员角色，继续带领幼儿进行模拟飞行棋游戏，使幼儿在游戏中更充分地接触、练习前、后、左、右等方位词，熟悉数字，教师协助游戏有困难的幼儿。

二、在音乐和舞蹈活动中丰富感知——有趣的跳舞毯

幼儿回到音体室，教师为幼儿发放跳舞毯，幼儿自行完成跳舞毯的拼装，教师检查圆点、箭头标志是否正确拼装，并提供必要的协助。

1.熟悉跳舞毯。

教师请所有小朋友站在自己跳舞毯的圆点上，带领小朋友认识跳舞毯上圆点、箭头的意义。

2.教师示范。

教师播放音乐，为幼儿示范舞蹈《兔子舞》，在唱到"left""right""go""turn around"等空间方位和运动方向时候，教师使用中文唱，便于幼儿理解。

3.教师教，幼儿学。

教师教幼儿舞蹈《兔子舞》，师幼在音乐出现空间方位和运动方向词的时候一起说对应的中文，教师关注和指导幼儿空间方位和运动方向。

三、在新活动中坚定方向——舞蹈升级

如果幼儿对前、后、左、右等空间方位和运动方向掌握较好，可以尝试让幼儿分组面对面、两两面对

---

* 作者：马英宁，指导教师：刘晨，吉林省省直机关第二幼儿园。

面进行舞蹈《兔子舞》，孩子们会发现空间方位和运动方向的新乐趣。

活动评价：

无效果	对活动没有兴趣，不参加活动
初见成效	参加游戏活动，能跟随班级幼儿进行前、后、左、右等活动，但对空间方位判断有困难
基本掌握	能够根据指令和箭头标识等做出相应动作，方向基本正确
完全掌握	主动完成游戏活动，对空间方位和运动方向感知较好，正确掌握空间方位和运动方向

家园共育：

1.亲子一起在家中跳《兔子舞》。

2.家长带孩子乘车的时候，主动为幼儿讲解交通标识中的箭头作用，或请孩子讲述。

是一样多吗*

活动由来：

幼儿间聊天，小智说周末去奶奶家了，原来自己在家能吃一满碗米饭，可到奶奶那里，只吃了一个碗底的饭就饱了；喝汤也是，原来能喝一碗，在奶奶那里也只喝个碗底就喝不动了。小朋友听了非常好奇，纷纷打探细节。教师借机生成了此活动案例。

活动目标：

1.感知容积守恒，理解“量”是相对的。

2.引导幼儿通过观察、比较、操作、实验等方法，学习分析问题和解决问题。

活动准备：

材料准备：多种底面积和高度的塑料杯、抹布、活动记录单、彩笔。

经验准备：使用过量杯，会倒水。

★安全事项：水洒落在地面可能会导致幼儿滑倒，教师要注意观察和及时处理。

活动过程：

一、故事导入，设疑激趣

教师提前取两个杯子，一个杯子底面积大，高度很矮，另外一个杯子底面积小，高度很高。教师往两个杯中注水，高度很高的杯子注水约2/3，高度很矮的杯子注水量略微大于高度很高的杯子。

教师为幼儿讲述《小蜜蜂采蜜》的故事：蜜蜂妈妈有两个女儿，她们每天去采蜜，并把采到的蜜放到各自的杯中，大女儿的杯子高度很矮，小女儿的杯子高度很高。一天下来，小女儿采的蜜快把杯子装满了，而大女儿采的蜜只有底部一小部分。（教师出示两个杯子。）蜜蜂妈妈回家后看了看两个女儿采的蜜，并没有批评大女儿，这是为什么呀？（教师也可以安排幼儿扮演小蜜蜂，配合故事进行表演。）

幼儿交流，尝试回答上面的问题。教师此时搁置问题和答案，活动结束时水到渠成地公布答案。

二、实验探究，猜想水量

教师为每组分发一套多种底面积和高度的塑料杯，杯内都装有相同体积的水，请幼儿观察、判断杯中水量的多少，然后将杯子按照水量的多少从高到低排列。

教师巡视，注意观察幼儿的行为，听取他们的谈话内容，适时提供支持和引导。

---

* 作者：李慧，招远市张星镇中心幼儿园。

教师引导幼儿的提问：

✧ 这些杯子有什么不一样吗？

✧ 哪个杯子的底部最大？

✧ 哪个杯子的底部最小？

当幼儿基本都完成操作或兴趣减弱的时候，教师结束活动，提醒幼儿完成活动记录单内容。

三、比较水量，验证猜想

教师为每组新发放一套多种底面积和高度的塑料杯（杯内无水），鼓励幼儿选择需要比较水量的杯子，将杯中水倒入被比较杯子同型号的杯中，比较同型号杯子水面的高度，进而比较水量的大小。

教师引导幼儿的提问和评论：

✧ 杯中的水从一个容器倒入另外一个容器，水量是不变的。

✧ 同型号的两个杯子，如果它们水面高度一样，说明杯子里水量相等。

✧ 水倒入底部大小不一样的杯子后，水面高度有变化吗？如何变化？

幼儿基本完成比较之后，教师请幼儿完成活动记录单，鼓励幼儿相互参观，分享和交流自己的验证结果和认识变化过程。

教师总结：同样多的水，装入不同容器之后，看上去水位高低不同，看上去水量发生了变化，但实际上水量不变。

幼儿比较不同造型杯子中水量的大小

四、揭晓《小蜜蜂采蜜》故事答案

教师取出两个女儿装蜂蜜的杯子，另外取出一个跟小女儿杯子一样的空杯，将该子与小女儿的杯子并列摆放，请一个幼儿将大女儿杯中的液体倒入空杯子中，请幼儿观察，说说哪个杯子的水面高，水量大。

幼儿一起揭秘答案：大女儿采蜜更多，所以蜜蜂妈妈没有批评大女儿。

活动记录单（示样）：

猜想杯中水量（从高到低排列顺序）				
1.	2.	3.	4.	5.
测量后杯中水量（从高到低排列顺序）				
1.	2.	3.	4.	5.

活动评价：

无效果	对活动没有兴趣，不参加活动
初见成效	以观看同伴活动为主，在教师和同伴的引导下偶尔参加活动，活动缺乏主动性，对水容器、水量的变化有一定的好奇心
基本掌握	参与活动，参与小组讨论和交流，对水面高度的变化有好奇心，提出一两个相关问题
完全掌握	积极参与探究和小组交流，表述自己的意见，不断比较水面的高度，提出体积相关的问题，对探究更多体积的变化表现出强烈的好奇心

家园共育：

在日常生活中，家长有意不断地创造条件，使幼儿对比容积的变化，感知容积守恒。

钟表系列活动——感知钟表*

活动由来：

钟表形形色色，广泛存在于生活之中。《3—6 岁儿童学习与发展指南》提出：“给幼儿提供丰富的材料和适宜的工具，支持幼儿在游戏过程中探索并感知常见物质、材料的特性和物体的结构特点。”“引导幼儿感知和体会生活中很多地方都用到数，关注周围与自己生活密切相关的数的信息，体会数可以代表不同的意义。”为此，教师设计了钟表相关的系列活动，此活动为系列活动之一，关注感知钟表。

活动目标：

1.感知钟表，提炼钟表的共同特征。

2.数字与艺术相结合，培养幼儿的观察力，激发幼儿探究的兴趣。

活动准备：

材料准备：造型不同的钟表、绘画纸、彩笔。

经验准备：会认读数字 1~12。

活动过程：

一、设疑导入，激发兴趣

教师：小朋友们，我们每天按时入园，按时吃饭、睡觉、户外活动和离园，但老师师怎么做到每天的时间点都一样的呢？

等待幼儿回答之后，教师出示造型不同的钟表。

教师：老师今天给你们带来了很多钟表朋友，我们要一起发现钟表的秘密。

二、感知钟表

教师为每组分发 1 个或者多个钟表。

1.钟表的组成。

教师：请幼儿看一看，摸一摸，钟表的组成部分有哪些？是什么材质的？有相同的地方吗？

幼儿自由探索，教师巡视，注意观察幼儿的行为，听取他们的谈话内容，适时提供支持和引导。

教师引导幼儿的提问：

✧ 钟表外形是什么样子的？外形影响钟表的使用吗？

---

* 作者：滕宝宝，指导教师：梁庆霞，长清区崮云湖中心幼儿园。

✧ 钟表里面有几根针？都在转动吗？

✧ 为什么有一层透明玻璃似的物体挡着让我们不能触摸时针？

✧ 为什么有那么多数字？你会认读吗？

✧ 不同造型的钟表有什么共同点吗？

幼儿基本完成探索或探索兴趣减弱后，教师组织幼儿交流，说说自己看到的钟表组成。

2.钟表的数字。

教师继续提问，引导幼儿深入观察钟表的数字。

教师引导幼儿的提问和评论：

✧ 不同钟表表盘上的数字都是 1~12 吗？

✧ 不同钟表表盘上的数字位置一样吗？

✧ 你注意到了数字中间有很多圆点（或者横线，即刻度），真棒！

幼儿完成基本观察后，教师组织幼儿交流，说说自己看到的钟表数字。

感知钟表

3.钟表的表针。

教师继续提问，引导幼儿深入观察钟表的表针。

教师引导幼儿的提问：

✧ 不同钟表表针的数量一样吗？

✧ 不同钟表表针的位置一样吗？

✧ 不同钟表表针转动的速度一样吗？

幼儿基本观察完成后，教师组织幼儿交流，说说自己看到的钟表表针。

三、我设计的钟表

教师请幼儿取出绘画纸和彩笔，为班级设计一个钟表。在幼儿绘画过程中，教师巡视，并适时引导幼儿关注细节，例如：数字中间是 4 个横线；表针是 3 个，且长短不一；表盘数字是 12 个，每个数字都指向表心等等，以便于培养幼儿的观察和表达能力，加深幼儿对钟表的感知。

设计完成后，教师组织幼儿进行展示、交流和分享，使幼儿吸收借鉴别人设计的长处，弥补自己设计的不足，发现更多钟表的特征。

设计钟表

活动评价：

无效果	对钟表缺乏好奇心，不参加活动
初见成效	在老师的引导下进行钟表的感知，发现一两处重点特征，缺乏主动性
基本掌握	参加活动，参加讨论和交流，对钟表特征感知比较准确完整，提出一两个问题，对钟表有一定的好奇心
完全掌握	积极参加活动，乐于探索，较为全面准确地感知到了钟表的特征，提出钟表相关问题，对钟表的探索活动充满期待，对表针的转动充满好奇心

家园共育：

1.家长带领幼儿观察家中不同的挂钟、闹钟、手表等，发现这些钟表的异同。

2.家长尝试为幼儿说明为什么1天有24小时，而钟表上只有1~12个数字。

资源推荐：绘本《认识时间》。

钟表系列活动——认识时间*

活动由来：

此活动为钟表相关的系列活动之二，关注认识时间。

活动目标：

1.感知表针转速和意义的不同。

2.感知表盘数字和刻度的意义，体会数可以代表不同的意义。

3.初步了解认识时间的方法，丰富幼儿的想象力和创造力。

活动准备：

材料准备：钟表、塑料直尺、跳圈、圆形即时贴、彩笔、游戏音乐。

经验准备：知道钟表的共同特征，会认读数字1~12。

活动过程：

一、感知表针转速和意义的不同

1.感知表针转速。

教师为每组分发1个或者多个钟表。

教师：请小朋友们看表盘，上面有3个表针，请你们睁大眼睛观察1分钟，当最长的表针指向数字12的时候开始，当最长的表针再次指向数字12的时候停止，然后告诉老师，你看到几个表针在转动。

如果幼儿有兴趣，或需要多次观看感知，教师允许孩子多次观看表针转动。

教师巡视，注意观察幼儿的行为，听取他们的谈话内容，适时提供支持和引导。

教师引导幼儿的提问和评论：

✧ 哪个表针最长？哪个表针最短？哪个长度居中？

✧ 你看到几个指针在转动？

✧ 哪个表针转速最快？哪个表针转速最慢？哪个表针转速居中？

✧ 最长的表针转一圈，居中的表针转了多少？最短的表针转了多少？

✧ 直尺可以延长短表针的长度，使我们清楚地看到表针的指示位置。

幼儿基本观察完成后，教师请幼儿交流，说说自己看到了什么。

教师小结：最长的表针是秒针，居中的表针是分针，最短的表针是时针。秒针转速最快，分针转速居中，时针转速最慢。秒针转一圈，分针只转一个刻度，时钟基本上看不到转动。顺口溜为：“秒针风风火火，分针不慌不忙，时针一动不动。”（教师应使幼儿理解、熟练记忆表针的顺口溜。）

二、感知表盘数字和刻度的意义

教师请幼儿再次看表盘，关注表盘周围的数字和刻度。

---

* 作者：滕宝宝，指导教师：梁庆霞，长清区崮云湖中心幼儿园。

教师引导幼儿的提问：

✧ 表盘上的每个数字间距一样吗？

✧ 表盘上的 12 跟哪个数字对着？3 跟哪个数字对着？还有哪些数是对着的？

✧ 表盘上每两个数字间有几个刻度？

✧ 表盘上总共有多少个刻度？你能数一数吗？

幼儿基本感知后，教师组织幼儿交流，说说对数字和刻度的认识。

教师小结：秒针转动 1 个刻度，为 1 秒；秒针转动 1 圈，为 1 分；分针转动 1 个刻度，为 1 分；分针转动 1 圈，为 1 小时；时针指向数字几，只要没指向下一个数字，就是几点。

三、模拟游戏

1.模拟表针转动。

教师请 18 个幼儿组成一个活动组，其中 12 个幼儿分别扮演表盘数字 1~12，各拿 1 个写有 1~12 数字的圆形即时贴和 1 个跳圈，根据数字找到对应位置，放下跳圈，盘腿坐在跳圈中，将即时贴按照表盘数字的方向贴在跳圈前面。3 个幼儿扮演秒针，2 个幼儿扮演分针，1 个幼儿扮演时针。

游戏开始前，18 个幼儿各就各位，表针都指向 12 点或其他时间。游戏开始后，场外幼儿说出需要钟表走的时间，扮演表针的幼儿模拟走动，行动错误的幼儿被替换下场。

2.模拟时间。

教师模拟钟表将 1~12 个数字贴在跳圈上，幼儿用手臂模拟时针，教师说几点，幼儿使手臂指向正确的时间位置。此游戏可以先安排 1 个幼儿模拟表演，待幼儿熟悉、正确度提升之后，可以一次安排多个幼儿参与，提高趣味性。

幼儿用手臂模拟时间

活动评价：

无效果	缺乏认识时间的兴趣，不参加活动
初见成效	勉强参加活动，但活动以观望为主，不持续，不发言，有一定的好奇心
基本掌握	参加活动，参与幼儿交流，基本知道了表针转速不同和表盘数字意义的不同，有好奇心，提出一两个自己好奇的问题
完全掌握	积极参加活动，参与交流讨论，乐于感知表针、数字和刻度，对表针指示时间非常好奇，希望认识更多的时间

家园共育：

1.引导幼儿学会看整点和半点时间。

2.家长说时间，鼓励幼儿使用钟表拨出或画出对应时间的表针。

钟表系列活动——感受时长*

活动由来：

此活动为钟表相关的系列活动之三，关注感受时长。

活动目标：

1.感知一定的时长是多久，理解时间中数的概念。

2.引导幼儿合理安排时间，珍惜时间。

活动准备：

材料准备：钟表、篮球、跳绳、活动记录单、彩笔。

经验准备：会数数，经常听说时长，例如 1 分钟。

活动过程：

一、感知：1 分钟是多久

教师为每组分发 1 个或者多个钟表，告知幼儿：秒针转动 1 个刻度，为 1 秒；秒针转动 1 圈，为 1 分。请幼儿盯着秒针从 12 再次转到 12，体验一分钟有多久。

教师请幼儿交流：说说 1 分钟有多久？能干些什么？

二、猜想：1 分钟可以做什么

教师为幼儿分发活动记录单和彩笔，请幼儿猜想：1 分钟能拍多少次球？1 分钟能跳多少下绳？1 分钟能走多少步？猜想完成后，将猜想结果记录到活动记录单中。（幼儿可以自行增加猜想内容。）

三、验证：1 分钟可以做什么

适宜天气，教师带幼儿到户外，在显眼处出放置一个大钟表，幼儿分组领取篮球，当秒针指向 12 的时候开始拍球，并自己计数（或请小朋友帮忙计数），看看自己 1 分钟拍了多少次球。

同样，幼儿验证自己 1 分钟可以跳多少下绳。

两个幼儿合作，一个幼儿步行，另外一个幼儿拿着钟表陪同步行，计数 1 分钟可以走多少步。

幼儿将所有计数结果记录到活动记录单中。

教师请幼儿说说自己的计数结果，说说 1 分钟是长还是短？说说 1 分钟还能干什么？

教师总结：1 分钟好像很短，但抓紧时间，也能干很多事情。时间就是 1 分、1 分组成的，大家要珍惜时间。

幼儿验证 1 分钟可以拍球多少次

四、设计：早晨时间表

教师：家长告诉我，有小朋友起床非常磨蹭，10 分钟都下不了床；还有家长告诉我，有小朋友玩手机，总是“1 分钟”又“1 分钟”地玩……小朋友自己设计一个从起床到到达幼儿园的时间表吧，把自己的时间充分利用起来。

幼儿设计，教师巡视，注意观察幼儿的行为，听取他们的谈话内容，适时提供支持和引导。

---

* 作者：滕宝宝，指导教师：梁庆霞，长清区崮云湖中心幼儿园。

活动记录单（示样）：

活动内容	猜想数量	计数结果
排篮球		
跳绳		
步行		

活动评价：

无效果	对感受时长没有兴趣，不参加活动
初见成效	在教师的引导下参加活动，以观看和模仿其他幼儿的行为为主，主动性和持续性差，不爱提出问题，有一定好奇心
基本掌握	参加探究活动，参与幼儿交流讨论，完成猜想和验证，对时长有一定的好奇心，提出一两个相关问题
完全掌握	积极参加活动，积极感知时长，较好地完成了猜想和验证任务，乐于探索，参与交流，希望了解更多的时长，对时长有强烈的好奇心

家园共育：

1.家长为幼儿设置定时器，定时 1 分钟、2 分钟、5 分钟等，使幼儿感知对应的时长。

2.家长在日常生活中，有意地说“等我 1 分钟”“给你 1 分钟时间”等话语，引导幼儿感知时长。

第八部分 STEM 活动

STEM 教育是科学（Science）、技术（Technology）、工程（Engineering）和数学（Mathematics）领域教育的简称，其教育目的在于加强科学、技术、工程、数学等学科的融合，加强知识概念与现实世界之间的联系，培养具备科学素养、掌握专业知识和具有实践技能的复合型创新人才。

STEM 作为一种新型的教育理念，有别于传统的单学科、重书本知识的教育方式，是一种重实践的超学科教育概念。教师不仅要相信幼儿自主学习的能力，敢于放手，更应该促使其专业成长，知道为幼儿提供什么样的活动材料、活动主题，知道什么时间为幼儿提供什么样的支架，知道在哪里放手。

在科学启智项目起步阶段，即从 1996 年开始，科学启智项目即是以科学为基础，融合语言、艺术、社会、健康等领域为一体的综合性课程，强调成人的有效陪伴，强调以激发儿童的好奇心为切入点，培养儿童的探究意识和创造力，促进儿童科学素养和人文素养的和谐发展。科学启智项目融合 STEM 教育的理念和手段也在不断迭代。

在我国，幼儿园和家庭教育开展 STEM 教育尚处于起步期，我们提供了一些幼儿 STEM 活动案例，希望能抛砖引玉地促进教师和家长 STEM 活动的开展。

搭建停车场*

活动由来：

小智与同伴聊天，说自己看到了一个很高的立体停车场，就像积木搭建一样，里面可以停很多车。旁边的齐齐接话说自己也看到过，停车很方便。小朋友们被话题吸引，纷纷谈论立体停车场，有小朋友提议用积木搭建一个幼儿园的立体停车场，这样教师、家长开车到幼儿园，也有停车的地方了，结果是一呼百应。抓住孩子们的兴趣点，教师生成了此活动。

活动目标：

1.使幼儿感知和发现材料的特性，发展幼儿的观察、比较、分类和交流能力。

2.引导幼儿感受物品的形状特征，丰富幼儿空间方位识别的经验。

3.促进幼儿创造力和想象力的发展，提升幼儿手、眼配合能力。

活动准备：

材料准备：立体车库 PPT、多种尺寸和彩色的积木、纸牌、雪糕棒、纸杯、塑料瓶、硬纸板、瓶盖、校车模型、小轿车模型、塑料直尺。

经验准备：幼儿有过积木搭建和垒高经验。

活动过程：

一、感知车库，问题导入

教师播放立体车库 PPT，展示立体车库的构造、样式、功能和使用方法等。

教师提出幼儿园和城市中心由于车多地少，需要建设立体车库，请小朋友设计方案，负责建设。

二、小试身手：我为幼儿园建车库

教师宣布活动任务：幼儿园有 4 辆校车需要停放，请幼儿自选材料，自由结合，为校车搭建 2 层的立体车库，要求车库能容纳 4 辆校车模型停放。

幼儿自行领取材料，开始搭建活动。

教师巡视，注意观察幼儿的行为，听取他们的谈话内容，适时提供支持和引导。

教师引导幼儿的提问：

✧ 你是如何让积木保持平衡的？

✧ 校车如何能上到 2 层？

幼儿基本完成之后，教师请幼儿相互参观，分享和交流自己的做法、碰到的问题，以及如何解决问题的，其他幼儿和教师提出建议。

三、大展拳脚：我为城市建车库

教师宣布活动任务：幼儿自选材料，自由结合，为城市中心的小轿车搭建立体车库，要求车库底层只能停放 5 辆小轿车，总体能容纳小轿车模型最多者胜利。

幼儿自行领取材料，进行搭建活动。

教师巡视，适时提供支持和引导，鼓励所有的幼儿都参与到活动中去。

教师引导幼儿的提问和评论：

✧ 你是如何让积木保持平衡的？

✧ 刚才的搭建为什么倒塌了？

---

* 作者：刘瑶，吉林省延吉市向阳幼儿园。

✧ 怎么知道这个停车库能停多少辆车？

✧ 直尺可以比较车库和车的大小，帮我们找到合适大小的建筑材料。

✧ 小轿车如何从 2 层上到 3 层？

幼儿基本完成之后，教师请幼儿相互参观，并为车库数量最多的前三名幼儿颁发奖品。

教师组织幼儿交流，请幼儿介绍自己的做法，特别是碰到的问题和如何解决问题的。

活动评价：

无效果	不喜欢搭建活动，不参与活动
初见成效	看同伴搭建，自己偶尔动手参与搭建一两块积木，以观看和简单配合为主
基本掌握	使用不同的材料进行搭建，基本完成任务，搭建结构缺少变化，对搭建有一定的好奇心
完全掌握	积极与同伴交流合作，对搭建活动兴趣浓厚，成功搭建了多层、能容纳 10 辆以上小轿车模型的立体车库，建筑模型富有创意，提出多个搭建相关的问题

家园共育：

1.家长为幼儿提供纸盒、饮料瓶、罐头盒、书本、纸杯等物品，进行亲子搭建活动。

2.亲子外出的时候，家长留心各种类似于积木搭建的建筑物，如图书馆、电视塔等，引导幼儿观看。

推荐资源：绘本《神奇的平衡》（[德]安德里亚·舒尔茨）

星辰大海的小芽芽*

活动由来：

中国火箭的频频发成功射，激起了幼儿对火箭、航天的无限向往，幼儿经常把手里的玩具、物体比划为火箭，飞来飞去。抓住孩子们的兴趣爱好，教师生成了此活动。

活动目标：

1.使幼儿经历模拟火箭发射的过程，感受玩科学的快乐。

2.设计 STEM 游戏，使幼儿感知力量、角度、体积等与火箭飞行距离的关系。

3.培养幼儿的合作意识和能力。

活动准备：

材料准备：制作好的火箭发射器（500ml 塑料瓶改造而成）、制作好的火箭头（套在塑料瓶瓶口处的发射装置）、A4 纸、护目镜、皮尺。

经验准备：接触过塑料瓶，会挤压塑料瓶，会初步使用皮尺。

★安全事项：建议活动过程中配戴护目镜，防止意外伤害。

活动过程：

一、激趣导入

教师：小朋友们，你们玩过纸飞机吗？我们一起折纸飞机，比赛看看谁的飞机飞得远！

教师为幼儿发放护目镜和 A4 纸，请幼儿戴好护目镜后折纸飞机，然后尽情地放飞、比赛。

幼儿兴趣减弱后，教师出示火箭发射器。

---

* 作者：冯月侠，中国人民解放军总医院幼儿园。

教师：小朋友们，老师还给大家准备了一样好东西——火箭发射器，可以发射出火箭。让我们一起倒数 3、2、1，一起发射火箭吧！

教师演示火箭发射的过程，调动孩子们的积极性和探究欲望，切入活动主题。

二、感知火箭

教师为幼儿发放火箭发射器、火箭头和皮尺，请幼儿看一看火箭的外观，摸一摸火箭的组成材质，然后教师展示火箭的主体结构，使幼儿明白火箭的组成。

教师为幼儿演示火箭发射的方法，使幼儿清楚明白地知道如何发射火箭。

教师向幼儿说明安全事项：不要对着人发射火箭，不安全。

三、STEM 游戏：我的火箭比你远

教师带幼儿到室外活动场地，进行 STEM 游戏“我的火箭比你远”。

1.热身。

幼儿自行尝试火箭发射，熟悉火箭发射之后，自行进行两两或多人比赛，在比赛中完善自己的火箭，掌握发射技巧。教师巡视，注意观察幼儿的行为，听取他们的谈话内容，适时提供支持和引导。

教师引导幼儿的提问和评论：

✧ 皮尺可以测量火箭飞行距离，可以方便比较火箭飞行能力。

✧ 你的火箭飞得真远，你是如何做到的？

✧ 你觉得哪里阻碍了火箭的飞行？

✧ 你们为什么选择两（或多人）人一起发射火箭？

✧ 你的火箭还能飞得更远吗？

✧ 风会影响火箭飞行的距离吗？

2.正式比赛。

游戏规则：每 5 个幼儿站在同一起点，一起向前方发射火箭，发射完毕自行测量、记录发射距离，每个幼儿有 2 次比赛机会，取距离最远的成绩作为最终比赛成绩，成绩最好的前 5 个幼儿进入决赛，决赛产生班级前三名，教师发给小奖励。鼓励合作，允许两个或多个幼儿共同使用一个火箭，集体参加比赛。

教师在比赛期间监督、指导幼儿测量发射距离，鼓励和引导幼儿完善自己的火箭结构和发射技术。

比赛完成后，教师为班级前三名发放奖品，表扬积极参加活动幼儿，并请幼儿交流自己是怎么做的，结果怎么样，有什么发现，改进办法是什么。

活动记录单（示样）：

第 1 次比赛发射距离：	第 2 次比赛发射距离：	最终比赛成绩：

活动评价：

无效果	对活动不感兴趣，不参加活动
初见成效	在教师的指导下尝试玩一两次火箭发射，模仿其他幼儿的动作，缺乏主动性
基本掌握	参加活动，与幼儿交流并进行比赛，在一两个方面发现火箭改进的方法
完全掌握	积极参加活动，积极探究、学习火箭发射的方法和技巧，希望自己的火箭不断飞得更远，提出自己发现的问题，与幼儿合作

家园共育：

1.家长带领幼儿自制其他火箭发射装置，与幼儿一起比赛谁的火箭飞得更远。

2.家长带领孩子用薄塑料袋装空气，然后封住袋口，比比谁能使塑料袋发出更大的爆裂声。

磁力穿过物体*

活动由来：

磁是非常有趣的科学探究内容，磁力穿过物体更是让幼儿感到新奇。《3—6 岁儿童学习与发展指南》指出：“和幼儿一起发现并分享周围新奇、有趣的事物或现象，一起寻找问题的答案。”据此，教师设计了此活动。

活动目标：

1.感知磁力能穿过物体，并且磁力有大小。

2.设置 STEM 探究任务，激发幼儿探索的欲望，使幼儿体验成功的喜悦。

活动准备：

材料准备：磁铁、曲别针、1 角硬币、塑料袋、布块、A4 纸、白卡纸、黑卡纸、硬纸板、透明塑料杯、纸杯、厚瓷杯、水、薄厚不同的书、塑料直尺。

经验准备：幼儿接触过磁铁，知道磁铁能吸附一些物体。

★安全事项：水洒落在地面时可能导致幼儿滑倒，教师要注意观察和及时处理。

活动过程：

一、魔术导入，激发幼儿好奇心

教师有意将几个曲别针很明显地散落在桌子上，然后用装有磁铁的黑盒子将曲别针吸走，教师假装找不到曲别针了，故意询问幼儿：曲别针哪里去了？

二、自由探究，哪些物体能被磁力穿过

教师为每组分发磁铁、塑料袋、布块、A4 纸、白卡纸、黑卡纸、硬纸板、透明塑料杯、纸杯、厚瓷杯、水、薄厚不同的书等材料，请幼儿猜想磁力能否穿过这些物体，并将猜想结果记录到活动记录单中。幼儿基本完成猜想记录后，教师为幼儿发放曲别针和 1 角硬币，幼儿验证猜想，并记录验证结果。

教师巡视，注意观察幼儿的行为，听取他们的谈话内容，适时提供支持和引导。

教师引导幼儿的提问和评论：

✧ 如何判断磁力是否能穿过物体？

✧ 磁力能穿过瓷杯（或其他幼儿不进行尝试的物体）吗？

✧ 往水杯里加一些水，试试磁力能否吸住水里的硬币。

✧ 磁力能穿过你的手掌吗？

✧ 能隔着物体吸住曲别针的磁铁，也能隔着同样的物体吸住硬币吗？

✧ 磁力穿过物体后，能带着物体移动吗？

幼儿基本完成之后，教师请幼儿分享和交流自己的做法，展示自己的发现和结果。

---

* 作者：金香兰，指导教师：刘晨，吉林省省直机关第二幼儿园。

三、STEM 活动，谁的磁力最强

教师为每组发放塑料直尺，并布置任务：用磁铁隔着尽可能多的白卡纸吸住一个曲别针，并将曲别针移动 5 厘米，白卡纸张数最多的小组获胜。

幼儿自行设计和验证方案，尝试使磁力通过更多张数的白卡纸，测量曲别针移动的距离，并将最终 STEM 活动方案记录在活动记录单中。

教师引导幼儿的提问：

✧ 用磁铁不同部位试试，它们的磁力一样吗？

✧ 用 2 块磁铁，磁力能穿过更多的白卡纸吗？

活动结束后，教师为获胜组颁发奖品，请获胜组介绍自己组的设计方案，并展示实验成果。

教师鼓励幼儿尝试磁力能否穿过更多的物体，穿过的厚度是多少。

活动记录单（示样）：

物体	猜想 （能穿过画“√”，不能穿过画“×”）	实验结果 （能穿过画“√”，不能穿过画“×”）
小组 STEM 方案		

活动评价：

无效果	不参加探究活动，对活动没有兴趣
初见成效	在教师的引导下参与探究活动，但仅探究了一两种材料，或者探究活动主要模仿其他幼儿的行为方式，不爱交流讨论，对磁力穿过物体有一定的好奇心
基本掌握	参与活动，猜想和验证磁力穿过活动材料的情况，能描述看到的磁力现象，对磁力现象有好奇心，提出一两个相关的问题
完全掌握	积极参加活动，完成活动材料的探究，并尝试探究更多的材料，在小组 STEM 活动中发挥领导或帮手的作用，积极分析问题、解决问题，尝试使磁力具有更强的穿透性

家园共育：

1.家长和幼儿一起探究磁力能穿过家里的哪些物体。（家长注意有些物体需要远离磁铁）

2.家长为幼儿讲解磁力在生活和生产中的应用。

资源推荐：绘本《磁铁怪物》。

制作垃圾箱*

活动由来：

幼儿发现入离园必经之路的电梯内外和门厅通道处经常会有纸巾、口罩、食品包装袋、纸盒、饮料瓶等废弃物堆放，非常不美观。《3—6 岁儿童学习与发展指南》指出："成人要善于发现和保护幼儿的好奇心，充分利用自然和实际生活机会，引导幼儿通过观察、比较、操作、实验等方法，学习发现问题、分析问题和解决问题"。为此，教师设计了此活动。

活动目标：

1.学习发现问题、分析问题和解决问题。

2.开展 STEM 活动，培养幼儿动手能力和团队合作能力。

3.有垃圾分类的意识，能用自己的行动保护身边环境。

活动准备：

材料准备：纸盒、纸筒、雪糕棍、饮料瓶等可回收废旧物品，胶带、剪刀，塑料直尺、皮尺等工具，活动记录单、彩笔。

经验准备：知道垃圾需要分类投放。

活动过程：

一、发现问题，引起注意

教师：小朋友们，我们知道了垃圾分类和环境保护。幼儿园是个美丽的大家庭，但最近有幼儿反应电梯内外和门厅通道中总会有废弃物堆放，你们注意到了吗？

由于废弃物堆放的地点是幼儿入离园必经之路，所以幼儿很容易、很愿意讲出自己的所见所感，并且激发了全班幼儿的共鸣。

教师趁机提出大家调查一下为什么会有废弃物堆放和如何治理。

二、分析问题，激发思考

幼儿经过观察和采访，一致认为原因是附近缺少垃圾箱，废弃物没有合适的投放点，被随手扔弃。

教师进一步提出：我们能否制作漂亮的垃圾箱，使垃圾有地方投放，使我们的环境更美观？

幼儿欣然接受。

三、设计制作，交流分享

幼儿自愿分成 4 组，确定垃圾箱使用位置，讨论垃圾箱的功能、造型和外观，测量空间尺寸，尝试设计和绘图，根据设计图，选择材料和工具进行制作。

教师巡视，注意观察幼儿的行为，听取他们的谈话内容，适时提供支持和引导。

幼儿小组合作设计造型和外观

教师引导幼儿的提问和评论：

✧ 你们设计制作的的垃圾箱计划在哪里使用？

✧ 此处的垃圾箱应该具有什么功能？

✧ 此处垃圾箱的长宽高是多少比较合适？

✧ 需要什么材料？需要什么工具？我们是否有这些材料和工具？

---

* 作者：李玲，大连理工大学幼儿园。

✧ 遇到了什么问题？你们是怎么解决的？

✧ 直尺和卷尺可帮我们测量长度，可以让我们精准制作。

✧ 你们喜欢什么颜色？能否让垃圾箱更漂亮一些？

✧ 你们喜欢什么造型？如何让垃圾箱更酷一些？

幼儿制作过程中，教师鼓励幼儿参观其他组的设计、制作，相互交流，也允许和鼓励幼儿在实践过程中调整方案，多次修改、完善。

四、实地验证，反馈修改

制作完成后，各组将自己组的垃圾箱带到相应地点，实地检验垃圾箱的大小、高度、开口等是否合适。

如果遇到不合适的情况，小组讨论交流，提出修改方案，修改之后再次实地验证。

幼儿实地验证垃圾箱尺寸是否合适

五、实际使用，关注完善

小组幼儿连续观察垃圾箱投放后的使用情况，根据垃圾箱的使用情况进行分析讨论，再进行后续的完善和改进。

活动记录单（示样）：

垃圾箱设计草图：	
垃圾箱总尺寸：	
垃圾箱开口尺寸：	

活动评价：

无效果	对活动不感兴趣，不参与活动
初见成效	关注活动内容，但不表达意见，不主动参与活动
基本掌握	参加活动，参与交流讨论，在小组中分享自己的方案，动手操作解决问题
完全掌握	积极参与 STEM 活动，与同伴分工合作，大胆表达，勤于思考，勤于动手

家园共育：

1.请幼儿带领家长参观自己组的作品，家长积极、正面地评价和鼓励孩子动手创作，继续创新。

2.家长与幼儿讨论垃圾污染对生活环境的破坏，引发幼儿思考如何从自身做起保护环境。

纸巾大力士*

活动由来：

《幼儿园教育指导纲要（试行）》中指出“科学教育应密切联系幼儿的实际生活进行，利用身边的事物与现象作为科学探索的对象。”幼儿经常会接触纸巾，在玩纸时，一个孩子偶然将纸巾做成了纸绳，且拉不断，这引起了同伴的惊讶和模仿。抓住这一教育契机，教师生成了本次活动。

活动目标：

1.探究与纸巾力量相关的因素，尝试使纸巾的力量更大。

2.鼓励幼儿在探究的过程中积极动手动脑解决问题，提升幼儿的 STEM 素养。

3.培养幼儿不畏困难，团结合作，勇于胜利的精神。

活动准备：

材料准备：纸巾、2 升瓶装水（4 瓶带提手）、5 升桶装水（4 桶带提手）、活动记录单、彩笔。

经验准备：使用过纸巾。

活动过程：

一、感知冲突，引发幼儿探究兴趣

教师出示纸巾，让每个幼儿抽取一张，教师也抽取一张。

教师：你们可以将纸巾撕烂吗？你们觉得撕烂纸巾费力气吗？

幼儿尝试。

教师提出问题：能否用一张这么柔弱的纸巾提起这瓶水（2 升）呢？

幼儿一片愕然，大部分幼儿觉得做不到，有个别幼儿跃跃欲试。

二、探究任务：1 张纸巾提起 2 升瓶装水

教师发布探究任务：幼儿自取纸巾，小组合作，尝试用 1 张纸巾提起 2 升瓶装水。

教师巡视，注意观察幼儿的行为，听取他们的谈话内容，适时提供支持和引导。

教师引导幼儿的提问：

✧ 撕纸的时候，你感觉横着撕和竖着撕，用的力气一样吗？

✧ 如果把纸巾折叠一下，是不是能提起瓶装水？

✧ 如果把纸巾换不同的方向折叠，是不是能提起瓶装水？

✧ 如果把纸巾再多折叠几下，是不是能提起瓶装水？

教师请幼儿做展示、交流，肯定探究成功的幼儿，鼓励没有成功的幼儿继续加油。

教师总结：纸巾的纤维是有方向的，逆着纤维的方向，纸巾不容易断。纸巾折叠能增加纸巾的力量，使纸巾不容易断。

三、探究任务：1 张纸巾提起 5 升桶装水

教师发布新的探究任务：幼儿自取纸巾，进行小组合作，尝试用 1 张纸巾提起 5 升桶装水。

教师引导幼儿的提问和评论：

✧ 你的纸巾是什么方向折叠的？

✧ 你的纸巾折叠了几次？成功了吗？

✧ 家长都是用绳子捆扎物品的，我们能将纸巾变成绳子吗？

---

* 作者：党芳芳、刘娟，济南市历下区第二实验幼儿园。

✧ 你们做的纸绳子不一样啊！有的松，有的紧，有的粗，有的细……它们的力气一样大吗？

✧ 你是怎么成功的？

✧ 你有几种方法可以成功？

✧ 提起桶装水的时候，用大力气和小心翼翼地提起，效果一样吗？

教师请幼儿做展示、交流，表扬探究成功的幼儿，鼓励没有成功的幼儿。

教师总结：纸巾折叠得越多越密，纸巾的力量越大。将纸巾变成绳子能增大纸巾的力量。纸巾绳子越密越紧越粗，力量越大。

四、终极挑战：纸巾提人

教师发布新的探究任务：小组每人一张纸巾，尝试用这些纸巾将班级最重的小朋友提起来。

教师引导幼儿的提问和评论：

✧ 团结就是力量。你们小组一起想想主意！

✧ 团结就是力量。如果把纸巾“团结”在一起会不会成功？

✧ 你们是如何把纸巾“团结”在一起的？

✧ 还有其他的方法可以成功吗？

幼儿设计和制作完成后，由老师尝试将小朋友提起，看是否挑战成功。

教师鼓励幼儿多次尝试，并鼓励幼儿交流、改正、总结提升。

教师总结：逆着纸巾纤维的方向卷，拧得越紧越粗，纸巾的力量越大，缓慢用力，就能提提起小朋友，团结力量大！

活动记录单（示样）：

纸巾纤维的纹路：
提起 2 升瓶装水成功的方法：
提起 5 升瓶装水成功的方法：
提起小朋友成功的方法：

活动评价：

无效果	对活动没有兴趣，不参加活动
初见成效	尝试撕纸巾，发现不同方向用力不同，后继活动以观望为主，不爱发表意见
基本掌握	发现折叠和拧绳能提升纸巾力量，成功用纸巾提起 5 升瓶装水
完全掌握	积极参加活动，参与交流讨论，不懈努力，不断想办法完成任务，对纸绳的力量充满好奇

家园共育：

1.尝试使一张 A4 纸承载更多的重量。

2.观看或亲自编制麻绳、毛线绳、尼龙绳等，感受绳子制作工艺，感受团结就是力量。

资源推荐：科学故事《大力国王》《神奇的力》《神奇的摩擦力》《真正的大力士》，儿歌《纸筒大力士》。

纸张架桥*

活动由来：

纸是幼儿生活中常见的材料，纸张蕴含着丰富的科学探究内容。最近班级幼儿对搭建特别有兴趣，为了带领幼儿发现普通的纸张通过改变形状后具有的神奇承重能力，教师设计了此活动。

活动目标：

1.使幼儿了解平展的纸通过折叠可以增加承重能力，感受结构的神奇。

2.设置 STEM 活动，激发幼儿探索的欲望，体验实验成功的喜悦。

活动准备：

材料准备：电影《金刚川》架桥片段、A4 纸、泡沫积木、玩具车（长约 8 厘米）、塑料直尺、活动记录单、彩笔。

经验准备：见过一些桥梁，知道桥梁的作用。

活动过程：

一、视频导入，激发任务的使命感

教师播放电影《金刚川》架桥片段，使幼儿受到爱国教育，体会到架桥的迫切性，为幼儿后继积极完成桥梁搭建任务铺垫情感基础。

二、布置任务，进行 STEM 探究活动

教师为每组发放所有的活动材料，布置 STEM 活动：每组用泡沫积木搭建桥墩，用 1 张 A4 纸搭建桥面，桥面长宽要求最少能同时承载 4 辆玩具车，承重最多玩具车的组获胜。

幼儿按组开展活动，教师巡视，注意观察幼儿的行为，听取他们的谈话内容，适时提供支持和引导。

教师引导幼儿的提问和评论：

✧　你们可以把自己的设计方案画到一张 A4 纸上。

✧　你们准备搭建的桥是多宽？多长？你们为什么这么选择？

✧　直尺可以帮你们确定长度。

✧　我看到了你把纸张较长的一边搭建在桥墩两边。

✧　我注意到了你尝试把纸张折叠起来。

✧　纸张折叠次数增多，纸张承载力是增强，还是减弱？

✧　再想想，你们能让桥的承载力更大一些吗？

✧　可以让你们的桥更漂亮吗？

三、承重比拼，谁的纸张“力气”大

每组基本完成之后，教师安排每组幼儿进行最后的承重比拼，确定获胜的组，并为他们颁发奖品。

教师请幼儿交流自己的做法，说出自己的想法、设计思路和结果，完成活动记录单。

活动记录单（示样）：

最终成功的方案：	
承载玩具车数量：	

* 作者：吕爽，兴城市第一幼儿园。

活动评价：

无效果	不参加活动，没有兴趣
初见成效	动手搭建纸桥，以模仿其他幼儿的搭建为主，缺乏主动探究
基本掌握	完成纸张架桥活动，纸桥比较粗糙，能承重 4 辆玩具车，没有探究使纸桥承重更多的方法
完全掌握	积极分享和交流，完成 STEM 探究活动，注重桥的美观，努力使纸桥能承受更大的重量，且最终突破 4 辆的承载量，对如何使纸桥承重量更大充满探究欲望

家园共育：

1.家长带孩子一起玩同样的活动，鼓励孩子挑战更大的承载量。

2.家长带孩子一起折纸飞机，带孩子一起放飞纸飞机，尝试使纸飞机飞得更远。

降落伞大探秘*

活动由来：

班级设置有伞博物区，各种伞美轮美奂。小朋友从雨伞聊到了战斗机降落滑行时打开的“伞”，聊到了火箭返回舱着地时候打开的“伞”，聊到了战争片中伞兵的跳伞……他们好奇这些伞的作用，抓住孩子们的兴趣点，教师设计了此活动。

活动目标：

1.探究降落伞的秘密。

2.体验玩降落伞的乐趣，发展幼儿合作、探究的精神。

活动准备：

材料准备：降落伞视频、大雨伞、小雨伞、大塑料袋、小塑料袋、方块棉布、方块尼龙布、塑料直尺、彩笔、计时器、细绳、塑料积木、白纸。

经验准备：认识降落伞。

★安全事项：防止雨伞伤及幼儿和幼儿奔跑时次序混乱导致的碰撞，教师要事先教育幼儿，并在活动过程中注意观察和及时处理。

活动过程：

一、激发兴趣，导入活动

教师播放降落伞相关视频，引导幼儿观看。观看完后，师幼讨论交流。

教师：降落伞在空中打开前后，飞行员降落的速度、方向有变化吗？为什么呢？

幼儿自由讲述，激发幼儿参与的兴趣。

二、对比实验，发现降落伞的作用

1.雨伞对比实验。

教师取来大、小雨伞，请幼儿分别感知：握住打开的大、小雨伞的伞柄，然后快速下蹲和握住没有打开的大、小伞雨快速下蹲，有什么不同的感觉？哪一种感觉更轻松？

幼儿分组、分区域进行实验、感觉。

2.塑料袋对比实验。

---

* 作者：刘美妍，哈尔滨市人民政府机关第六幼儿园。

教师取来大、小塑料袋（越大越好），请幼儿分别感知：双手把大、小塑料袋撑开跑和把大、小塑料袋握在手里跑，有什么不同的感觉？哪一种更省力气？

幼儿分组、分区域进行实验、感觉。

3.师幼交流，发现降落伞的作用。

幼儿交流自己的感受，尝试说出降落伞的作用。

总结：降落伞和类似降落伞的物体（例如大、小塑料袋）打开时，有阻碍的力量会降低下降（奔跑）的速度。降落伞和类似降落伞的物体（例如大、小塑料袋）越大，阻碍的力量越大，下降或前进的速度越慢。

三、STEM 活动：动手操作，制作降落伞

教师为每组提供塑料袋、方块棉布、方块尼龙布、细绳、塑料积木、塑料直尺、彩笔和白纸等材料，并允许幼儿在活动室内自己寻找自己需要的材料，设计、制作一个降落速度最慢且漂亮的降落伞。

教师巡视，注意观察幼儿的行为，听取他们的谈话内容，适时提供支持和引导。

教师引导幼儿的提问：

✧ 塑料袋、方块棉布、方块尼龙布哪个更不漏风？

✧ 降落伞是怎么跟降落物连在一起的？

✧ 如何保证降落伞的平衡？（直尺的测量作用）

✧ 物体重量跟下降速度有关系吗？

✧ 你的降落伞真漂亮，有星星和月亮图案。

教师鼓励幼儿相互观摩、相互参观、相互交流讨论。

四、试飞降落伞，反馈调整

幼儿完成设计、制作完成之后，由教师将降落伞从 2 楼或 3 楼垂直放飞，由楼下幼儿或教师使用计时器记录降落伞的下降时长，允许幼儿根据降落伞的运行状态进行调整、修正。

五、正式比赛，收获快乐

教师采取 2 个降落伞同时降落比赛谁后落地的方法，逐步确定降落伞的名次。

在一次次的放飞降落伞的过程中幼儿收获了快乐。

比赛结束后，教师希望幼儿继续改良自己的降落伞。

活动评价：

无效果	不参加雨伞对比实验和 STEM 活动，对活动没有兴趣
初见成效	参加雨伞对比实验，发现空气阻力有大有小
基本掌握	理解了降落伞的工作原理，并能尝试制作降落伞
完全掌握	理解降落伞的工作原理，尝试制作降落伞，并不断优化，具有较好的合作和探究精神

家园共育：

1.家长与幼儿一起制作降落伞，发挥幼儿创造性，使幼儿感受科学的乐趣。

2.家长为幼儿讲降落伞、空气动力等相关的故事和绘本。

资源推荐：绘本《空气太太去哪了》。

我是一个造纸匠*

活动由来：

纸是小朋友日常生活和课内外活动中重要的“伙伴”之一。为了拓展小朋友对纸的感知，提高他们的动手能力，使他们在造纸的过程中感受中华文化，教师设计此活动。

活动目标：

1.使幼儿经历造纸 STEM 活动，提升动手能力，加深对纸的认识。

2.使幼儿了解造纸历史，激发幼儿身为中国人的自豪感。

3.使幼儿增强环保意识和节约用纸意识。

活动准备：

材料准备：造纸术发明视频、简易造纸视频、造纸厂污染视频、纸浆、造纸胶、搅拌器、长柄勺、液体容器、竹网、水、水平仪、塑料直尺。

经验准备：生活中接触过多种多样的纸，会使用搅拌器和长柄勺。

★安全事项：水洒落在地面可能导致幼儿滑倒，教师要注意观察和及时处理。

活动过程：

一、设疑导入，激发兴趣

教师出示一张画纸提问：纸是从哪里来的？幼儿回答和讨论，引出造纸。

教师：老师今天给你们带来了各种造纸工具（出示造纸工具），让我们一起体验造纸的奇妙旅程，为自己造出一张纸吧！

二、了解造纸术发明过程

教师播放造纸术发明视频，使幼儿了解造纸术的发明过程，激发幼儿身为中国人的自豪感。

三、了解造纸方法和过程

教师播放简易造纸视频，逐步为幼儿讲解、演示造纸方法，在讲解、演示过程中配合出示示纸浆、造纸胶、搅拌器、长柄勺、液体容器、竹网、水、水平仪、塑料直尺等材料，使幼儿直观感知造纸过程。

简易造纸步骤：

第一步，把纸浆倒进水里。

第二步，把造纸胶挤进水里。

第三步，把纸浆搅拌均匀。

第四步，拿出竹网，将纸浆均匀地铺在竹网上。

第五步，晾晒，纸晾晒干了就可以取下纸了，造纸就完成了。

四、STEM 活动：造纸

教师为幼儿分发材料，宣布活动规则：小组共同造纸，造纸最薄且薄厚均匀的组获胜。

幼儿小组造纸，教师巡视，注意观察幼儿的行为，听取他们的谈话内容，适时提供支持和引导。

教师引导幼儿的提问：

✧ 看一下，每组接的水一样多吗？

✧ 用手捏一下纸浆，你发现了什么？

✧ 你加了多少造纸胶？

---

* 作者：安新玉，中国人民解放军总医院幼儿园。

✧ 纸浆在水里是散开的，还是结块的？是沉入水底，还是浮在水面？
✧ 液体要搅拌到什么程度？
✧ 竹网有什么特点？
✧ 如何铺纸浆才能薄厚均匀？

把造纸胶挤进水容器

晾干铺有纸浆的竹网

小组造纸完成后，教师将每组铺有纸浆的竹网挂起来晾干。

小组全部完成之后，教师请幼儿相互参观，分享和交流自己的做法。

由于晾干需要几天，这几天教师可以组织幼儿持续关注纸张的变化情况。待纸晾干后，教师取下竹网，请各组幼儿取下自己制造的纸张，触摸和欣赏自己的劳动成果，评选最薄且薄厚均匀的纸，教师为前三名颁发奖品。

五、造纸中的环境污染

教师播放造纸厂污染水和周围环境视频，教育幼儿节约用纸，保护环境。（教师可以组织讨论如何节约用纸。）

活动评价：

无效果	不参加活动，对活动没有兴趣
初见成效	在教师引导下参与活动，不发表意见，动手操作较少，对造纸有一定的好奇心
基本掌握	参加活动，参与小组交流和讨论，完成小组造纸，对纸张变化有好奇心，提出一两个问题
完全掌握	积极参加活动，主动发表意见，提出自己关心的问题，探究提升造纸质量的方法，对造纸过程充满好奇心

家园共育：

1.亲子使用简单的造纸方法体验造纸过程，例如把报纸泡碎，打成纸浆，然后再重新做成一张纸。

2.亲子围绕日常生活，探讨如何节约用纸，如何保护环境，制定共同规则，践行规则。

纸张承重大比拼*

活动由来：

中国高铁的发展吸引了世人的目光，孩子们的建构活动也多了架设铁路桥的内容。铁路桥的桥墩该选择什么形状的？孩子们经常认为自己选的形状具有更强的承重力。为了让幼儿通过实验感受不同形状桥墩

* 作者：张丹，长春市人民政府机关第三幼儿园。

的承受力，教师设计了此活动。

活动目标：

1.实验探究不同桥墩的承重力，感知形状和承重力的关系。

2.感知形状与空间关系，感知和理解数、量及数量关系。

3.提升动手操作和合作能力，提升发现问题、分析问题和解决问题的能力。

活动准备：

材料准备：A4 纸、胶棒、图书、多功能塑料直尺（内含四边形、圆形、三角形、菱形、六边形、椭圆形等）、活动记录单、彩笔。

经验准备：有折纸的经验。

活动过程：

一、明确材料和任务

教师为每组分发 3 张 A4 纸、1 个胶棒、1 把多功能塑料直尺，每人 1 张活动记录单和 1 支彩笔，展示图书，提出 STEM 活动任务：每组使用仅有的 3 张纸，折叠和粘贴成 3 个独立的桥墩，3 个桥墩总承重图书最多者获胜。

二、设计桥墩搭建方案

幼儿小组讨论，商议桥墩搭建方案，包括每个桥墩的形状和摆放位置方案。

教师巡视，注意观察幼儿的行为，听取他们的谈话内容，适时提供支持和引导。

教师引导幼儿的提问和评论：

✧ 直尺上有很多图形，可以帮我们画不同的形状。

✧ 3 个桥墩摆放的位置不同，会对承重量有影响吗？

幼儿确定好设计方案后，将设计图画到活动记录单中，并记录下猜想能承重的图书数量。

三、验证方案和猜想

幼儿动手实施方案，教师鼓励小组幼儿分工合作，共同参与。

幼儿完成桥墩制作和摆放好位置之后，教师鼓励幼儿相互观摩和交流学习。

待所有组基本完成制作和位置摆放后，教师使用图书测试每组的承重能力，幼儿集体数数记录承载图书数量，本组幼儿记录本组的承载图书数量。

教师表扬承重能力前三名的小组，并请他们介绍自己组的设计思路和方案。

四、二次设计桥墩搭建方案

教师再为每组分发 3 张 A4 纸，鼓励每组设计出更有承载力的方案。

教师引导幼儿的提问和评论：

✧ 你可以用手压试试，看哪种形状承受力更大。

✧ 刚才第 1 名的小组，他们的桥墩使用的是什么形状？

✧ 四棱柱和六棱柱哪个承重能力更大？（如果幼儿涉及到该图形）

✧ 刚才哪个组桥墩的摆放位置最好？

✧ 纸张结合处的粘贴质量对承重能力有影响吗？

✧ 哪些方面的改进，让你觉得这次可以承重更多的图书？

幼儿确定好设计方案后，再次将设计图画到活动记录单中，并记录下猜想能承重的图书数量。

五、二次验证方案和猜想

重复第 1 次验证方案和猜想的过程。

活动延伸：

如果幼儿想继续探究不同桥墩的承重力，教师应允许幼儿继续探究，这会导向很多新的探究领域，会保持幼儿的好奇心。

活动记录单（示样）：

第 1 次设计方案：	猜想承重书本数：	实际承重书本数：
第 2 次设计方案：	猜想承重书本数：	实际承重书本数：

活动评价：

无效果	对活动没有兴趣，不参加活动。
初见成效	在教师的引导下参与活动，以观看同伴活动为主，不发表意见，有一定的好奇心。
基本掌握	参加活动，听同伴交流方案，参与讨论，能制作一两个桥墩，对活动有好奇心。
完全掌握	积极参与活动，独立观察和思考，多次尝试，探索多种方法使纸张承载力最大化，提出相关问题，对纸张变形后的承载力充满好奇心。

家园共育：

1.外出时，家长有意带孩子观看不同的桥梁，感知它们的结构。

2.用卷筒卫生纸的纸芯当作桥墩，尝试发现不同的桥墩数量和摆放方法对承重能力的影响。

搭高楼*

活动由来：

纸牌是幼儿区域活动中熟悉的操作材料，但在建构过程中，由于纸牌搭建需要较高的技巧和耐心，所以幼儿对纸牌搭建玩得较少。为了引导幼儿探索一张纸牌站立和许多纸牌搭建的方法，感知其中的科学道理，充分体验探索成功的快乐，激发幼儿科学探究的热情，教师设计了此活动。

活动目标：

1.STEM 教育理念，探索纸牌搭建的奥秘。

2.激发幼儿科学探究的热情，体验探索成功和团队合作带来的快乐。

活动准备：

材料准备：纸牌搭建的图片、视频，扑克牌、塑料直尺、透明胶带。

经验准备：有积木或其他物体垒高的经验。

* 作者：綦乔乔，莱州市三山岛街道中心幼儿园。

活动过程：

一、视频导入，激发兴趣

教师播放纸牌搭建的图片、视频，请幼儿欣赏壮丽的纸牌高楼，激发幼儿搭建的热情。

二、自由探索，交流提升

教师为幼儿分发纸牌、塑料直尺，幼儿以小组为单位，尝试纸牌搭建。

教师巡视，注意观察幼儿的行为，听取他们的谈话内容，适时提供支持和引导。

教师引导幼儿的提问和评论：

✧ 怎么做到不借助其他物品让纸牌站起来？

✧ 哪些方式可以改变纸牌的形状？（折、卷、弯等）

✧ 你们能让纸牌站立几层？有多高？可以量以下！

✧ 你们的纸牌还能搭建得更高吗？再试试！

幼儿搭建的兴趣减弱后，教师鼓励幼儿参观交流，说一说本组是如何搭建的，如何才能搭建更高。

交流完毕，教师再次播放纸牌搭建的图片、视频，引导幼儿注意观看底层纸牌数量和面积，注意观看楼层处的平面物，提醒幼儿这样可以使楼层搭建得更高。

三、艰难险阻，力争上游

交流之后，幼儿对纸牌搭建有了更多的认识，教师布置新任务：15 分钟内，看哪组搭建的纸牌最高。

教师引导幼儿的提问：

✧ 你们的搭建方法有什么改进吗？

✧ 你们觉得能搭建几层？能搭建多高？

✧ 哪些方法使你们成功（失败）了？为什么？

搭建时间到了之后，教师请幼儿测量每组搭建的高度，评选出最高搭建组，给予表扬和奖励。

教师鼓励幼儿彼此参观，请最高搭建组进行经验交流。

四、搭建加码，创意无限

教师布置新任务：要求搭建的纸牌中必须有 4 个圆柱体，看哪组 15 分钟内搭建的最有创意。

活动说明：本次活动允许使用透明胶带，教师为每组幼儿发放透明胶带。

教师引导幼儿的提问：

✧ 你见过的建筑物中，你觉得哪个漂亮？为什么？

✧ 三角形、菱形、四边形、弧形……哪个更好看，更有造型？

搭建时间到了之后，教师请每组介绍自己的作品，重点说明自己的创意、困难和解决方案。

小组每组一票，评选最有创意的搭建，教师给予表扬和奖励。

活动评价：

无效果	不感兴趣，不参加活动，或仅旁观
初见成效	尝试搭建，但搭建层数多为 2 层以下，不能投身于团队合作
基本掌握	主动参与活动，能学习别人的成功之处，能作为小组的贡献者，能搭建 2 层以上
完全掌握	主动探究，主动参与活动，能搭建 3 层以上，能尝试用 2 种以上的形状进行创意

家园共育：

1.在家里，家长与孩子一起玩纸牌搭建游戏。

2.观看并尝试用其他材料进行更多的搭建活动。

挑战牙签桥*

活动由来：

南湖大桥音乐喷泉面向市民开放，很多幼儿都在家长的带领下参观、体验了南湖大桥。晨谈播报中，幼儿对桥产生了浓厚的兴趣，希望自己也能动手建桥。抓住幼儿兴趣点，教师设计了此活动。

活动目标：

1.设计 STEM 活动，使幼儿了解桥的基本构造，尝试发现结构和承重之间的关系。

2.引导幼儿通过观察、比较、操作、实验等方法，学习发现问题、分析问题和解决问题。

3.发展幼儿语言、设计、动作、合作和交往能力。

活动准备：

材料准备：桥模型、牙签、棉花糖、塑料直尺、象棋子、活动记录单、彩笔。

经验准备：看到过一些生活中的桥。

★安全事项：教师提示并关注幼儿安全使用牙签，防止幼儿戳伤自己和别人。

活动过程：

一、观察桥梁，储备经验，感知桥

活动前，教师提前请家长带领幼儿参观几座桥，观察桥的结构，认识桥的组成部分和名称。

活动开始，教师出示桥模型，带领幼儿再次认识桥的结构、组成部分和名称，请幼儿用绘画的形式，描述桥的结构和组成部分。

二、感知材料，公布规则，设计桥

教师为每组分发棉花糖、牙签、塑料直尺和象棋子，告知幼儿搭建桥梁的材料只有棉花糖和牙签，请幼儿感知棉花糖、牙签的软硬和形状，可以品尝一下棉花糖，注意牙签安全。幼儿座椅作为桥基，塑料直尺用于测量幼儿座椅的间距。

教师公布搭建桥梁的规则：两个幼儿座椅面对面间距 8 厘米，幼儿使用棉花糖和牙签作为建筑材料，搭建两个座椅间的桥梁，桥梁承重象棋子最多的获胜。

幼儿进行桥梁设计，教师巡视，注意观察幼儿的行为，听取他们的谈话内容，适时提供支持和引导。

教师引导幼儿的提问和评论：

✧ 直尺有刻度，可以帮我们画直线，精确长度。

✧ 可以用圆圈表示棉花糖，用直线表示牙签。

✧ 你们希望能承重多少个棋子？

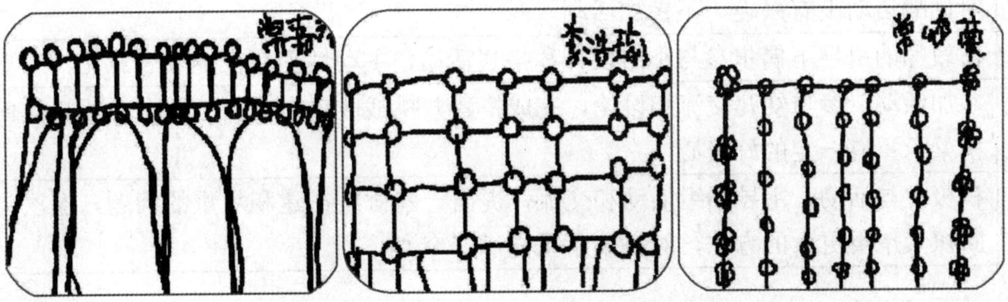

幼儿设计图，短实线代表牙签，圆圈代表棉花糖

---

* 作者：王笛，长春市人民政府机关第三幼儿园。

三、STEM 活动，搭建桥梁，大比拼

幼儿小组完成设计方案之后即可进入搭建桥梁阶段，此阶段由小组幼儿协同完成，允许幼儿修正、更改方案。教师注意提醒幼儿座椅保持间距 8 厘米，及时公布最好的桥梁承重量，鼓励幼儿不断努力。

教师引导幼儿的提问和评论：

✧ 直尺上 8 厘米在哪个位置？

✧ 刚才搭建的桥梁为什么倒塌了？

✧ 我们可以试试其他方法。

✧ 桥面宽窄（或桥墩高矮、桥身长短）对桥的承重有影响吗？

✧ 三角形和四边形对于搭建桥梁有什么影响吗？

✧ 如果把 1 根牙签换成 2 根牙签，桥梁会更结实吗？

✧ 你们能建一座承重更多的桥吗？

比赛完成后，教师为班级前三名发放奖品，表扬积极参加活动幼儿，并请幼儿交流自己的是怎么做的，结果怎么样，有什么发现，改进办法是什么。

活动记录单（示样）：

我们设计的桥梁：	我们计划的承重量（多少个棋子）：
我们实际搭建的桥梁：	实际的承重量（多少个棋子）：

活动评价：

无效果	对挑战活动没有兴趣，不参加活动
初见成效	在教师的引导下偶尔参与小组设计和搭建活动，主动性差，很少发表意见，有一定的好奇心
基本掌握	参加活动，参与幼儿交流和讨论，完成搭建并挑战成功，提出一两个桥梁搭建问题，对提升桥梁承重有一定的好奇心
完全掌握	积极参与活动，主导小组活动和交流，提出一些桥梁搭建和承重的问题，多次尝试，不断不断探索承重更大的方法，对桥梁承重充满好奇心

家园共育：

1.与家人一同进行牙签桥的设计和搭建，尝试挑战更大的承重量。

2.家长为幼儿讲解三角形的稳定性，并用雪糕棒等为幼儿制作三角形，鼓励幼儿试玩。

自制投影仪*

活动由来：

教师上课经常要用到投影仪，教师发现幼儿经常好奇或疑惑地看着投影仪，想知道投影仪里怎么变幻出来那么多内容。抓住幼儿的好奇心，教师生成了此活动。

活动目标：

1.开展 STEM 活动，使幼儿初步感知投影仪的秘密。

2.科学与语言、艺术融合教育，增加幼儿的学习兴趣和积极性，促进幼儿全面发展。

3.提升幼儿动手操作能力，体验合作的力量。

活动准备：

材料准备：白卡纸、胶水、透明胶带、儿童剪刀、保鲜膜（手撕型）、橡皮筋、塑料直尺、彩色马克笔、手电筒。

经验准备：见过投影仪，会折纸。

★安全事项：防止幼儿触摸投影仪镜头产生烫伤，注意用电安全，教师要教育幼儿，并注意观察和及时处理。

活动过程：

一、激趣导入

教师将投影仪放置在桌面上，使用投影仪播放一段动画片，然后关闭投影仪，拔掉电源。

教师：小朋友们，你们知道投影仪是怎么播出动画片的吗？到老师这里来近距离观看一下，你可以轻触摸投影仪，多角度感知投影仪，但不要触摸镜头。

教师引导幼儿的提问：

✧ 你看到了什么？

✧ 你能做一个简单的投影仪吗？

在幼儿基本完成感知之后，教师请幼儿交流自己的感知，说出自己的疑问。

教师展示自制的投影仪，并用自制投影仪映射出一个小朋友的画像，激发幼儿好奇心。

二、STEM 活动：自制投影仪

教师交代任务：幼儿领取活动材料，使用白卡纸制作圆台灯体，在保鲜膜上绘画作为投影内容，使用手电筒作为光源。

教师将自制的投影仪放在讲桌上，允许幼儿多次观摩和仿制。幼儿自主尝试，教师允许幼儿交流讨论和观摩其他幼儿的制作方法。教师巡视，注意观察幼儿行为，听取他们的谈话内容，适时提供支持和引导。

教师引导幼儿的提问和评论：

✧ 灯体小的一面是什么形状适合罩上保鲜膜？

✧ 灯体侧面倾斜度是多大的时候橡皮筋能绑扎在上面？

✧ 投影仪有几个出光口？

✧ 如果灯体漏光，是不是会影响视觉效果？

✧ 在灯体上画画，是不是灯体更美观？

✧ 保鲜膜上绘画面积多大比较合适？

---

* 作者：黄密，指导教师：冯月侠，中国人民解放军总医院幼儿园。

✧ 直尺可以帮助我们确定物体的长度。

幼儿基本完成投影仪制作后，教师请幼儿展示自己的投影仪和投影效果，介绍投影内容。幼儿和教师发现投影仪的优点，并提出完善建议。

三、小组游戏：我们一起讲故事

游戏规则：小组集体编或选定一个故事，每个幼儿讲故事的一部分，讲故事时每个幼儿要用自制的投影仪配合展示故事对应的画面。班级评选投影仪展示效果、画面和讲故事水平最好的组。

教师引导幼儿的提问和评论：

✧ 你的画面真漂亮，继续加油！

✧ 手电筒的远近可以改变投影图像的大小吗？

✧ 故事中的同一个人，在不同小朋友的画面中怎么变得不一样啦？

✧ 你们排好讲故事的顺序了吗？谁第 2 个讲？

幼儿基本完成后进行小组集体表演，教师请幼儿当评委，并为优胜团队奖励小礼物。

活动评价：

无效果	对投影仪没有兴趣，不参加活动
初见成效	在教师的指导下尝试自制投影仪，但没有制作完成，或制作粗糙，对投影有一定的好奇心
基本掌握	参与活动，参加讨论，发表自己的意见，提出一两个自己好奇的问题，完成投影仪的制作，投影效果较好，与小组幼儿一起完成讲故事活动，非常好奇地探究投影内容和效果
完全掌握	对自制投影仪非常感兴趣，非常想知道投影原因，不断尝试提升投影质量，积极参加活动，提出问题，参与讨论，并不时充当小组领导人的角色

家园共育：

家长参照网络视频，与幼儿一起尝试制作鞋盒投影仪。

我们的皮影戏*

活动由来：

影子主题的探究活动中，教师安排亲子去皮影戏馆或通过视频了解皮影戏的艺术手法，欣赏皮影戏的精彩演出。孩子们在幼儿园的时候，总是不断通过比划、交流来模仿皮影戏的演出。抓住孩子们的关注点，教师设计了本次 STEM 活动。

活动目标：

1.在具体任务中开展 STEM 活动，有效提升幼儿的 STEM 素养。

2.锻炼和发展幼儿的动手能力、数学能力、设计能力和综合处理能力。

3.培养幼儿团结合作、努力探索的精神和品质，增进幼儿对传统民族艺术的感知。

活动准备：

材料准备：舞台骨架、装饰布、胶水、捆扎带、皮尺、小锤子、屏幕、手电筒、卡纸、安全剪刀、彩笔、颜料、透明塑料膜、竹棍、联缀线、绘本、塑料直尺。

经验准备：幼儿了解皮影戏，知道影子成像的相关知识。

* 作者：王芬，中国人民解放军总医院幼儿园。

活动过程：

一、幼儿自愿分组分工，协同工作

根据演出皮影戏的需要，将幼儿分为舞台组、表演组、门票座位组、观众组。幼儿自愿组成不同的工作组，每组由幼儿选举一个组长，分头工作。

分组后，幼儿商议小组之间工作衔接，允许组根据工作需要调整人数。

二、设计舞台（舞台组）

教师提示幼儿舞台应该便于观众观看，应该是美观的，舞台背后应该利于演出。

教师为幼儿提供材料，幼儿也可以自己寻找、利用合适的材料开始舞台的搭建。

教师引导幼儿的提问：

✧ 什么形状的舞台便于观众观看？
✧ 如何保证舞台的结实耐用？
✧ 如何保证舞台的对称美观？
✧ 如何保证舞台前后左右尺寸的一致？
✧ 如何让屏幕有更好的投影效果？

制作场景

三、制作场景和剪影，准备表演内容（表演组）

教师提示幼儿表演时应该有人解说、有人操作皮影、有人打灯光等。

表演组策划表演内容，并根据表演内容准备相应的场景、人物、动物等。

教师引导幼儿的提问：

✧ 根据舞台的大小，场景、人物、动物的大小应该是多少？
✧ 根据故事内容，场景、人物、动物的大小应该是多少？
✧ 如何使人物、动物可以活动，并且比较结实？
✧ 颜色应该怎么设计和搭配？

制作动物

四、设计门票、安排座位、派发门票（门票座位组）

教师引导幼儿的提问和评论：

✧ 门票应该有对应的座位号，有日期，应该漂亮！
✧ 门票上的座位号应该跟椅子上的标号对应，这样观众才能找到自己的座位。
✧ 门票不能浪费，最好跟观众人数一致，我们有多少观众？
✧ 座位上数字应该美观、醒目，方便观众查找座位。

对号入座

五、介绍皮影戏、对号入座、文明观演（观众组）

教师引导幼儿的提问：

✧ 皮影戏的表演形式、历史起源和艺术特色是什么？
✧ 如何对号入座？
✧ 如何文明观演？

六、检验成果

各组按照分工和约定时间，开始皮影戏的演出，通过实践检验前期工作成果。

根据实践情况，进行总结和改进。

皮影演出

活动评价：

无效果	不参加活动，或者只当观众
初见成效	在教师引导下参与小组活动，承担小组次要工作，或跟随、模仿小组幼儿活动
基本掌握	参与小组活动，参与交流讨论，基本完成小组任务
完全掌握	积极参与小组活动，经常领导小组的交流讨论，完成任务质量较好，活动中注意工具的应用，注意美观，享受活动过程，探究更优的方案

家园共育：

1.鼓励幼儿在家设计制作简易的皮影戏，并鼓励孩子为家人、亲朋好友演出。

2.亲子一起玩影子造型游戏，例如手影、身影、植物影子等。

资源推荐：绘本《我的小影子》《小矮人》，故事《猴子捞月》。

接水管*

活动由来：

班级上水系统坏了，当幼儿习惯性地拧开手龙头、冲马桶等都不见水流出来时，他们不由自主地注意到了水管。维修工人拧拧这里、敲敲那里，再替换掉一截管道，很快将上水系统修好了。幼儿感叹工人的神奇，目光再次聚焦到水龙头后面的管道。抓住机遇，教师生成此活动。

活动目标：

1.认识不同的接头和管道，知道它们的功能。

2.开展 STEM 活动，提升幼儿解决问题的能力。

活动准备：

材料准备：儿童拼接水管玩具套装（内含直通、弯通、三通、长中短 3 种透明 PVC 管、漏斗、手龙头），大塑料瓶、皮尺、手电筒、水、抹布、水盆、积木块、活动记录单、彩笔、草稿纸。

经验准备：会使用皮尺，用器具玩过水。

★安全事项：水洒落在地面可能导致幼儿滑倒，教师要注意观察和及时处理。

活动过程：

一、导入：实地感知班级管路

教师：小朋友们，维修工人帮我们修好了管道，让我们又用上了自来水。谁知道自来水是从哪里来的？是怎么来的？

幼儿自由发言，教师将孩子的注意力集中到管路上来。

教师：我们班级的卫生间就有水管，我们一起去探究一下吧！

教师带领幼儿从水龙头开始找寻上水和下水管道，教师特意在管道转弯处、衔接处说明水路走向、管道接头和作用，提醒幼儿注意（教师也可以尝试让幼儿回答上述问题）。光线亮度不够时，教师应使用手电筒，方便幼儿观看。

二、探究：直通、弯通和三通的作用

教师为每组分发儿童拼接水管玩具套装中的直通、弯通和三通，请幼儿探究一下它们的作用。

---

* 作者：刘鑫鹏，中国人民解放军总医院幼儿园。

教师巡视，注意观察幼儿的行为，听取他们的谈话内容，适时提供支持和引导。

教师引导幼儿的提问：

✧ 直通能改变水流的方向吗？

✧ 哪个可以改变水流的方向？

✧ 它们的作用分别是什么？

幼儿完成基本探究后，教师为每组发放长中短 3 种透明 PVC 管、漏斗、大塑料瓶和水盆，请幼儿按照自己对直通、弯通和三通作用的分析和判断，分别连接 PVC 管，尝试用大塑料瓶往漏斗里倒水，验证自己的判断。

幼儿实验完成后，教师请幼儿讲述自己的判断、验证方法和验证结果。

教师小结：直通可以首尾相接，延长管道；弯通可以使水管转弯；三通可以连接 3 个不同方向的水管，实现水路分流。

三、STEM 活动：从“水塔”到“家”的管道搭建

教师将装满水的大塑料瓶放置在一个桌面作为“水塔”，在每组桌面放置两个积木块作为两个“家”，布置 STEM 活动任务：“水塔”只有一个出水口，每组将“水塔”中的水引入到两个“家”中。

教师巡视并为幼儿提供支持和引导，允许幼儿使用所有的活动材料，幼儿小组探究完成任务。

教师引导幼儿的提问和评论：

✧ 皮尺可以测量管道长度是否合适。

✧ 可以先尝试画一个草图，然后根据草图去施工。

✧ 让我们再试试。

小组基本完成任务后，教师给予优秀小组和幼儿奖励，请幼儿说明自己的设计构思、遇到的困难和如何分析问题、解决问题的。

活动记录单（示样）：

管路图

STEM 活动设计草图：	STEM 活动最后成功图：

活动评价：

无效果	对活动不感兴趣，不参与活动
初见成效	在教师的指导下参与活动，以跟随性活动为主，偶尔动手尝试，合作意识和能力差，不发表个人意见
基本掌握	愿意与其他人合作，共同成功连通管道，提出自己的问题，分享自己观点，对管道和水流有好奇心
完全掌握	知道各种接头的用途，准确连接管道，对管道设计和搭建非常有兴趣，非常愿意参与和探讨，积极提出自己好奇的问题，希望探究更复杂的管道

家园共育：

1.家长为幼儿展示家中厨房、卫生间的上下水管道，说明管道的设计用途。

2.在生活中，家长带领幼儿有意识地观察不同的管道连接方式。

管道连连看*

活动由来：

幼儿园装修工程剩下了一些管道、接头等，有心的园长、教师将这些材料投放到了沙池区。班级幼儿喜欢观察探索，动手操作能力强，室内的弯管玩具已经无法满足他们探究的欲望，于是教师设计了此活动。

活动目标：

1.在实际操作中感知管道的输送功能和多样性，感受工程设计的魅力。

2.鼓励幼儿在探究的过程中积极动手动脑解决问题，提升幼儿的 STEM 素养。

3.培养幼儿团结合作、不畏困难、勇于胜利的精神。

活动准备：

材料准备：PVC 管道、直接、弯头、T 形三通、Y 形三通、十字形四通、白纸、笔、塑料直尺、皮尺、接水盆、干抹布、护目镜。

经验准备：幼儿有拼插玩具的经验。

★安全事项：教师提前确认管道和接头平整不划手。为了防止沙子进入幼儿眼中，建议佩戴护目镜。

活动过程：

一、展示活动材料，激发幼儿兴趣

天气多云，气温适合玩水，教师带领幼儿来到户外沙池区，为幼儿展示活动材料，告诉幼儿大家要用这些材料做游戏，请幼儿戴上护目镜，感知、熟悉这些材料。

教师引导幼儿的提问：

✧ 这种管道，能从这头看到那头吗？粗细是一样的吗？小东西能从里面通过吗？

✧ 这个直接，哪里粗？哪里细？有什么作用？

✧ 这个弯头，是弯弯的，有几个口？粗细一样吗？有什么作用？

✧ 这个 T 形三通（或 Y 形三通、十字形四通），有几个口？粗细一样吗？有什么作用？

通过提问，教师有效引导幼儿感知材料的性质和用途，为后继活动打下基础。

二、预热小游戏：把水运到对岸

教师请幼儿用接水盆打来几盆水，留置几个空盆用来接水。

教师宣布第 1 个任务：用管道将水运送到对岸。

幼儿开始行动，他们面临的第 1 个困难是管道不够长，需要将两节或多节管道接起来；第 2 个困难是如何将水倒入管道中。教师鼓励幼儿先画设计图纸后施工，并鼓励幼儿群策群力，在照图施工过程中出现问题及时检查图纸，检查管道连接是否结实。

教师观察幼儿的探究行为，听取他们的谈话内容，适时提供支持和引导。

三、游戏第 2 关：让水流到对岸再流回来

第 1 个任务完成后，教师宣布第 2 个任务：让水流到对岸再流回来，流回来的水要用盆接起来，不能直接流到沙堆或者地面上。

幼儿开始行动，他们需要考虑弯管的使用，并且涉及到弯管的方向，同时需要将更多节的管道接起来。教师鼓励幼儿先画设计图纸后施工，并鼓励幼儿群策群力，在照图施工过程中出现问题的及时修正图纸，修正管道连接方式。

---

* 作者：刘玖芳，指导教师：关欣，吉大附中力旺实验幼儿园。

教师观察幼儿的探究活动，在必要的时候提供支持和引导。

四、游戏第 3 关：流回来的水再增加一个出口浇树

第 2 个任务完成后，教师宣布第 3 个任务：流回来的水再增加一个出口，因为小树快渴死了，请小朋友帮忙。

幼儿开始行动，他们需要考虑增加 T 形三通，并且设计 T 形三通和弯管的连接，他们同时需要延长管道。教师鼓励幼儿先画设计图纸后施工，并鼓励幼儿群策群力，在照图施工过程中出现问题的及时修正图纸，修正管道连接方式。

教师观察幼儿的探究行为，听取他们的谈话内容，适时提供支持和引导。

五、游戏第 4 关：小树旁边的花妈妈也需要浇水

第 3 个任务完成后，教师宣布第 4 个任务：小树出口的水要分流一半给花妈妈，因为花妈妈也想喝水，请小朋友帮忙。

幼儿开始行动，他们需要考虑增加 Y 形三通，并适度延长管道。教师鼓励幼儿先画设计图纸后施工，并鼓励幼儿群策群力，在照图施工过程中出现问题的及时修正图纸，修正管道连接方式。

教师观察幼儿的探究行为，听取他们的谈话内容，适时提供支持和引导。

六、游戏第 5 关：花妈妈的两个宝宝也需要浇水

第 4 个任务完成后，教师宣布第 5 个任务：花妈妈的两个宝宝也需要喝水，花妈妈想把自己的水再分出 2 份给花宝宝，请小朋友帮忙。

幼儿开始行动，他们需要考虑增加十字形四通，并且增加管道的连接。教师鼓励幼儿先画设计图纸后施工，并鼓励幼儿群策群力，在照图施工过程中出现问题的及时修正图纸，修正管道连接方式。

教师观察幼儿的探究行为，听取他们的谈话内容，适时提供支持和引导。

七、交流总结

教师请幼儿说说自己是如何克服困难的，说说自己成功的心情。

教师为成功的小组颁发奖品，表扬幼儿团结合作，不畏困难，勇于胜利的精神。

活动记录单（示样）：

第 1 关管道图	
第 2 关管道图	
第 3 关管道图	
第 4 关管道图	
第 5 关管道图	

活动评价：

无效果	没有参加活动，或者对活动没有兴趣
初见成效	在教师的引导下参加活动，对活动有兴趣，但参与较少、较浅
基本掌握	参加活动，参与交流讨论，能与同伴合作，完成三关或以上游戏，对管道的连接感到神奇，在管道连接的过程中提出一两个问题
完全掌握	参与并积极协调幼儿活动，在活动中积极面对遇到的困难，想办法，找方案，能完成四关或以上游戏，享受游戏的过程，对管道的变化和连接感到好奇，希望探究更多的管道连接

家园共育：

在条件许可时，家长带孩子实地参观楼宇、工厂、水利设施等的管道结构，并为他们说明用途。

水往低处流*

活动由来：

户外活动时，幼儿玩着水管运水的游戏。小智打算利用水管去浇花坛里的花草，当他将水管抬高的时候，水管的流水停止了，他怎么尝试都不出水，小智茫茫然地向老师寻求帮助，老师随机生成了此活动。

活动目标：

1.引导幼儿通过观察、比较、操作、实验等方法，学习分析问题和解决问题。

2.培养儿童科学探究的兴趣和好奇心。

活动准备：

材料准备：儿童拼接水管玩具套装（内含直通、弯通、透明 PVC 管等）、皮尺、自来水水源。

经验准备：玩过水，会使用直通和透明 PVC 管。

活动过程：

一、发现问题

小智和小朋友们兴高采烈地一起玩着水管运水的游戏，小朋友将水倒入高处的入水口，低端的出水口就流出了“自来水”，低洼处的花草树木都能得到灌溉。小智打算利用水管去浇灌花坛里干渴的花草，当他将水管抬高到花坛围墙上端的时候，水管的流水停止了，甚至往回流，水管入水口处的小朋友也大喊：“水倒流出来啦！”

数次尝试，结果都是一样，小智停止了行动，茫茫然地看着水管，开始寻求教师的帮助。

二、分析问题

教师鼓励幼儿重复一遍刚才发生的事情，与幼儿一起观察发生的现象，寻找问题的原因。

教师引导幼儿的提问和评论：

✧ 再次把水管放回花坛围墙下，水管会出水吗？

✧ 缓慢抬高出水口，留意观察什么时候出水口水流停止的？

✧ 水流停止时，出水口和入水口处哪个更高？

✧ 皮尺可以帮助我们测量高度。

✧ 什么时候入水口处倒流水？

✧ 下雨的时候，水是往高处流，还是往低处流？

✧ 使入水口或水管中的最高水位比出水口高，试试看能否出水。

分析问题——为什么不出水了？

小智似乎明白了“水往低处流”，他们商议了解决方案：尝试将入水口或水管中的最高水位比出水口高，试试看能否出水。

三、解决问题

入水口是固定无法移动的，小美尝试抬高了第 2 根水管，当水管被抬高到比出水口高的时候，水流出来了！“成功啦！成功啦！引水成功啦！”孩子们一阵阵欢呼，成功的喜悦在脸上无比灿烂。

四、新问题

新问题很快出现：抬高第 2 根水管，出水口只出了一下水，就没有水流了，入水口同时也倒流水了。

---

* 作者：李慧，招远市张星镇中心幼儿园。

继续在入水口加水，重复同样的动作，出现同样的结果，小朋友很快发现这种做法费时费力，并且出水量小，浪费水多。大家又陷入了思考。

教师引导幼儿的提问：

✧ 能否使入水口比出水口高？

✧ 能否更换更高的入水口？

小智和其他小朋友觉得可以尝试这两个方案。

五、新解决

小智他们试了试抬高儿童拼接水管玩具套装的入水口，发现那里是固定的，无法挪动。

小美提出将水管直接接到自来水水龙头上的办法，她认为高楼都是用的自来水，高楼的入水口肯定高，并且也看到过工人叔叔这样接水浇花。他们决定进行尝试，并修改管道，将管道接到了自来水龙头处。打开自来水龙头，管道出水口出流出了汩汩清水，小朋友们又一次欢呼起来！小智尝试着又抬高了出水口，出水口水流依然汩汩流出，小智他们放心地笑了。

活动评价：

无效果	对水管运水游戏不感兴趣，没有参加活动
初见成效	观看同伴进行运水游戏，自己偶尔参加，对运水游戏有一定的好奇心
基本掌握	参加探究活动，参与幼儿交流和讨论，发现抬高水位可以使出水口出水，提出一两个运水相关的问题
完全掌握	积极参加活动，具有较强的动手操作能力，自主操作和探究的能力较强，尝试用不同方法使出水口出水，对运水活动充满好奇心，享受探究过程的快乐

家园共育：

1.请幼儿观察、探究并尝试回答：家中的水龙头为什么能出水？家中厨房水槽、脸盆中的水哪里去了？

2.带领幼儿观看中国古代水车的相关视频，与幼儿探讨水车的工作原理。

雨水净化*

活动由来：

孩子们喜欢在雨天撑着伞，享受雨水嘀嗒的乐趣；喜欢踏起地面的积水，享受水花四溅的嬉戏。又下雨了，孩子们撑着伞议论开了：地面有那么多雨水，能收集起来该多好啊！有小朋友马上说水脏，不能使用。那么如果将雨水净化呢？教师随机生成此活动。

活动目标：

1.开展 STEM 活动，尝试雨水净化，使幼儿感知不同材料的净化能力。

2.引导幼儿通过观察、比较、操作、实验等方法，学习发现问题、分析问题和解决问题。

★安全事项：水洒落在地面可能导致幼儿滑倒，教师要注意观察和及时处理。

活动准备：

材料准备：地球缺水的视频、沙子、活性炭、面巾纸、海绵、消毒纸巾、医用外科口罩、过滤容器、20 毫升带把塑料量杯、透明塑料杯、250 毫升带把塑料量杯、雨水、干毛巾、放大镜、电子计时器。

---

* 作者：刘晨，吉林省省直机关第二幼儿园。

经验准备：有玩水的经历。

活动过程：

一、视频导入，增强幼儿科学探究的使命感

教师播放地球缺水的视频，使幼儿感知地球水资源缺乏的现状，感知充分利用水资源的必要性，使幼儿感知本活动的意义，增强幼儿科学探究的使命感。

教师同时赞扬幼儿雨水净化、节约水资源的环保意识。

二、感知材料的净化功能

教师为幼儿发放除了 250 毫升带把塑料量杯和电子计时器外的所有活动材料，鼓励小组幼儿共同操作，逐一感知材料的净化效果。教师告知幼儿：20 毫升带把塑料量杯用来舀雨水，透明塑料杯用来接材料净化后的雨水，干毛巾用于擦桌面洒落的水。

教师引导幼儿的提问和评论：

✧ 哪些材料可以净化雨水的颜色？

✧ 哪些材料可以净化雨水中的杂质？

✧ 材料的净化速度一样吗？哪个最快？

✧ 材料的净化能力一样吗？哪个最强？

✧ 放大镜可以更清楚地看到净化效果。

幼儿实验完毕后，教师请幼儿进行交流。

三、STEM 活动：探究材料的组合净化能力

教师为幼儿发放 250 毫升带把塑料量杯和电子计时器，告知幼儿：250 毫升带把塑料量杯用于接净化后的雨水，电子计时器用于计时。

教师布置任务：每组自选 1~3 种净化材料，在 5 分钟内净化水量多且质量达标的组获胜。活动进行三次，每次结束后允许小组重新选择 1~3 种净化材料。净化水的质量标准由教师根据幼儿前期活动确定。

教师引导幼儿的提问：

✧ 你们选择的是什么材料？为什么？

✧ 有更好的解决（改进）方法吗？

比赛结束后，教师为每次比赛获胜组颁奖，请幼儿交流自己的做法、发现和收获。

四、结束

教师鼓励幼儿将继续探究雨水净化的好方法，鼓励幼儿将净化后的雨水用于浇植物、冲马桶等用途，鼓励幼儿在生活中贯彻节约用水的环保意识。

活动评价：

无效果	对探究活动没有兴趣，不参加活动
初见成效	参与一两个材料的探究活动或小组 STEM 活动，活动中观望居多，主动性差，有兴趣
基本掌握	参与小组活动，能与幼儿协商方案，共同解决问题，能提出一两个自己的建议或问题
完全掌握	积极探究实验材料的净水功能，多次尝试最优净水方案，在活动中积极提出自己的问题和解决方案，对材料的净水能力非常好奇，希望继续探究更多的净水材料

家园共育：

1.家长带孩子去公园的时候，尝试为孩子讲解大自然中的水是如何净化的。

2.通过显微镜或视频使孩子了解水中存在的细菌以及微生物，增强幼儿饮水安全意识。

资源推荐：科学故事《雨的形成》。

鸡蛋壳承重*

活动由来：

在一次绘本活动时，幼儿对故事中小蚂蚁用鸡蛋壳搭桌子的事情表示怀疑，都认为鸡蛋壳不能承受桌子的重量。教师因势利导，向厨房阿姨要来鸡蛋壳，鼓励幼儿大胆尝试探究，一起探索鸡蛋壳搭桌子是否可行。

活动目标：

1.在具体任务中开展 STEM 活动，有效地提升幼儿的 STEM 素养。

2.鼓励幼儿通过观察、比较、操作、实验等方法，学习分析问题和解决问题。

活动准备：

材料准备：鸡蛋壳、儿童剪刀、硬纸板、图书、尺子、电子秤、活动记录单、活动背景音乐。

经验准备：接触过鸡蛋壳，会使用儿童剪刀，有搭建的经验。

活动过程：

一、设疑导入，引起兴趣

教师出示鸡蛋壳。

教师：小蚂蚁用小蜗牛给的鸡蛋壳搭桌子，这是真的吗？鸡蛋壳能搭桌子吗？我们一起试试看。

二、巧手搭建，发现奥秘

教师为每组分发鸡蛋壳、儿童剪刀和硬纸板，并且提示幼儿将鸡蛋壳边缘修剪整齐，尺子可以测量鸡蛋壳高度。幼儿自行尝试用鸡蛋壳搭桌子，并用活动记录单记录探究过程和结果。

教师播放舒缓的背景音乐，巡视并注意观察幼儿的行为，听取他们的谈话内容，适时提供支持和引导。

教师引导幼儿的提问：

✧ 你们成功了吗？你们是如何做到的？

✧ 你们为什么没有成功呢？原因是什么？

✧ 你们鸡蛋壳的高度是一样的吗？你是怎么知道你们鸡蛋壳的高度是一样的？

✧ 鸡蛋壳的高度对鸡蛋壳的承重能力有影响吗？

✧ 你们用了几个鸡蛋壳？你们怎么想到用这个蛋壳数的？

✧ 鸡蛋壳不同放置的方式，效果一样吗？

幼儿探索完成后，教师组织幼儿交流总结：

1.鸡蛋壳凸面向上能承受更大的压力。

2.鸡蛋壳开口处修理平整后能承受更大的压力。

3.尺子可以测量鸡蛋壳的高度，通过测量可以使鸡蛋壳保持高度基本一致。

4.多个鸡蛋壳铺在一个平面上，上面放上硬纸板，鸡蛋壳能承受更大的压力。

实验结论：鸡蛋壳开口处修剪平整，凸面向上，4 个高度一致的鸡蛋壳就可以搭桌子，凹面不可以。

三、深入探索，提升经验

教师：我们进行一个更令人激动的实验：用 5 个鸡蛋壳，最多能承重多少本书？能承受最多重量书的小组获胜。

幼儿自行设计、探究，并用活动记录单记录探究过程和结果。

---

* 作者：綦乔乔，莱州市三山岛街道中心幼儿园。

教师引导幼儿的提问和评论：

✧ 你的 5 个鸡蛋壳是如何排列的？它们是什么形状？

✧ 你们竟然可以承重这么多书，太棒了！你们是如何做到的？

✧ 还有更好的方法承重更多的图书吗？

幼儿使用电子秤称出鸡蛋壳承重图书的总重量，评选出名次。

教师对幼儿进行表扬，发放奖励，并请幼儿交流。

活动记录单（示样）：

搭桌子方法	成功√ | 失败×
承重书本的搭建方案	承重量

活动评价：

无效果	不感兴趣，不参加活动
初见成效	尝试用鸡蛋壳进行简单实验，不主动，方法单一，有一定的好奇心
基本掌握	参与活动，能使用鸡蛋壳撑起桌子和图书，对鸡蛋壳的承重能力有好奇心
完全掌握	积极参与活动，成功完成搭建和承重，主动探究使鸡蛋壳承重更多的方法，具有探索精神，对鸡蛋承重能力和方法充满好奇心

家园共育：

1.在家里，家长尝试与幼儿玩站立在鸡蛋上的游戏。

2.在外参观，家长有意引导幼儿关注更多建筑结构和承重的秘密。

摔泥炮*

活动由来：

“摔泥炮”是一个充满乐趣且能够引发幼儿自主参与的民间游戏，传承至今，仍被各年龄段幼儿所喜爱。《3—6 岁儿童学习与发展指南》指出：“和幼儿一起发现并分享周围新奇、有趣的事物或现象，一起寻找问题的答案。”“鼓励和支持幼儿发现、尝试解决日常生活中需要用到数学的问题，体会数学的用处。”据此，教师设计了此活动。

活动目标：

1.开展 STEM 活动，使幼儿在活动中感受空气、压强、方向、力、面积、长度、重量等系列科学知识。

2.引导幼儿通过观察、比较、操作、实验等方法，学习发现问题、分析问题和解决问题。

3.传承民间游戏，使幼儿感受的民间游戏的好玩与智慧。

---

* 作者：纪莹，哈尔滨市托幼实验中心。

活动准备：

材料准备：黄土（装在小塑料盆中）、水（装在量杯中）、护目镜、塑料直尺、电子秤（或等体积容器）。

经验准备：玩过泥（橡皮泥或泥土等）、水，见过和面等类似操作。

★安全事项：摔泥炮地点应选择宽敞的地方，泥炮炸裂时可能会有泥屑飞出，建议幼儿全程佩戴护目镜。水和泥水洒落在地面可能导致幼儿滑倒，教师要注意观察和及时处理。

活动过程：

一、趣味导入，激发幼儿玩的欲望

教师：今天教师给大家带来了一种与众不同的泥，不是橡皮泥，也不是超轻黏土，你们感受一下。

教师将巴掌大的整块黄泥递给一个幼儿去感受，然后再逐次传给其他希望感受黄泥的幼儿，尽量使班级幼儿都逐一感受。黄泥在手中的感觉会比橡皮泥、超轻黏土等好很多，幼儿会喜欢的。

教师请幼儿戴上护目镜，注意自己手上的黄泥，现场将黄泥做成泥炮，然后摔出响亮的泥炮声，吸引幼儿的兴趣（这也是橡皮泥、超轻黏土等所不具有的），教师告知幼儿这是传统的民间游戏“摔泥炮”。

二、和泥和制作泥炮

1.和泥。

教师：想玩“摔泥炮”游戏需要先有泥，你们见过和面吗？就是像和面一样，把泥和水混合在一起，混合成面团状。老师为你们准备了黄土和水，挽起你们的袖子，我们来试着和泥吧！

教师为每组发放黄土（装在小塑料盆中）和水（装在量杯中），帮助幼儿挽起袖子，鼓励幼儿尝试和泥。和泥时限制幼儿在小塑料盆中和，告知幼儿和泥的时候手上有泥水，不要触摸其他小朋友或物体，不要取下护目镜，有情况报告给老师及时处理。

教师巡视，注意观察幼儿的行为，听取他们的谈话内容，适时提供支持和引导。

教师引导幼儿的提问和评论：

✧　和泥需要加适量的水，水多了或者少了，泥巴的状态是不一样的。

✧　和泥时，手有什么感觉？

✧　泥太稀了，怎么办？

✧　泥太干了，怎么办？

✧　我注意到某某和的是一小块泥。

幼儿基本完成和泥之后，教师鼓励幼儿交流自己的经验和心得，鼓励幼儿相互学习和借鉴，允许幼儿多次尝试和泥。

2.制作泥炮，试摔泥炮。

教师鼓励完成和泥的幼儿尝试制作泥炮，并在指定区域试摔泥炮，鼓励幼儿根据摔泥炮结果，不断修正和提升自己制作泥炮的方法和技术，也可以再次和泥。

教师引导幼儿的提问和评论：

✧　为什么要在泥里弄出来一个坑啊？

✧　你的泥炮怎么没有炸？

✧　你的泥炮为什么那么响啊？

✧　泥稀点和干点，对泥炮声音的大小有影响吗？

✧　如何让泥炮炸得更大？

✧　我注意到某某把泥炮口弄得很大，却不是很高，泥也不是很薄。

✧ 我注意到某某摔泥炮时用了很大的力气。

✧ 摔泥炮的时候，泥炮出手的时间有什么讲究吗？

✧ 让我们再试试。

幼儿基本试摔泥炮之后，教师请幼儿介绍自己的作法，鼓励幼儿观察别人泥炮的做法，比较自己制作的泥炮和炸得比较响的小朋友制作的泥炮的异同，不断试验，不断发现问题，不断改进。

三、STEM 活动：摔泥炮，赢泥

游戏规则：幼儿自行找人比赛，比赛人数不限，幼儿商议确定比赛泥的初始重量，然后各自取出等量的泥，每次使用自己泥的全部或部分作成泥炮进行比赛，泥炮炸口大者赢，泥炮炸口小者输，输者需要从自己泥炮上取出泥做成泥片，填补所有赢者泥炮的炸口，泥片大小需完全覆盖住赢者泥炮的炸口，输者泥量不足时，优先填补炸口大者，输者没有泥时淘汰出局。

教师为幼儿提供电子秤或等体积容器，幼儿可以使用塑料直尺测量或者目测炸口大小。

教师鼓励幼儿自行协商制定其他游戏规则，鼓励幼儿有更多的玩法。

活动评价：

无效果	对活动没有兴趣，不参加活动
初见成效	参与活动，但以模仿为主，缺乏积极性，和泥和摔泥炮遇到困难容易放弃
基本掌握	愿意参加小组活动，参加小组交流，完成了和泥和摔泥炮，但没有精益求精，能提出自己遇到的一两个问题，对泥炮炸裂的原因和炸口大小有好奇心
完全掌握	积极参加活动，提出自己好奇的问题，不断尝试和泥和摔泥炮，不断找幼儿比赛，孜孜不倦地追求使泥炮更响、炸口更大，对探究活动具有很大的热情

家园共育：

1.家长带领幼儿在家中继续本活动，也可以邀请小朋友一起进行这个活动。

2.家长带领幼儿玩“甩纸炮”的游戏，尝试使纸炮更响。

钓鱼嗨起来*

活动由来：

幼儿园戏水池是为夏季幼儿戏水准备的，冬季无水闲置。但有一天几个小朋友跑到了戏水池里面玩得不亦乐乎，这引发教师思考：如何在其他季节，让戏水池也能利用起来？基于幼儿的兴趣和探索意向，教师鼓励幼儿自行设计、利用戏水池，师幼共同生成此活动。

活动目标：

1.在具体任务中开展 STEM 活动，有效提升幼儿的 STEM 素养。

2.支持、引导幼儿学习用适宜的方法探究和解决问题。

3.发展分类、比较、排序能力，增加工具的使用意识和能力。

4.培养幼儿语言交际和合作沟通能力。

活动准备：

材料准备：纸张、彩笔、胶棒、塑料直尺、皮尺、电子秤、幼儿自备自用材料。

---

* 作者：潘振勇，山东省五莲县洪凝街道中心幼儿园。

经验准备：有一定的绘画基础，见过钓鱼场景尤佳。

活动过程：

一、确定设计目标

孩子们希望冬季也能在戏水池里玩，但是玩什么？怎么玩？大家商讨起来：

小智："在水池底部画上水草和小鱼，我们来玩捉鱼的游戏吧？"

芳芳反驳："画的鱼怎么捉呀？"

大家愣了一会儿，有说玩拍球的，有说玩过家家的……争论得非常激烈，可是没有一个统一的好目标。

慧慧说："我想在水池上面设计一座桥，这样不用转着水池边走，可以一直从一边走到另一边。"

涛涛说："星期天，我看到大人在我们村的小桥上钓鱼。"

小智说："快做个钓鱼场吧，我们玩钓鱼的游戏。"

小丽说："太好了，我还没钓过鱼呢。"

接着，小朋友们都大声嚷嚷："老师，我们玩钓鱼吧。"

教师欣然同意了大家的方案，要求幼儿自行进行钓鱼场的设计。

二、设计钓鱼场

经过讨论，孩子们选举小智为总设计师，并将人员中分为三个小组：一组，设计桥；二组，设计鱼；三组，设计鱼竿。

一组：孩子们仔细交流他们见过的桥，并请老师从互联网上找桥的图片给他们，然后个人开始用笔画他们心中的桥。设计过程中，孩子们还讨论了桥的跨度、河面宽度、建桥材料等，孩子们很用心，交流也非常热烈，用很短的时间就完成了桥的纸质设计。

二组：直接开始在纸上画他们喜欢的鱼，三分钟之内画出了不同形状和颜色各异的鱼。之后小声交流用什么材料做鱼，鱼要做多大，鱼上的吊环多大等。

三组：表示成员今天回家后，从家里找小竹竿和线，让爸爸帮助做鱼钩。

第 2 天，孩子们带来了很多的材料和成果：

一组：亮亮带来了一座桥的模型。其他小朋友带来了小竹棒、雪糕棒，还有废泡沫垫子等，他们从老师那边借来了胶棒，根据设计图纸进行制作桥。

二组：成员带来了家长帮助制作的鱼，开始上色。

三组：成员带来了家长帮助制作好的钓鱼竿，互相展示自己的鱼竿，比较鱼竿的长短。

桥的设计最让孩子费心，也是他们最感兴趣的。二组、三组因为有家长的帮助完成，已经对自己的任务不感兴趣，最后全部参与到桥的制作中了。

桥的设计和制作过程中，小朋友们丈量尺寸，比较粗细，用手压测试承重能力等，非常认真、投入。最后他们将设计成的桥放在门厅，经过大家评判，确定了桥的形状和材料，并给桥起一个名字叫"外婆桥"。根据孩子们的提议，我们找来了工人师傅，与孩子们一起讨论了制作的要点，计划两天内完成。

三、制定钓鱼场规则

工人师傅用一天半的时间，制作完成了一座松木质的拱形桥，根据孩子的意愿加上了护栏来保证安全。这期间，孩子们还自己在水池底部画上了一些水草和小鱼、小乌龟等。

看到建成的钓鱼场，孩子们配迫不及待地要求老师带他们去尝试钓鱼了。该怎么玩呢？老师适时让孩子们计划一下，制定规则。

敏敏："我们要注意安全，要不勾到鼻子咋办？"

小智："我们可以开展一个比赛，看谁钓的鱼多。"

宇轩："我们要比一比谁钓的鱼大。"

玲玲："我们分组比，哪组钓的鱼多，就给他们奖励。"

……

教师因势利导，孩子们最后商定了以下规则：

1.站在桥上钓鱼的小朋友一定要站稳。

2.每个钓鱼的小朋友要间隔 2 米。

3.当观众的小朋友在钓鱼过程中不要大声说话。

4.钓上来的鱼要有小朋友专门看护。

5.每个小组的小朋友应该轮换着钓鱼。

……

四、钓鱼嗨起来

开始钓鱼了。桥上有几个孩子，大部分孩子在水池周边。孩子们每钓到一条鱼都会兴奋地大叫起来。"钓上了，快！""我钓的鱼最大！""怎么钓不上呢？"……不同的声音，孩子们各种钓鱼的表情都有。

10 分钟过去了，有的孩子钓到了五六条，有的孩子一条没有钓到，有的孩子还没有机会钓鱼。老师叫大家凑在一起谈体会：为什么有的小朋友在很短的时间内钓到了好多条鱼呢？

小智很兴奋地说："眼睛要紧紧盯住鱼钩和鱼身上的吊环，然后对准钩过去。"

敏敏说："手不要抖动。"

宇轩说："钩上去后快速往上提。"

……

孩子们得到了经验，满怀期待地投入新的钓鱼了。

钓鱼嗨起来

活动延伸：

钓鱼结束，教师利用幼儿钓到的鱼进行以下游戏：

1.按照鱼的大小排队。

2.按照鱼的颜色排序。

3.用电子秤称重，按重量多少排队。

4.用直尺、皮尺量长短，比长短。

孩子们参与钓鱼的积极性更高了，活动中也更是兴奋了。活动后孩子们意犹未尽，希望天天来玩。

活动评价：

无效果	没有兴趣，不参加活动
初见成效	在教师的引导下参与活动，在 STEM 中某个领域上动手尝试，但持续性和主动性差
基本掌握	参与组内讨论和设计，在 STEM 活动中有较多的贡献
完全掌握	具有较好的交流、合作、沟通和解决问题能力，积极参与小组活动，积极寻求解决问题的方法，STEM 能力较强

家园共育：

1.亲子在家进行桥梁的搭建或鱼的制作活动。

2.请家长给孩子讲讲自己小时候干的趣事。

后 记

1956 年，美国艺术和科学学院院士、“总统自由勋章”获得者、《寂静的春天》作者瑞秋·卡森（Rachel Carson）写下《好奇与求知》一书，本书和其中的教育理念构成了科学启智项目的灵感来源。

1996 年，美国科学教师协会（NSTA）理事、科学教师教育分会主席、美国加利福尼亚州立大学的教授、威廉姆斯 C. 里兹（William Ritz）在美国卫生和公共服务部授权和资助创立了科学启智项目。

2007 年，美国科学启智项目中心主任威廉姆斯 C. 里兹（William Ritz）应中国教育科学研究院的邀请访问中国，并授权科学启智项目在中国的传播和推广。

2011 年，科学启智项目被列为全国教育科学“十一五”规划教育部专项研究课题“中国青少年科学教育创新行动研究”研究内容。

2014 年科学启智项目又被科技部正式确定为中国国家软科学研究计划项“青少年创新能力培养战略和实施路径研究”幼儿部分专项研究课题内容。

2014 年底，图书《与幼儿的天性合作——“科学启智”视角下的幼儿科学活动》（大中小班三册）正式出版，这是科学启智项目第 1 阶段的发展成果，是众多专家、园长和教师共同课题成果的结晶。

2016 年，中国科学院院士贲德参与科学启智江苏项目组的活动，中国教育电视台和江苏卫视对活动进行了全程报道，这不仅使科学启智项目团队备受鼓舞，也使科学启智项目达到了一个新的高度。

……

弹指之间，科学启智项目在中国经历了 16 年的发展，《科学启智》微杂志（公众号：kexueqizhi）已经创刊 12 年，发表了千余篇幼儿教育，尤其是科学教育的文章。中国已经有约 1,000 所优质公办幼儿园，10,000 位幼儿教师和约 1,200,000 个幼儿参与、贡献到科学启智项目的发展中，并从项目中获益，这些都是我们很欣慰的事情，也是美国科学启智项目中心喜闻乐见的事情。

我于 2010 年开始接触科学启智项目，之后负责中国区科学启智项目的培训、课题管理工作，负责科学启智项目的中美交流工作，并有幸主持召开了 9 届科学启智暨国际幼儿科学教育交流年会，6 场全国科学启智项目培训，5 次带领中国幼教专家、园长和教师团队访问美国，参加美国的科学启智项目培训，参观美国的幼儿园，有幸与 30 多位美国和芬兰的幼儿科学教育专家面对面交流，有幸向北京、天津、辽宁、吉林、黑龙江、江苏、山东、上海、浙江、广东、甘肃、内蒙古、湖北、河南、福建等省市的教研室、教科院（所）和高校幼儿教育专家请教中国幼儿科学教育的发展问题。在这期间，科学启智项目的理念的先进性、前瞻性、严谨性、科学性一直让我感慨不已！科学启智项目如同醇厚的老酒，历久弥香！如同大海之珍珠，历久而熠熠生辉！

在科学启智全部课题实验幼儿园完成了国家软科学课题结题工作之际，为了给幼师和家长提供全面、高质量的幼儿科学和 STEM 主题活动用书，国际科学启智幼儿教育联盟秘书处和《科学启智》微杂志编辑部决定在 2014 年出版《与幼儿的天性合作——“科学启智”视角下的幼儿科学活动》（大中小班 3 册，王素主编）的基础上，再次出版新的幼儿科学活动案例，以展示科学启智项目在中国 16 年的发展和科研成果。我很荣幸承担了此书的主编工作，并与主编宋显华，副主编王丽、刘晨、刘爽、潘鑫，以及其他编委会的专家共同完成了此图书的编写工作。

我和编委会的专家非常希望把这本书编写成为适合教师开展幼儿科学和 STEM 活动的教学参考书，为教师开展科学活动提供参考和借鉴，为教师开展 STEM 活动提供指引。最为重要的，我和编委会的专家真诚地希望教师借助本书转变幼儿科学教育观念，发现科学是好玩的，是有趣的，教师不需要深厚的理科背景，只需要掌握科学启智的教学理念和方法，参照我们提供的活动案例，教师发现自己可以轻松开展优质的科学活动，带领幼儿体验科学过程，享受科学探究的乐趣，进而达到培养幼儿好奇心的目的，为幼儿打开探索知识的大门。

图书中较多引用了美国《科学启智——培养儿童的好奇心》（*A HEAD START ON SCIENCE: Encouraging a Sense of Wonder*）的体例，一则是为了学习美国优秀的培养幼儿的经验和做法；二则是为了向科学启智项目的先驱威廉姆斯 C. 里兹（William Ritz）表示缅怀和敬意！

非常感谢教师们想出了很多灵巧、优秀的教学设计，感谢园长们卓有成效的组织工作，感谢编委会专家不辞劳苦的写稿、审稿和改稿工作，感谢国际科学启智幼儿教育联盟理事会专家给予的专业指导。

非常感谢美国科学启智项目中心主任、美国国家儿童科学中心主任、美国加州州立大学教授威廉·斯崔特斯（William Straits）对本书出版的关心和支持，并亲自为本书撰写序言，感谢美国科学启智项目中心的老朋友拉蒙尼托·卡西利安（Ramoncito Casillan）、乔迪·凯·卡西兰（Jody Kay Casillan）和美国塞里托斯学院教授、儿童教育专家凯瑟琳·迈尔斯（Kathleen Myers）对本书出版给予的关注和关心。

非常感谢群言出版社领导、专家和编辑对图书出版工作的支持！

书稿虽然完成，但我觉得距离美国“培养儿童好奇心”的教育目标还有距离，还需要继续发展、学习。例如：书中活动案例更深入提升儿童好奇心和扩展儿童探究范围的问题涉及较少，活动案例的开放度还不够高……我也希望随着教师教学能力的增强和教育水平的提升，在下一次出版中得以全新体现。

一本书稿的结束只是更多探索的开始，我愿意孜孜以求，奉献给大家更好的作品，以此作为对科学启智项目和中国幼儿科学教育事业发展的献礼。

我也希望教师和家长发现这是一本非常适合他们开展幼儿科学教育，进行 STEM 活动，培养幼儿好奇心的书，希望有更多的教师、家长和幼儿从科学启智项目和本书中获益！

杨　健

2023 年 7 月　写于北京